한반도 평화통일의 길을 묻다

: 분쟁지역에서의 평화

평화드림포럼 아카데미 제2집

Seeking the Path to Peaceful Unification of the Korean Peninsula

— Peace in Conflict Zones

Peace Dream Forum Academy Vol. 2

Seeking the Path to Peaceful Unification of the Korean Peninsula
— Peace in Conflict Zones
‖ Peace Dream Forum Academy Vol. 2

Date of Publication: September 30, 2024, First Edition, 1st Printing
Editor: Peace Dream Forum (www.peacedream.org)

Olive Tree Publishing
Publisher: Yoo Young-il ‖ Representative: Lee Soonnim
Report No. 2002-000042
Tel. 070-8274-1226 Fax. 031-629-6983
E-mail yoyoyi91@naver.com

© Peace Dream Forum, 2024

한반도 평화통일의 길을 묻다 : 분단지역에서의 평화
‖ 평화드림포럼 아카데미 제2집

펴낸날 : 2024년 9월 30일 초판 1쇄

엮은이 : **평화드림포럼**

    www.peacedream.org

펴낸이 : 유영일   대표 : 이순임
펴낸곳 : 올리브나무

    경기도 고양시 일산동구 정발산로 82번길 10, 705-101
    신고번호 제2002-000042호
    전화 070-8274-1226 팩스 031-629-6983
    이메일 yoyoyi91@naver.com

© 평화드림포럼, 2024

ISBN : 979-11-91860-38-2   03300

값 22,000원

"평 화 로 통 일 을 논 하 다"

평화드림포럼 아카데미 제2집

한반도 평화통일의 길을 묻다

분쟁지역에서의 평화

Seeking the Path to Peaceful Unification on the Korean Peninsula
— Peace In Conflict Zones

디렉터: 은희곤 (Director: Rev. Dr. John Higon Eun)

집필: 왕대일 · 데이비드 미첼 · 권기창 · 하충엽 · 라오 반주 · 최경희 · 조프비 알조프비

Writers: David Mitchell · Chris Rice · Ki-chang Kwon · Chung-Yoube Ha
Liao · Bin-Jou · Kyunghee Choi · Zoughbi Alzoughbi

사단법인 평화드림포럼
Peace Dream Forum INC (USA)

한반도 평화통일로 가는 길,
'상호평화적 분단 관리구조'로 바뀌어야

은희곤

‖ 사단법인 평화드림포럼 이사장 & 대표

'평화! 우리의 키워드'입니다. 평화로운 세상, 사회가 되었으면 좋겠습니다. 아직 전쟁의 불씨가 꺼지지 않는 한반도에, 끊임없이 계속되는 세계 여러 분쟁지역에서 평화를 갈망하는 마음들을 모아봅니다. 전 세계에 커다란 훈풍으로 불어올 '평화의 바람'을 기대하며 작은 날갯짓을 시작했습니다. '6.25를 한반도 평화의 날로' 선포하면서 2021년 7월 통일부 산하 사단법인 평화드림포럼(Peace Dream Forum. 약자 PDF, www.peacedream.org, 미국 현지법인 Peace Dream Forum INC)이 발걸음을 내디뎠습니다. 1950년 6월 25일, 한국전쟁이라는 동족상잔 비극의 역사가 시작됐습니다. 그리고 1953년 휴전 이후부터 현재까지도 그 잔존이 우리를 여전히 괴롭히고 있습니다. 반공의 프레임으로, 상극과 갈등의 프레임으로, 분열과 혼란으로. 이제는 역사적으로나 공동체적으로나 심적으로나 용기있게 분명한 한 번의 획이 필요할 때입니다.

　6.25는 기억하되, 6.25가 우리 민족의 내일과 미래를 가로막는 장애물이어서는 안 됩니다. 특히 향후 '한민족 공동체'의 걸음을 계속 걸어야 하는 한반도 차세대들의 발목을 붙잡아서도 안 됩니다. '기억은 우리를 진보된 길로 이끌어갈 때' 분명한 가치가 있기 때문입니다. 이런 맥락으로 '6.25를 평화의 날'로 선포하면서 "평화드림포럼"이 가슴을 활짝 열었습니다. 많은 비난과 오해들도 있었지만 하나하나 설명했을 때 거의 많은 분이 공감과 응원을 보내주었습니다. 이 경험은 보수와 진보 진영의 극단적 양극화 안에서도 한반도 평화를 위한 충분한 공감의 영역을 시작하고 넓혀 갈 수 있다고 확신하게 해주었습니다. 이제는 '통일의 방법'을 논하던 시대를 흘려보내고 '평화를 담론으로 통일을 꿈' 꾸고자 합니다. '분쟁이 사라진 상태의 평화'가 아니라 '상생과 공존이 상존하는 평화'로 말입니다. 이것은 우리를 한민족의 미래 가치 유산인 '한반도 공동체 구상'으로 이끌어 줄 것입니다. 그날과 그 시간을 바라보면서, 먼저 우리부터 시작한 작은 몸짓인 평화드림포럼은, 평화를 '드림(꿈꾸고), 드림(하나님께 드리고), 드림(세계에 드리우다)'이라는 3가지 의미를 담아 이를 한반도에 실천하고 세계 현장에 실현하고자 합니다.

　평화드림포럼은 "한반도와 한민족 동포의 평화, 세계 분쟁지역의 평화 정착을 위한 사업 전개, 국내·외 학술대회 정기적 개최, 시대에 부합하는 세대별 평화 교재 발간과 교육, 한반도의 긴장 완화를 위한 민간교류 협력사업 추진, 해외동포 교류사업, 세계 분쟁지역에서의 갈등, 폭력 중단을 요구하는 다양한 캠페인 전개, 한반도 차세대 지도자 양성" 등을 주요 사업 주제로 선정하여 추진해 왔습니다. 그동안 젊은 세대들을 대상으로 한 한반도 주변 5개국(한국, 미국, 일본, 중국, 러시아) 언어로 된 평화통일교육교재를 발간(총 12권)하여 한반도 평화운동 지도자들을 양성해 왔습니다. 그리고 평화드림포럼 안에 있는 '평화드림아카데미'(원장 왕대일 박사)를 통하여 4년을 1주기로 매해 포럼을 개최하여 국내·외적으로 '한반도와 세계평화'에 대한 진지한 고민과 실천 과제들을 함께 나누며 연대의 고리를 넓혀 갔습니다.

2023년에는 12일 동안 33명(대학생 대학원생 25명, 스태프 8명)이 유럽 5개국 10개 도시를 방문하면서 한반도와 세계평화를 위한 현장 체험과 캠페인을 전개했습니다. 평화일꾼들(Peace Ambassadors) 발굴 및 육성 차원에서였습니다. 또한 통일 전후 시대를 맞아 '미리 온 미래들'인 북한이탈주민들 가운데 국내·외 대학에서 박사학위를 받은 탈북민들을 중심으로 한 한반도 평화 리더십 개발, 현지 직·간접 사역 등을 계획하고 시행하고 있습니다. 그리고 한반도와 세계평화를 위해 국내뿐만 아니라 국제적인 연대 네트워크도 활발히 구축하고 있습니다.

그동안 평화드림포럼에서는 4년을 1주기로 "평화드림 아카데미"를 개최해 왔습니다. 2021년 1세션에는 8개 대학교 11분의 교수들이 각자의 전공 분야에서 '평화로 통일을 논하는' 시간을 가졌고, 강의들을 모아 『평화로 통일을 논하다』 제1집을 출간했습니다. 이어 2022년 2세션에는 그동안 한반도 평화를 위해 각각의 분야와 현장에서 씨름하며 일하고 계신 14분의 필드 사역자(일꾼)들을 모시고 그들의 이야기를 듣고 함께 고민하는 시간을 가졌습니다. 강의를 모아 2집을 발간하려 했으나 강연자들의 현장 사역 민감성으로 인해 보류했습니다. 이어 2023년 3세션은 "국제평화포럼"으로 진행했습니다. "한반도 평화통일의 길을 묻다—분쟁지역에서의 평화"를 주제로 5개국 7분의 전문가들을 모셨습니다. '영국—잉글랜드', UN, '러시아—우크라이나', '남한—북한', '중국—대만', '이스라엘—팔레스타인' 등등의 '분쟁지역에서 평화란 무엇인가?'를 '약자의 자리'에서 듣고 고민하는 시간을 가졌습니다. 이론과 현장을 겸비한 탁월한 강사들의 생생한 소리를 통하여 '한반도에서의 평화의 길'을 묻는 시간이었습니다. 이에 이 고민들을 함께 나누고자 강연들을 모아 『한반도 평화통일의 길을 묻다—분쟁지역에서의 평화』 제2집을 출간하게 되었습니다. 4년 1주기의 마지막인 2024년 4세션에서도 역시 평화드림 아카데미(4)를 계획, 준비하고 있습니다.

오늘은 그 어느 때보다도 한반도(남한 북한)와 세계(러시아 우크라이나, 이스라엘 팔레스타인, 중국 대만 등등)에서 평화를 꿈꾸고 외쳐야 합니다. 사단법인 평화드림포럼이 속해 있던 곳이 통일부 '평화정책과'였는데, 이 과가 2024년에 '위기대응과'로 이름이 바뀌었습니다. 현재 한반도를 바라보는 정부의 정책 흐름을 한눈에 가늠할 수 있었습니다. 한반도의 평화를 위해서 가장 중요한 것은 '분단관리구조'입니다. 한반도 즉 남—북한의 '상호 적대적 분단 위기구조'를 '상호평화적 분단 관리구조'로 바꿔 나가야 합니다. 분단의 고착화와 통일을 포기하자는 말이 절대 아닙니다. 한반도 평화통일로 가는 길에 가장 핵심적으로 거쳐야 할 프로세스를 말하는 것입니다. 이를 정확히 인식하고 남·북한 주변국들이 지혜를 모아 한반도 분단구조를 각계각층의 지속적인 상호 교류협력을 통해 '상호평화적 분단 관리구조'로 바꾸어 나갈 때, 한반도에 하나님의 평화가 이뤄질 것입니다. 이를 바탕으로 '하나님 역사의 때'에 반드시 한반도 평화통일의 길이 시작되고 이뤄질 것입니다. 이러한 신념으로 기도하고 하나님의 역사와 도우심을 구하며 걸음걸음을 떼어 봅니다.

이번에 국제평화포럼 『한반도 평화통일의 길을 묻다 —분쟁지역에서의 평화』의 출간은 이러한 맥락임을 밝히면서 발간사를 대신합니다. '하나님의 평화와 공의 그리고 그리스도의 계절'이 한반도의 역사 안에 속히 이루어지리라는 것을 기대하고 소원하며 믿고 기도합니다.

2024년 9월
경복궁 뜰을 바라보며,
평화드림포럼 오피스에서

The path to peaceful unification of the Korean Peninsula must be changed to a 'mutually peaceful division management structure'

Rev. Dr. John Higon Eun
‖ Chairman & CEO (Peace Dream Forum)

'Peace!' This is our keyword. We wish for a peaceful world and society. We gather the hearts longing for peace on the Korean Peninsula, where the embers of war have not yet been extinguished, and in various conflict regions around the world. We have started a small movement, hoping for the 'wind of peace' to blow strongly across the globe. With the declaration of 'June 25th as Korea Peace Day,' the Peace Dream Forum, an incorporated organization under the Ministry of Unification, was established in July 2021. The Peace Dream Forum(www.peacedream.org, PDF), along with its US-based entity, Peace Dream Forum INC, took its first steps.

The Korean War, which began on June 25, 1950, marked a

tragic chapter in our history. Despite the armistice in 1953, the remnants of this war continue to afflict us. Framed within anti-communism, conflict, division, and chaos, it is now time for a courageous and clear demarcation both historically and communally. While remembering June 25th, it should not become an obstacle to our nation's future. Particularly, it should not hinder the next generation, who will carry forward the footsteps of the Korean Peninsula community. The memory holds value only when it leads us to an advanced path. In this context, the Peace Dream Forum declared 'June 25th as Peace Day' and opened its arms wide. Despite criticisms and misunderstandings, many people extended their empathy and support once we explained our intentions. This experience assured us that there is ample room for mutual understanding for peace on the Korean Peninsula, even amid the extreme polarization between conservative and progre -ssive camps.

We aspire to transition from an era discussing 'methods of unification' to one where we 'dream of unification through the discourse of peace.' Not merely peace as the absence of conflict but peace embodying coexistence and mutual prosperity. This vision will lead us to the future value of the Korean Peninsula community. With this vision, the Peace Dream Forum, embodying the triple meaning of 'Dreaming of Peace, Offering Peace to God, and Spreading Peace to the World,' aims to practice this on the Korean

Peninsula and actualize it globally.

The Peace Dream Forum focuses on:

- Peace for the Korean Peninsula and Korean diaspora,
- Projects for establishing peace in global conflict regions,
- Regular academic conferences, Publishing and educating with peace materials tailored to different generations,
- Promoting civil exchange and cooperation to alleviate tensions on the Korean Peninsula,
- Overseas Korean exchange projects,
- Various campaigns demanding the cessation of conflict and violence in global conflict areas,
- Training future leaders for the Korean Peninsula.

We have published peace and unification educational materials in the languages of five countries surrounding the Korean Peninsula (Korea, USA, Japan, China, Russia), aimed at young generations, totaling 12 volumes. Through the Peace Dream Academy (led by Dr. Wang Dae-il), we have hosted annual forums every four years, sharing serious discussions and practical tasks on 'Peace on the Korean Peninsula and World Peace' both domestically and internationally. In 2023, 33 participants (25 university and graduate students, 8 staff) visited 10 cities in 5 European countries over 12 days, conducting field experiences and campaigns for Korean Peninsula and world peace, identifying and nurturing peace ambassadors.

With the approach of the unification era, we are developing peace leadership among North Korean defectors who have obtained doctorates from domestic and international universities, planning and implementing direct and indirect missions. We are actively building international solidarity networks for peace on the Korean Peninsula and worldwide.

The Peace Dream Forum has hosted the Peace Dream Academy every four years. In the first session of 2021, professors from 11 universities engaged in discussions on 'unification through peace' in their respective fields, resulting in the publication of the first volume, "Discussing Peace and Unification." The second session in 2022 brought together 14 field workers who have been wrestling with issues of peace on the Korean Peninsula, listening to their stories and concerns, though the publication of the second volume was postponed due to the sensitivity of their fieldwork. The third session in 2023 was held as an 'International Peace Forum,' under the theme "Seeking the Path to Peaceful Unification on the Korean Peninsula—Peace in Conflict Zones," featuring experts from five countries discussing peace from the perspective of the marginalized in regions such as England, the UN, Russia-Ukraine, South Korea -North Korea, China-Taiwan, and Israel-Palestine.

Today, more than ever, we must dream and cry out for peace

on the Korean Peninsula (South and North Korea) and globally (Russia-Ukraine, Israel-Palestine, China-Taiwan, etc.). The Peace Dream Forum was formerly under the Ministry of Unification's 'Peace Policy Division,' which was renamed the 'Crisis Response Division' in 2024. This name change reflects the current government's policy direction regarding the Korean Peninsula. The most critical aspect for peace on the Korean Peninsula is the 'division management structure.' Transforming the 'mutually hostile division crisis structure' of South and North Korea into a 'mutually peaceful division stability structure' is essential. This does not mean giving up on unification or solidifying the division, but recognizing that it is a core process for achieving peace and unification on the Korean Peninsula.

By accurately understanding this and through continuous mutual exchanges and cooperation among neighboring countries of the Korean Peninsula, we can transform the division structure into a 'mutually peaceful division management structure.' This will bring God's peace to the Korean Peninsula. With this foundation, the path to peaceful unification on the Korean Peninsula will undoubtedly begin and be realized in 'God's historical time.' With this conviction, we pray and seek God's guidance, taking each step forward.

The publication of "Discussing Peace and Unification (2): Seeking the Path to Peaceful Unification on the Korean Peninsula

—Peace in Conflict Zones" as part of the International Peace Forum reflects this context. We hope that 'God's peace and justice and the season of Christ' will soon be realized in the history of the Korean Peninsula.

September 2024,
looking out at Gyeongbokgung,
from the Peace Dream Forum office

목 차

Contents

화평하게 하는 자는 복이 있나니

왕대일
‖ 평화드림아카데미 원장

1. 세계의 분쟁지역

우리는 지금 갈등과 분쟁과 전쟁의 시공간에서 살아가고 있다. 우리말 분쟁에는 세 가지 뜻이 있다. '나눌 분(分)' '다툴 쟁(爭)' 자의 분쟁(分爭), '성낼 분(忿) 다툴 쟁(爭)' 자로 표현하는 분쟁(忿爭), '어지러워질 분(紛) 다툴 쟁(爭)' 자로 드러나는 분쟁(紛爭). 분쟁은, 한 마디로, 둘로 패가 갈리어 싸우는 다툼(分爭)이거나, 화가 나서 벌어진 다툼(忿爭)이거나, 말썽을 일으켜서 생긴 시끄럽고 복잡한 다툼(紛爭)이다.

분쟁의 시작은 갈등이다. 분쟁의 결과는 폭력을 동반한 싸움이다. 언어의 질감을 따진다면, 분쟁의 작은 말은 갈등이고, 분쟁보다 큰 말은 전쟁이다. 갈등을 방치하면 서로 갈라지게 되고, 서로 성을 내게 되고, 서로 말썽을 일으키게 되는 싸움으로 치닫는다는 것이다. 주목할 것은, 분쟁의 성격이 무엇이든, 분쟁의 양상이 무엇이든, 분쟁의 속내는 사람살이의 갈등 탓에 '나와 너 사이에', '우리와 너희 사이에', '우리와 그들 사이에' 벌어지는 대결과 충돌, 서로서로 부정(否定)하는 부정(不淨)한 다툼이라는 사실이다.

오늘날 지구촌은 지진, 기근, 홍수 같은 자연재해 말고도 분쟁과 전쟁으로 삶의 터전을 송두리째 잃은 사람들이 토해내는 신음으로 모진 몸살을 앓고 있다. 분쟁으로 벌어진 사람살이의 비극이 특정한 시공간으로 국한되지 않고 전 세계로 번지고 있다. 흔히 전쟁의 반대말을 평화라고 부르지만, 엄밀하게 말할 때 전쟁의 반대말은 일상이다. 무엇을 하든, 누가, 어디서, 어떻게, 누구와 함께 살아가든, 사람살이의 일상은 소중하다. 가족과 더불어, 공동체와 함께 영위하는 일상은 사람살이의 내면을 채우는 소중한 가치다. 분쟁과 전쟁은 그런 일상을 순식간에 앗아가는 이 시대의 사탄이다. 분쟁 탓에 일상을 잃어버린 사람들, 분쟁으로 일상을 빼앗긴 사람들, 분쟁 때문에 잃어버린 가족, 무너진 집, 잊어버린 일상 등을 찾아서 호소하는 탄식과 절규는 날마다 뉴스 데스크를 채우는 이야깃거리다.

국제구조위원회(International Rescue Committee)에서 편찬한 『2023 세계 위기 국가 보고서』는 전 세계 인구의 10%가 날마다 분쟁과 전쟁으로 인한 기아에 시달리고 있다고 증언한다.[1] 그 보고서에 따르면 "2024 분쟁지역"으로 선정된 곳은 열 나라이다. 1) 수단 2) 팔레스타인-이스라엘 3) 남수단 4) 부르키나파소 5) 미얀마 6) 말리 7) 소말리아 8) 니제르 9) 에티오피아 10) 콩고민주공화국. 지금 이들 지역에서는

---

[1] https://www.rescue.org/kr/article/top-10-crises-world

사람들이 인종 간의 갈등, 종파와 종교 간의 충돌, 자원 분쟁, 영토 영유권 등을 놓고 서로 치열하게, 처참하게, 끔찍하게 다투고 있다.

분쟁과 전쟁의 현장은 이들 열 지역으로 국한되지 않는다. 영토 문제를 놓고 심리적인 갈등과 물리적인 충돌이 끊임없이 벌어지는 현장으로는 베트남, 중국, 필리핀, 인도네시아, 대만 등이 빠지지 않는다. 석유 채굴권 등을 놓고 아프리카의 앙골라, 카메룬, 콩고, 가봉, 적도 기니, 나이지리아 등이 심하게 다투고 있으며, 아프가니스탄, 이라크, 이란, 레바논, 시리아, 카슈미르, 캄보디아, 동티모르 등은 종족과 종파 간의 충돌로 여전히 지구촌의 이목을 끌고 있다. 여기에 해를 넘긴 전쟁에 시달리고 있는 우크라이나를 더하면 지금 우리 지구촌에는 전쟁과 분쟁으로 목숨을 잃고, 기아에 시달리며, 일상을 빼앗기고, 대규모 난민이 되어 살아가기가 난망한 인생들이 너무나 많다.

왜 이런 분쟁과 전쟁이 우리 지구촌에서 사라지지 않는 것일까? 그 이유를 한 보고서는 이렇게 진단한다. "근대국가의 시작부터 냉전 시기까지 분쟁은 영토·이념 갈등으로 인한 국가 간(inter-state) 전면전이었지만, 소련의 붕괴(1991년) 이후 국제질서가 미국 중심의 단극체제로 재편되면서부터는 분쟁의 양상이 국가 내부(within state, intrastate) 행위자들의 내전으로 확장됐다."[2] 이 진단에 대한 평가는 각자가 처한 삶의 자리에 따라서 달라질 수 있다. 그렇지만 지금 우리가 직면한 분쟁의 현주소가 한 국가나 사회나 집단의 내부에서 벌어진 인종, 민족, 언어, 문화, 종교 간의 분쟁이라는 점에 대해서는 수긍하게 된다. 내전 (civil war)이란 이름으로 이렇게 저렇게 세분화·다양화한 테러리즘이

---

2) https://m.khan.co.kr/article/202111271417001

대량 학살이나 인종 청소 같은 극단적 사태를 빚어내고 있다는 것이다.

2. 화평하게 하는 자는 복이 있나니

평화와 화평은, 그 쓰임새에서, 다르다. 평화와 화평은, 새기기에
따라서는, 그 쓰임새에서 차이가 난다. 평화에 상응하는 영어 낱말이
peace라면, 화평에 어울리는 영어 낱말은 harmony다. 평화(平和)가
정(靜)이라면, 화평은 화(和)다. 서로 어울리는 것이 화평이고, 전쟁·정
쟁이 없는 고요한 상태는 평화다. 모두를 고르게(平) 하는 곳에 평화가
있다면, 서로 응(應)하는 시공간에는 화평이 자리 잡는다. 평화는 명사적
이지만, 화평(和平)은 동사적이다. 소극적으로 주어지는 평화가 아니라
적극적으로 이루어가는 화평이 갈등과 분쟁으로 진통하는 삶을 위한
해답과 처방이 된다. 그래서였을까? 우리말 성경 개역개정판은 "화평하
게 하는 자는 복이 있나니 그들이 하나님의 아들이라 일컬음을 받을
것임이요"(마 5:9)라고 하였다.

우리말 성경 표준새번역은 개역개정판의 이 구절을 "평화를 이루는
사람은 복이 있다. 하나님이 그들을 자기의 자녀라고 부르실 것이다"라
고 옮겼다. 화평과 평화를 서로 동의어로 보게 한다. 그렇다면 같은
헬라어 구문(호이 에이레노포이오이, οἱ εἰρηνοποιοί)을 굳이 한쪽에
서는 "평화를 이루는 사람"으로, 다른 쪽에서는 "화평하게 하는 사람"으
로 다르게 표현한 까닭은 무엇일까? 기억할 것은, 헬라어 구문(호이
에이레노포이오이)의 본뜻은 '평화로운 자들'이 아니라 '평화를 이루는
사람들'이라는 사실이다. '화평한 자들'이 아니라 '화평하게 하는 사람
들'이라는 사실이다.

헬라어 '에이레네'는 히브리어 '샬롬'(שלום)에 상응하는 글자다. 히브리어 샬롬이든, 헬라어 에이레네든, 그 글말에는 하늘의 뜻이 이 땅에서 이루어지기를 바라는 염원이 담겨 있다. 하늘은 하늘 아래 공동체가 모두·더불어·한결같이, 고르고·바르고·어울리고·하나가 되기를 기대하고 있다. 그런 점에서 헬라어 "에이레노포이오이"는 그 쓰임새가 평화·화평을 '누리는' 자가 아닌, 화평·평화를 '이루는' 자 쪽으로 다가간다. 우리말 '누림'은 그 뜻이 수동적이지만, 우리말 '이룸'은 그 뜻이 다분히 능동적이다. 평화를 누리는 자가 아니라 화평을 이루는 자가 되어야 한다는 소리다.

존 하워드 요더(John Howard Yoder, 1927-1997)는 평화 사상을 기독교 신앙으로 정립한 윤리학자인데, 『선포된 평화』라는 책에서 예수가 외친 평화 담론을 12장에 걸쳐서 전개한 적이 있다.3) 요더에게 "하나님은 본성적으로 화해자이며 평화(shalom)의 창조자"이기에, 평화는 정치가 아니라 "하나님에 대한 예배이며 송축이자 찬양"이고, 예수의 제자들은 명령에 복종하는 종이 아닌 예수의 친구로서 하나님 계획의 "모든 것을 아는 내부자"가 되어 하나님이 기획하시는 평화 실천 프로젝트에 동참하는 친구가 된다.4) 가인이 아벨을 쳐 죽인 이래 폭력에 찌든 세상을 구원하는 길은 "성육신적 사랑의 길"이다. 요더는 십자가의 어리석음과 약함이 전쟁·폭력·갈등·적대감의 강물을 비폭력과 사랑의 방식으로 바꾸는 원천이 된다고 힘주어 말한다.5) 하나님

---

3) John Howard Yoder, He Came Preaching Peace. 조의완 옮김, 『선포된 평화, 예수의 평화 설교』 (서울: 대장간, 2012).

4) 존 하워드 요더, 『선포된 평화』, 32-40.

5) 요더, 『선포된 평화』, 41-55.

의 말씀이 세상에 오시는 방식은 위엄, 효율성, 승리가 아닌 비움, 연약함, 하찮음, 고통과 패하심의 방식이었다는 것이다.6) 그렇기에 평화는 전쟁과 다툼의 부재라는 소극적 의미로 그치지 않는다. 예컨대 경제적 회심(칼을 쳐서 보습으로 만들기)과 자본주의를 넘어선 희년의 경제를 이루려는 실천으로 갈등 해결이 제도화되는 삶을 구축하는 쪽으로 평화 이루기가 나서야 한다.7) "아버지의 사랑"을 "원수를 향한 소통"으로 전환할 때 평화를 이루는 삶이 실현된다는 것이다.8)

3. 평화드림포럼, "한반도 평화통일의 길을 묻다"

평화드림포럼은 2023년 가을 "한반도 평화통일의 길을 묻다, 분쟁지역에서의 평화"라는 주제로 「2023 국제학술심포지엄」을 개최하였다. 이번 심포지엄에서는 북한에서 남한으로 삶의 둥지를 옮겼던 사람들의 오디세이가 펼쳐졌고, 종교 분쟁의 현장이었던 북아일랜드, 중국과 맞서고 있는 타이완, 이스라엘-하마스 전쟁의 최대 피해자인 팔레스타인 시민 등의 목소리를 들을 수 있었다. 우크라이나 대사를 지냈던 분의 목소리로 되새긴 우크라이나의 어제와 오늘과 내일에 관한 담론도 이번 심포지엄을 달군 화두였다.

요즈음 우리 사회는 통일 담론을 끄집어내지 않는다. 통일을 말하지 않는다. 한반도 통일을 거론하지 않는다. 평화통일을 꿈꾸지 않는다. 한반도는 여전히 지구촌 사람들이 경계하는 대표적 분쟁지역이지만,

---

6) 요더, 『선포된 평화』, 87-114.

7) 요더, 『선포된 평화』, 125-140.

8) 요더, 『선포된 평화』, 63.

정작 한반도 남쪽에서 살아가는 자들은 남북갈등이라는 분쟁지역에 살고 있다는 사실을 잊고 지낸다. 한반도는 여전히 남북이 군사적으로 대치하고 있는 분쟁지역의 대명사인데도, '남은 남대로 북은 북대로 살아가고 있다'라는, '남북 두 국가가 공존(?)하고 있다'라는, 또는 '한국전쟁 70년을 지난 이제는 휴전선이 국경선이 되어야 한다'라는 시대적 인식 앞에서 분단된 조국(祖國)의 현실을 가슴 아프게 여기는 시각이 그 넓이와 깊이를 잃어가고 있다.

시대의 조류에 편승하기는 쉽지만, 시대의 조류를 거스르기는 어렵고 힘들고 고독하다. 사실을 이야기하기는 쉬워도 진실을 밝혀내기는 어렵다. 현상을 수렴하기는 쉽지만, 현상 너머의 진리를 규명하기는 어렵다. 그 어렵고 힘들고 고독한 작업을 평화드림포럼은 2023년 가을에 「국제학술심포지엄」이라는 이름으로 수행하였다. 「평화드림포럼 2023 국제학술심포지엄」은 평화드림포럼의 사명과 소명이 무엇인지를 다시 한번 확인하는 기회가 되었다. 심포지엄의 형식은 줌(zoom) 미팅이었지만, 심포지엄의 내용은 그 어떤 오프라인 미팅이 따라오지 못할 내용으로 알차게, 진지하게, 뜨겁게 채워졌다. 북아일랜드 사태의 원인과 결과를 배웠으며, 우크라이나 전쟁의 현실이 무엇인지를 되새겨 보았고, 타이완 분쟁의 실체를 우리의 이야기로 감지할 수 있었으며, 팔레스타인 사람들의 소망을 우리의 희망으로 되새길 수 있었다. 평화드림포럼의 주인공은 평화통일에 관한 꿈을 키우는 사람들이다. 평화드림포럼의 주역은 평화로 통일을 여는 소망을 지닌 사람들이다. 이 주인공·주역들이 2023년 가을에 화평하게 하는 자가 복이 있는 삶을 실천하는 시간을 진지하게 가졌다. 그 소중했던 시간의 열매가 소담스러운 한 권의 책으로 결실하였다.

4. 생명을 귀하게, 일상을 소중하게

지금까지 우리는 '안보' 하면, 국가 안보를 먼저 떠올렸다. 안보란 말이 가장 많이 쓰이는 영역은 외부의 군사적 위협으로부터 나라를 안전하게 지킨다는 분야였다. 그 같은 생각이 1990년대 이후 달라졌다. 1990년대 이후 벌어진 전쟁의 95%는 한 국가의 내부에서 벌어진 내전이었다. 그 내전의 핵심에는 가난과 빈곤의 문제가 도사리고 있다. 한 나라 안의 이런저런 정치 조직, 인종 조직, 군사 조직, 범죄 조직이 벌인 내전의 원인에는 가난과 빈곤의 문제가 웅크리고 있다.

지금 지구촌 사람들은 국가 안보보다는 '인간안보'를 중시하는 쪽으로 생각의 축을 옮겨가고 있다. 흔히 말하는 포스트모더니즘이라는 말은 평화 담론에도 적용되고 있다. 나라보다는 사회, 사회보다는 개인을 중시하는 사조의 변화를 간과해서는 안 된다. 분쟁과 전쟁의 양상이 다변화되고 있음을 잊어서는 안 된다. 다변화한 분쟁과 전쟁은 대규모 난민을 발생시키는 원인으로 작용한다. 지구촌 여기저기에서 발생하는 대규모 난민 문제는 안보관의 축을 국가 안보에서 인간안보로 기울게 한 중요한 계기가 되었다. 외부의 군사 위협이나 적대 세력의 침략으로부터 국가의 존립을 지키고자 했던 전통적 안보 의식에서 일상을 지키고, 일상을 보존하고, 일상을 누리려는 사람들의 안전을 지키는 안보 의식으로 안보의 축이 변환되었다. '인간안보'에 주목하는 시대가 도래한 것이다.

'인간안보'라는 개념은 유엔개발계획(UNDP)이 1994년에 발간한 『인간개발보고서』에서 처음 사용하였던 용어다.9) 지금까지 우리는 안보의 상위개념을 군사와 정치로 정해 놓았다. 군사 정치의 갈등과 긴장에 비해서 한 개인이 겪는 배고픔이나 억압, 질병 등은 안보의 하위개념에 지나지 않았다. 그러나 이 보고서에 따르면, 인간안보가 실패하고 있는 지역에는 공통점이 있다. '세계기아지수'에 따르면 기아 위험 상위 10개국 중 8개국이 분쟁과 전쟁 상황에 놓여 있다. 예컨대 소말리아 등 사하라 이남 아프리카 지역 나라들과 예멘, 동티모르 등은 국가 존속과는 별개로 매해 기아지수 상위권에 그 이름을 올린다. 분쟁을 관리하지 못한 결과가 사람 중심의 인간안보가 허물어져 버리는 결과를 낳았다는 것이다.

오늘 우리 사회에서 화평하게 하는 삶은 어디에서 구현될 수 있을까? 인간안보 문제는 평화 이루기의 지평선을 생존을 위협하는 군사적 사회적 분쟁으로부터 가난으로부터의 자유, 인권유린으로부터의 자유, 질병으로부터의 자유라는 일상의 영역으로 이끈다. 그러면서 평화 이루기의 지평선을 자유와 정의(공의)의 구현으로까지 확장해 놓았다. 평화드림 프로젝트는 이 땅을 치유하는 실제적 청지기가 되어야 한다. 평화 이루기의 첫걸음은 평화의 주체와 소재, 그 영역과 방식이 인간이라는 인식에서 시작한다. 사람이 사람답게 살 수 있는 시공간의 초석을 쌓는 것이 바로 평화이다. 그 평화를 만들고, 세우고, 지키고, 누리는, 화평하게 하는 자가 되어야 한다. 평화드림포럼이 마주하는 과제가 여기에 있다.

---

9) 박한규, "인간안보와 글로벌 거버넌스(Global Goverance): 유엔의 새천년개발목표(MDGs)를 중심으로," 「전남대학교글로벌디아스포라연구소 국내학술회의」14(2008. 11), 222-238. "MDGs"는 "Millennium Development Goals"(새천년개발목표)의 약자이다.

Blessed Are the Peacemakers

Rev. Dr. Daiel Wang
‖ Director, Peace Dream Academy

1. Conflict Zones of the World

We are currently living in an era and space filled with conflicts, disputes, and wars. In Korean, the word for conflict(분쟁) can be expressed in three different ways, each with a distinct meaning. The first, '분쟁(分爭)', combines the characters for 'divide' and 'quarrel,' indicating a conflict arising from division. The second, '분쟁(忿爭),' uses the characters for 'anger' and 'quarrel,' denoting a conflict stemming from anger. The third, '분쟁(紛爭),' combines 'chaos' and 'quarrel,' referring to a noisy and complicated conflict resulting from causing trouble.

Conflict begins with tension. The outcome of conflict is often a fight accompanied by violence. Considering the texture of language, a smaller term for conflict is tension, while a larger term is war. If tension is left unaddressed, it leads to division, anger, and troublesome fights. It is important to note that regardless of the nature or pattern of conflict, its core stems from human tension, leading to confrontations and clashes between 'you and me,' 'us and you,' and 'us and them,' resulting in negative and impure disputes.

Today, the global community is suffering from severe turmoil, not only due to natural disasters such as earthquakes, famines, and floods but also due to conflicts and wars that have left people losing their homes and livelihoods. The tragedies caused by conflict are spreading worldwide, not limited to specific regions. While peace is often considered the opposite of war, in a strict sense, the opposite of war is normal life. Daily life, no matter what, who, where, or how one lives, is precious. Living daily life with family and community fills the inner being with valuable meaning. Conflicts and wars are the devils of this era that snatch away such everyday life in an instant. The laments and cries of those who have lost their daily lives, homes, and families to conflicts fill the news daily.

The "2023 World Crisis Report" by the International Rescue Committee states that 10% of the global population suffers from hunger due to conflicts and wars daily. According to the report, the "2024 conflict zones" include ten countries: 1) Sudan, 2)

Palestine-Israel, 3) South Sudan, 4) Burkina Faso, 5) Myanmar, 6) Mali, 7) Somalia, 8) Niger, 9) Ethiopia, and 10) Democratic Republic of Congo. In these regions, people are engaged in fierce, horrific, and dreadful conflicts over racial tensions, sectarian and religious clashes, resource disputes, and territorial claims.

The conflict and war zones are not limited to these ten areas. Regions such as Vietnam, China, the Philippines, Indonesia, and Taiwan constantly experience psychological tensions and physical confrontations over territorial issues. African countries such as Angola, Cameroon, Congo, Gabon, Equatorial Guinea, and Nigeria are heavily disputing oil drilling rights, while Afghanistan, Iraq, Iran, Lebanon, Syria, Kashmir, Cambodia, and East Timor continue to draw global attention due to ethnic and sectarian conflicts. Adding Ukraine, which is suffering from prolonged war, many people on our planet are losing their lives, suffering from hunger, losing their daily lives, and becoming large-scale refugees due to conflicts and wars.

Why do these conflicts and wars persist on our planet? One report diagnoses the reason as follows: "From the beginning of modern states to the Cold War period, conflicts were full-scale wars between states over territorial and ideological disputes, but after the collapse of the Soviet Union (1991), the international order was reorganized into a unipolar system centered on the United States, expanding the pattern of conflicts to civil wars among actors within states." The evaluation of this diagnosis may vary depending on each individual's life situation. However, it is acknowledged that the current conflicts we face are battles within a country's internal disputes over race, ethnicity, language, culture, and religion. Civil wars, with their various forms of terrorism, are producing extreme situations like genocide and ethnic cleansing.

2. Blessed Are the Peacemakers

Peace and harmony differ in their usage. If the English word corresponding to peace is 'peace,' the English word fitting harmony is 'harmony.' If peace (平和) implies stillness(靜), harmony signifies togetherness(和). Harmony involves being in sync with each other, while peace refers to a quiet state without war or political strife. Peace is found where everything is balanced(平), while harmony is established in spaces where there is mutual responsiveness. Peace is more of a noun, while harmony(和平) is more of a verb. Instead of passively given peace, actively achieved harmony is the answer and prescription for lives suffering from conflicts and disputes. Perhaps that is why the Revised New Korean Version of the Bible states, "Blessed are the peacemakers, for they shall be called the children of God" (Matthew 5:9).

The New Korean Standard Version translates this verse as,

"Blessed are those who work for peace, for God will call them his children." This sees harmony and peace as synonyms. So why do one version translate the same Greek phrase(οἱ εἰρηνοποιοί) as "those who work for peace," while another version uses "peacemakers"? It is important to remember that the original meaning of the Greek phrase (οἱ εἰρηνοποιοί) is "those who make peace," not "those who are peaceful." The Hebrew word "shalom" (שָׁלֹם) corresponds to the Greek word "eirene" (εἰρήνη). Both terms carry the wish for heaven's will to be done on earth. Heaven hopes that the community under heaven will become one together, balanced, correct, in harmony, and unified. Thus, the Greek "eirnopoio" leans towards those who 'make' peace and harmony, not those who 'enjoy' it. In Korean, 'enjoyment' is passive, while 'achievement' is active. It means to become not those who enjoy peace but those who make harmony.

John Howard Yoder (1927-1997), an ethicist who established peace ideology as a Christian faith, discussed Jesus' peace discourse in twelve chapters in his book "The Politics of Jesus." To Yoder, "God is inherently a reconciler and creator of peace (shalom)," making peace not a political matter but "worship, blessing, and praise to God." Jesus' disciples, as friends who know everything about God's plans, participate in the peace practice project planned by God. Since Cain killed Abel, the path to save a world soaked in violence is "the path of incarnational love." Yoder emphasizes that the foolishness and weakness of the cross become the source that transforms the rivers of war, violence, conflict, and hostility into non-violence and love. The way God's word comes into the world is through emptiness, weakness, insignificance, suffering, and defeat, not through majesty, efficiency, and victory. Therefore, peace does not end with the passive meaning of the absence of war and conflict. For example, achieving economic repentance (turning swords into plowshares) and implementing an economy of jubilee beyond capitalism institutionalizes conflict resolution in life. Yoder asserts that peace is achieved when "the Father's love" is transformed into "communication towards the enemy."

3. Peace Dream Forum, "Asking for the Path to Peaceful Unification of the Korean Peninsula"

In the fall of 2023, Peace Dream Forum held an international academic symposium titled "Asking for the Path to Peaceful Unification of the Korean Peninsula, Peace in Conflict Zones." The symposium featured the odysseys of people who moved from North to South Korea, voices from conflict zones such as Northern Ireland, Taiwan confronting China, and Palestinian citizens severely affected by the Israel-Hamas war. Discussions on the past, present, and future of Ukraine, reiterated by a former Ukrainian ambassador, also became a hot topic at the symposium.

These days, our society does not bring up unification discourse. It does not speak of unification, nor does it discuss peaceful unification of the Korean Peninsula. Although the Korean Peninsula remains a prominent conflict zone in the global community, people living in the southern part often forget they are living in a conflict zone due to North-South tensions. Despite the Korean Peninsula being a typical conflict zone with military confrontation, the sense of sorrow over the divided homeland is diminishing under the notions of 'South and North living separately,' 'coexisting as two states,' or 'the armistice line becoming a national border after 70 years of the Korean War.'

It is easy to go with the tide of the times but challenging, difficult, and lonely to go against it. It is easy to talk about facts, but it is hard to uncover the truth. It is easy to converge phenomena, but it is difficult to identify the truth beyond the phenomena. The Peace Dream Forum carried out this challenging, difficult, and lonely task under the name "International Academic Symposium" in the fall of 2023. The "Peace Dream Forum 2023 International Academic Symposium" reaffirmed the mission and calling of the Peace Dream Forum. Although the symposium was held via Zoom meetings, its content was rich, serious, and passionate, surpassing any offline meeting. Participants learned about the causes and consequences of the Northern Ireland issue, revisited the realities of the Ukraine war, sensed the substance of the Taiwan conflict as our own story, and resonated with the hopes of Palestinian people. The main figures of the Peace Dream Forum are those who nurture dreams of peaceful unification. These protagonists, with hopes of opening unification through peace, seriously practiced a life of peacemaking in the fall of 2023. The precious fruit of that time has been compiled into a meaningful book.

4. Valuing Life, Cherishing Daily Life

Until now, when we thought of "security," national security came to mind first. The term security is most frequently used in the context of protecting a nation from external military threats. This perspective changed after the 1990s. Since the 1990s, 95% of wars have been civil wars within a country. At the core of these civil wars lies the issue of poverty. The root cause of civil wars waged by various political, racial, military, and criminal organizations within a country is the problem of poverty.

Today, people around the world are shifting their focus from national security to "human security." The term "postmodernism" is also applied to peace discourse. We must not overlook the shift from prioritizing the nation to prioritizing society and from society to individuals. We must remember that the patterns of conflict and war are diversifying. These diversified conflicts and wars contribute to the emergence of large-scale refugees. The large-scale refugee problems occurring worldwide have shifted the axis of security awareness from national security to human security. The traditional security consciousness, which focused on protecting the existence of a nation from external military threats or hostile forces, has transformed into a security consciousness that protects people's safety, preserving and enjoying their daily lives. The era of focusing on "human security" has arrived.

The concept of "human security" was first used in the "Human Development Report" published by the United Nations Development Programme (UNDP) in 1994. Until now, we have regarded military and political conflict and tension as the superior concept of security. In contrast, issues such as hunger, oppression, and disease experienced by individuals were considered subordinate. However, according to this report, regions where human security fails have commonalities. "According to the Global Hunger Index," eight of the top ten countries at risk of hunger are in conflict and war situations. For example, countries in sub-Saharan Africa like Somalia, Yemen, and East Timor consistently rank high on the hunger index every year, separate from the survival of the state. The failure to manage conflicts has resulted in the collapse of human-centered human security.

Where can a life of peacemaking be implemented in our society today? The issue of human security leads the horizon of peace-making from military and social conflicts that threaten survival to freedom from poverty, oppression, and disease in daily life. It also expands the horizon of peace-making to the realization of freedom and justice (equity). The Peace Dream Project must become the practical steward that heals this land. The first step in peace-making is recognizing that the subject, material, area, and method of peace is human. Building the cornerstone of time and space where people can live humanely is peace. We must become those who make, build, keep, and enjoy peace, becoming peacemakers. This is the task faced by the Peace Dream Forum.

September 16, 2024

북아일랜드의 평화
—다른 분쟁지역에 적용 가능한가?

데이비드 미첼
‖ 트리니티대학 갈등해결 & 화해 조교수

2023년 4월 북아일랜드의 '성금요일 협정' 또는 '벨파스트 협정' 체결 25주년을 맞이하였다. 이 문서에 기술된 정치 및 안보 개혁은 30년 이상 지속된 반국가 및 집단 간 폭력, 즉 '트러블스'(the Troubles)라고 불리는 갈등을 경험한 지역에 정치적 안정을 가져오기 위해 고안되었다. 대립 중인 양측 정치 공동체의 지도자들은 1998년 노벨 평화상을 수상했으며, 북아일랜드는 평화 구축을 위한 하나의 글로벌 모델로 여겨져 왔다.

한 세대가 흐른 지금, 정치적 폭력은 줄어들고, 관광객 수는 늘어나고 있으며, 벨파스트 도심은 다른 여느 유럽 도시들과 다르지 않아 보인다. 북아일랜드의 분쟁 경험에 대한 국제적 관심은 계속되고 있으며, 전 세계의 분쟁지역에서는 여전히 북아일랜드의 분쟁 해결 경험을 배우기 위해 이곳을 방문하고 있다. 그러나 1998년 협정은 여전히 취약하다. 본 논문의 작성 시점에서 북아일랜드에는 브렉시트로 인한 정치적 불화로 인해 공동 통치 정부가 존재하지 않는다. 문화적 문제에 대한 분쟁 역시 빈번하게 발생하며, 주거 및 학교 분리의 지속은 물론 군사 단체는 여전히 노동 계급 지역을 통제하고 있다. 과도기 정의 (Transitional Justice)는 여전히 미완성이며 사회 경제 및 젠더 간의 분쟁은 여전히 깊다. 이러한 복잡한 상황에서 다른 곳에 줄 수 있는 교훈을 찾는 것은 쉬운 일이 아니다.

본 논문은 1) 북아일랜드 분쟁의 기원과 더 트러블스(1968-1998)로 알려진 분쟁에 대하여, 2) 평화 프로세스와 1998년 협정에 대하여, 3) 1998년 협정 이행의 어려움에 대하여, 4) 북아일랜드 경험을 바탕으로 타지역 갈등에 적용, 가능한 시사점에 대하여 논의하고자 한다.

1. 분쟁

아일랜드 분쟁은 영국이 아일랜드섬 전체를 통치하는 과정에서 이루어낸 불완전한 성공에서 시작된다. 1600년대의 식민 지배를 포함한 영국의 아일랜드 정복 시도는 친영국파를 포함한 북동부 쪽 개신교 세력과 로마 가톨릭과 남서부 아일랜드 민족주의자 사이의 날카롭고 지속적인 정치 및 종교적 대립을 초래하였다(Ruane and Todd 1996). 20세기 초 극적으로 고조된 두 계파 사이의 적대감으로 인해 1920년 영국 정부는 섬을 분할하고, 영국령인 '북아일랜드'와, 자주성을 가진 자유국가인 '아일랜드'가 탄생하였다.

영국 입장에서 이 분할은 내전을 피하기 위한 정치적 도구였다.

아일랜드 공화주의자들에게 해당 조치는 부자연스럽게 아일랜드섬을 두 부분으로 나눔으로써 친영국주의자들을 비롯한 영국이 섬의 북부에서 권력을 유지할 수 있도록 돕는 식민정책의 일환으로 받아들여졌다. 반면에 개신교 친영파들은 이 분할을 통해 자신들의 '개신교도로서의 삶'과 경제적 안전을 보장받을 수 있을 것으로 보았다. 그들에게 새로운 국경은 북과 남 사이에 이미 존재하고 있었던 정치, 사회 및 경제적 분리를 의미하였다(Walker, 2012 참조).

그러나 이 분할은 새로운 문제를 만들었다. 새로운 국경으로 인해 새로운 주류와 비주류가 만들어진 것이다. 국경 남쪽에 살고 있던 수천 명의 개신교도들은 남부에서 '버림'을 받았고, 국경 북쪽 인구의 3분의 1가량에 해당하는 아일랜드 민족주의자 즉 가톨릭 신자들 또한 마찬가지였다. 두 개의 새로운 정치 단체는 서로 반대되는 종교적, 문화적 정체성을 발전시켜 나가며 의심의 냉전에 돌입하였다. 20세기 중반 동안 북아일랜드의 연합주의자들은 사실상 일당 독재 정부를 운영하며 공공 고용, 안보 정책, 주택 및 기타 분야에서 가톨릭 신자들을 차별하였다(Cochrane, 2021 참조).

1960년대 말, 미국과 유럽에서의 캠페인에서 영감을 받아 젊고 야심 찬 가톨릭 신자들(그리고 일부 개신교도들)은 시민으로서의 기본 권리를 요구하며 거리 행진을 조직하였다. 연합주의자들에게 이러한 행진은 북아일랜드 체제를 파괴하려는 시도로 간주 되었고, 경찰력을 동반한 개신교인 무리가 이에 맞대응하였다. 이처럼 불안이 커지는 가운데 거의 휴면 상태였던 아일랜드 민족주의 무장단체(IRA)가 재조직 되기 시작하였고, 북부에서 영국 통치를 몰아내고 섬을 재통합하기 위한 무력 반란이 시작되었다. 이에 따라 개신교 측 불법 무장 단체들도

IRA와 맞서 싸우기 시작하였다(Hennessey, 2005). 비상사태를 통제하기 위해 영국은 군대를 파견하고 1972년에 북아일랜드의 정치 및 안보를 직접 통제했지만, 이후에도 민족주의자와 연합주의자 모두가 받아들일 수 있는 지역 통제를 재설정하려는 여러 시도가 실패하였다. 1969년부터 1998년까지, 150만 명의 인구 중에서 3,500명 이상의 사람이 죽었으며 사망자의 대다수는 민간인이었다. 이 밖에도 수만 명이 육체적 정신적 외상을 입었으며, 난민 신세로 전락하였다(McKittrick et al. 1999: 1474 참조).

2. 평화 프로세스와 1998년 협정

분쟁을 종식할 수 있는 가장 중요한 요소는 북아일랜드의 정치적 해결에 도달하기 위한 영국과 아일랜드 두 국가 간의 협력 강화였다. 이 협력은 1985년의 영국─아일랜드 협정으로 제도화되었으며, 유럽 연합(EU)의 상호 회원 자격으로 정치인과 공무원 사이의 접촉이 용이해졌다. EU는 국경, 주권, 정체성 및 국경에 대한 새로운 담론과 초국가적 관계의 모델을 제시하며 국가 내외부 간의 영토적 분쟁을 어떻게 다시 정의할 수 있을지를 보여주었다. 예를 들어, 평화 과정 설계를 주도한 인물 중 한 사람인 보수 민족주의 사회민주노동당(SDLP)의 지도자 존 흄(John Hume)은 항상 아일랜드에서 가능한 일들에 대해 영감을 주는 사례로서 유럽을 여러 차례 인용하였다(예: Hume, 1996).

갈등에도 교착 상태가 있었다. IRA는 공격을 지속하면서도 영국을 아일랜드에서 완전히 몰아낼 수 없다는 사실을 알았으며, 영국은 계속해서 IRA 공격을 막아냈지만, 그 단체를 완전히 없앨 수 없다는 것을 알고 있었다(Mitchell, 2015). 평화 프로세스가 구체화 되는 과정에서 '트랙 2'를 통한 정치 지도자들의 접촉, 비공식 외교(Arthur 1999), 백-채널 대화 (Ó Dochartaigh, 2021) 및 화해 그룹(Brewer, Higgins 및 Teeney, 2011)의 활동, 정치적 대화 및 회의의 포럼을 통해 상호 목적의식과 공감을 키워나갔다. 모든 측면에서 볼 때 전쟁에 지친 마음과 함께 '더 트러블' 세대가 겪은 것을 미래 세대들에게 되풀이하지 않으려는 열망이 있었다. 마침내, 이러한 협상은 1998년 4월의 '성금요일' 또는 '벨파스트' 협정으로 결실하게 되었다.

1998년 협정의 핵심은 북아일랜드 내에서의 권력 공유 조직인 의회였다. 어떤 공동체도 배제되지 않도록, 충분한 힘을 가진 모든 정당이 정부의 일부가 될 수 있도록 하였다. 북아일랜드와 아일랜드 공화국 간의 관계는 주로 새로운 북남부 장관 협의회(NSMC)를 통해 다루어지도록 하였다. 이 회의는 의회 및 아일랜드 정부의 장관 등으로 구성되어 주로 경제 및 문화적 이익을 가진 여러 분야에서 정책을 합의하기 위한 포럼이었다. NSMC는 아일랜드 정부와 다양한 영국 관할지의 장관으로 구성하여 '균형'이 잡힐 수 있도록 하였다.

북아일랜드의 헌법적 지위에 관련하여 회담 참가자들은 '동의의 원칙' 즉 북아일랜드 내 다수의 의지에 따라 그 지위가 결정되어야 한다는 것을 받아들였다. 이는 북아일랜드에 대한 영국의 주권을 계속 유지하면서, 아일랜드 민족주의자들이 미래에 아일랜드 통일에 대한 희망을 계속 유지할 수 있는 규칙이었다. 협정은 연합주의자와 민족주의자의 정체성, 정신 및 포부를 동등하게 합법적으로 인정함과 동시에 '북아일랜드 모든 사람이 자신을 아일랜드인 또는 영국인 또는 그 둘 다로 식별하고 받아들이는 것'을 '출생 권리'로 인정하였다(협정

1998: 2). 이렇듯 북아일랜드 평화 협정은 정체성을 영토와 주권에서 분리하고 분쟁의 핵심에 있는 정체성의 제로섬 충돌을 변형하려고 노력하였다. 그러나 이러한 폭력의 유산을 다루는 것은 기관적 규정을 합의하고 실행하는 것보다 더 복잡하고 어려운 작업이었다.

3. 평화 구현: 성공과 어려움

협정의 이행은 반복되는 정치적 위기, 주요 선거 변화 및 거리 불안정으로 인해 혼란스러웠다. 2023년 현재, 1998년부터 존재하던 평화 실현을 어렵게 하던 요소들 중 일부는 사라졌지만, 다른 부분들은 여전히 존재한다. 준군사조직 무기 문제는 안정적인 권력 분배를 9년 이나 지연시키는 가장 큰 걸림돌이었다. 무기는 그 실제 의미와 더불어 도덕적, 상징적 의미를 지닌다. 무기가 파괴되더라도 준군사조직들은 언제든지 더 많은 무기를 확보할 수 있었다. 이 문제는 IRA의 무기 폐기를 평화에 대한 공화당의 헌신의 증거로 보는 연합주의자와 공화당 이 항복하는 모양새를 보이고 싶지 않음과 동시에 연합주의자들이 진정 가톨릭교도들과의 공조와 평등에 헌신하고 있다는 증거를 원했던 Sinn Féin(신 페인) 간의 대립으로 이어졌다. '무기 없이 정부도 없다'는 연합주의자들의 슬로건이었다(Mitchell, 2010). 연합주의 유권자의 불만으로 인해 2003년 선거에서 우파 민주인민당(DUP)이 울스터 유니온주의자당(UUP)을 누르고 승리하는 결과를 낳게 된다.

결국, 미국과 아일랜드 정부의 압력과 더불어 공화주의자들의 정치적 및 선거 발전, 그리고 더 나은 판단이라는 내부 평가 등으로 인해 결국 IRA는 2005년에 무기를 폐기하였다. 이 역사적인 결정으로 인해 극단적 성향을 지닌 DUP와 가장 큰 정당인 신 페인(Sinn Féin) 정당 간의 권력 공유가 재개되었다. 무기폐기가 해결된 반면, 문화적 및 상징적 표현에 대한 논쟁은 지속되었다. 깃발과 상징물에 담긴 '민감성'은 협정에서 다루고 해결하기에는 지나치게 복잡하고 어려운 문제로 간주 되어 아주 간략히만 언급되었다. 예를 들어 공공건물에서 어떤 깃발을 게양해야 하는지 등 해당 문제와 관련하여 여러 분쟁이 발생하였다. 아일랜드어의 지위(극소수의 사람들이 일상언어로 사용하고 있지만 아일랜드 민족주의자에게는 문화적으로 큰 중요성을 지니고 있음) 또한 논쟁의 대상이었다. 민족주의자들은 이 언어를 법적으로 보호하고 사용을 장려하기를 원했지만, 연합주의자들은 이것이 그들의 영국인으로서의 정체성을 위협하는 것이라고 주장하였다.

계속되는 협정 이후의 또 다른 과제는 '과거를 다루는 방법' 즉 더 트러블스 기간 동안 수많은 폭력 행위에 그 누구도 정의의 심판을 받지 못하였던 이 문제를 어떻게 해결해 나갈 것인가 하는 것이었다. 국가가 계속해서 관련 사항들을 조사하고 기소해야 하는가? 과거에 일어난 일로 간주하고 그냥 넘어가야 하는가? 피해자들을 어떻게 돌보아야 하며, 가해자들을 '피해자'의 범주에 포함해야 하는가? 갈등이 시작된 이유에 대한 합의가 없이 갈등이 끝났기 때문에 앞서 열거했던 문제들을 쉽게 해결하기란 어렵다. 이 협정은 비난이나 승리에 대한 시시비비를 가리거나 분쟁의 원인에 대하여 합의된 설명을 제공하지 않았다. (혹은 할 수 없었다.) 따라서 1998년 이후 협정이 어떻게 이행되었는지, 이행된 협정으로 인한 위기와 딜레마가 연합주의적 방식으로 발생했는지 혹은 민족주의적 방식으로 발생했는지를 입증하는 데 집중하였다.

2014년 스토몬트 하우스 협정(Stormont House Agreement) 당사

자들이 정보를 검색하고 가능하고 원하는 경우에는 기소를 할 수 있으며 구두로 나눈 이야기의 보관 등을 허용하는 메커니즘 패키지에 동의 하는 것으로 이러한 문제에 대한 합의가 이루어졌다. 그리고 실제로 어느 정도 이 일이 구현되었다. 이제(2023년) 영국 정부는 더 트러블스 기간 관련 모든 범죄에 대해 조건부 사면을 추진하고 있다. 이는 1998년 이전에 발생한 미해결 범죄에 대한 조사나 경찰 조사가 더 이상 없을 것임을 의미한다(Walker, 2023). 정부가 이 일을 하는 주된 이유는 고령의 영국 군인이 재판에 서지 않게 하기 위해서이다. 그러나 연합주 의자와 민족주의자 모두 이 정책을 지지하지 않는다.

최근 몇 년간 평화 과정에 대한 가장 큰 정치적 도전 과제는 2016년 영국이 유럽 연합을 탈퇴하기로 한 결정이었다. 1998년 협정의 주요 목적 중 하나는 북아일랜드에서 아일랜드 민족주의자들의 안도감을 높이는 것이었으며, 이는 부분적으로 긴밀한 남북관계와 아일랜드섬 전체의 협력을 통해 달성될 예정이었다. 이 새로운 관계의 가장 가시적 이고 심리적으로 강력한 표현으로서 아일랜드 국경의 모든 보안 인프라 를 제거하여 실질적으로 이 지역이 분쟁지역이 아닌 것처럼 보이게 만드는 것이었다.

브렉시트로 인해 국경에 무역 기지를 다시 설치하게 됨으로써, 이 무역 기지들은 분단의 상징이 되고 또한 미래에 폭력과 공격의 거점이 될 가능성이 높아졌다. 또 다른 문제는 북아일랜드의 대다수 (56%)가 브렉시트에 반대했다는 사실이다. 아일랜드 일부 사람들에게 는 브렉시트가 아일랜드에 미치는 영향이나 사정을 거의 고려하지 않은 채 과거 식민지적 발상에서 나온 결정이라는 인상을 주었던 것이다 (Cochrane, 2020).

영국 정부가 강한 브렉시트를 원함과 동시에 아일랜드섬 내에 엄격한 국경선 설치를 피하고 싶은 딜레마를 해결하기 위한 유일한 방법은 아일랜드 해협에 국경을 설치하고, 이를 통해 영국에서 북아일랜드로 이동하는 상품에 대한 무역 검사를 실시하여 EU 단일 시장을 보호하는 것이었다. 이로 인해 연합주의자들은 영국과의 단절을 느끼며 크게 분노하였고, 북아일랜드가 EU와 아일랜드 공화국과 경제적으로 비슷한 입장을 취하면서 아일랜드 통일에 대한 지지가 증가할 것을 매우 우려하였다. 브렉시트 이후에는 아일랜드 통일의 장점에 대한 공개논의와 함께 북아일랜드의 사람들의 EU 재가입을 지지하는 논의가 꾸준히 확대되고 있다. 2022년 2월에 DUP는 공동 통치에서 철수했으며 (정부 붕괴의 원인이 됨), 아일랜드해 국경이 없어질 때까지 복귀하지 않을 것이라고 밝혔다.

한편, 북아일랜드의 사회적 분열은 지속되고 있다. 이 분리는 개신교와 가톨릭 지역 사이의 물리적 장벽인 '평화의 벽'에 가장 명확하게 나타난다. 이 벽은 각 진영의 물리적 공격을 방지하기 위하여 세워졌지만, 상호 공동체 간의 접촉을 저하하는 역할을 하고 있다. 산발적으로 거리 폭동이 발생하고 있으며, 이는 주로 개신교 정치문화 조직인 오렌지 오더(Orange Order)의 퍼레이드와 관련이 있다. 북아일랜드에는 사실상 분리된 교육 시스템을 갖추고 있으며, 대부분의 학생들은 주로 개신교나 가톨릭 학교를 다니고 있다. 사회 주택의 90% 이상이 압도적인 개신교도이거나 가톨릭교도이다. 대부분의 사람들은 단일 정체성 환경에서 살고, 교육받고, 스포츠를 즐기고, 예배하고, 사교활동을 한다. 분쟁이 남긴 부작용 중 하나로 아직도 준군사조직들이 마피아 스타일로 해당 지역을 장악할 수 있는 권력을 행사하고 있다. 이들

그룹은 조직범죄를 저지르고 잔인한 구타와 총격을 통해 '정의'를 실현하고 있다. 평화 프로세스에 반대하는 '반체제' 공화주의자들은 주로 경찰과 교도관들을 상대로 폭력적인 캠페인을 벌이고 있다.

4. 다른 지역에 적용, 가능한 교훈?

1998년 이래로, 북아일랜드 협정과 평화 프로세스가 다른 분쟁지역에 미치게 될 잠재적 영향에 대해 국내외에서 광범위하게 논의가 이루어졌다. 이 과정에 참여한 많은 정치인들은 자신들의 시각에서 해당 과정에서 얻은 교훈을 연설(Reiss, 2005; Hain, 2007; Robinson, 2012; McGuinness, 2012)과 회고록(Powell, 2008; Blair, 2010; Mowlam, 2002)을 통해 공유했다. 북아일랜드의 교훈은 또한 학술 및 학술—실무자 컨퍼런스와 출판물을 통해 다양한 형태로 공유되고 논의되었다(Mitchell, 2021b; Mac Ginty, 2019; White, 2013; LSE IDEAS, 2011; Bew, Frampton and Gurruchaga, 2009; O'Kane, 2010; Wilson, 2010). 한편, 북아일랜드 평화 과정의 주역들은 전 세계의 정책 결정자들과 접촉하여 평화를 이룬 경험을 공유하기 위해 노력했으며, 대부분의 이 작업은 NGO 및 학계 연구자들과 같은 제3자들에 의해 활발히 이루어졌다. 이 활동은 1990년대의 다른 주요 평화 사례인 남아프리카의 주역들의 접근과 유사하다. 북아일랜드의 정치인들은 1994년과 1997년에 남아프리카에서 주요 당사자들과의 집중적인 토론을 위해 초청되었다(Arthur, 1999). 1998년 합의 이후, 오 케인(O'Kane, 2010: 239)은 '한때는 누군가에게 갈등 해결 방법을 배우던 학생이었지만, 이제는 가르치는 자가 되었다'고 기술하였다.

그렇다면 어떤 교훈을 얻을 수 있는가? 좀 더 효과적으로 이해하기 위하여 세 가지 범주로 나누어 실질적, 정치적 및 심리적 교훈을 살펴보고자 한다.

1) 실질적 교훈

실질적 교훈은 구체적인 분쟁 해결 기술의 실제 또는 잠재적 운영과 관련된 지식을 의미한다. 북아일랜드 평화 프로세스는 평화 프로세스 기간 동안 또는 새로운 정치적 제도의 일부로 특정 목적을 달성하기 위해 만들어진 많은 기관, 포럼, 규칙, 절차 및 역할로 이루어져 있으며, 이러한 측면들이 다른 평화 과정에 교훈이 될 수 있다는 의견이 많이 제기되었다. 이러한 측면에는 여성 참여의 중요성 및 수단(Fearon, 1999); 경제적 지원 제공 수단(Buchannan, 2014); 어려운 문제를 다루기 위한 국제 위원회의 활용(Walsh, 2017; Clancy, 2010); 협상 과정 중에 평화적 수단을 약속해야 한다는 요구 사항(Darby, 2008); 포괄적인 협상 과정 및 합의서를 승인하기 위한 공개 국민 투표(Amaral, 2019); 그리고 대표성, 투명성 및 책임성을 가이드로 하는 경찰 개혁(Doyle, 2010) 등을 포함한다. 성금요일 협정의 주요 분쟁 해결 메커니즘은 콘소시에이션(다극공존형) 정치 기관이었으며, 이에 대한 메리트 및 결점, 그리고 다른 맥락에서의 적절성에 대한 연구가 상당량 이루어졌다(Taylor, 2009).

일부 분석가들은 북아일랜드 평화 과정의 성공에 중요한 역할을 한 것으로 여겨지는 요소들을 식별하고, 이러한 요소들을 조합한 것이 잠재적으로 이상적인 평화 과정 모델을 대표할 수 있다고 언급하고 있다. 화이트(White, 2013)는 다음과 같은 측면을 이야기했다. 협상의 포괄성; 모든 당사자에 대한 보안 제공; 제3자의 역할; 그리고 풀뿌리 레벨의 화해가 있다. 맥 긴티(Mac Ginty, 2019)는 합의에 대한 평화 기금, 협상 참여 규칙 및 합의서에서의 '건설적 모호성'과 같은 측면의 중요성을 강조하고 있다.

실질적 교훈의 명백한 한계는 맥락이 가진 중요한 역할을 설명하기 어렵다는 것이다. 일부는 분쟁 해결 메커니즘이 수렴의 원인보다는 당사자들 간의 수렴의 결과였다고 주장하며(Todd, 2017; O'Kane, 2010), 토드(Todd, 2017)는 북아일랜드 내에서 변화를 용이하게 하는 국제적 요소—냉전의 종료, EU의 맥락, 영국과 아일랜드 국가의 현대화—를 강조하고 있다.

실질적 교훈 논의를 위한 토론에 기여한 다른 학자들도 북아일랜드 평화 과정의 안정된 지역적 맥락(북아일랜드가 국가가 아니라 영국의 일부였던 사실 등), 유엔의 중재 부재, 피해자 및 병사의 수효가 상대적으로 낮은 점 등 북아일랜드를 다른 평화 과정과 구별하며 실질적 교훈의 잠재력을 제한하는 요소들을 언급하였다(Clancy, 2013; Halliday, 2006).

그러므로 독특한 분쟁과 맥락적 현실은 실질적 교훈을 확실히 도출하기 어렵다고 주장할 수 있다. 그러나 우리는 평화 과정에서 아이디어와 기술을 '빌려오고 빌려주는' 일이 발생했음을 알고 있으며(Darby, 2008), 다른 맥락의 당사자들이 북아일랜드와 비슷한 수렴의 경로를 따른다면 실질적 교훈을 채택하고 적응하는 것이 그들의 과정에 도움이 될 수 있을 것이다. 또한 모든 종류의 정책이 국가 간에 이동하며, 이 '정책 이전'은 정책을 기계적으로 복사하는 것뿐만 아니라 아이디어, 개념 및 영감을 도출하여 맥락별 접근 방식을 형성하는 학습 과정일 수 있다(Rose, 2005). 이에 대한 자세한 내용은 심리학적 교훈과 관련하여 좀 더 구체적으로 설명하고자 한다.

2) 정치적 교훈

정치적 교훈은 북아일랜드 사례에서 구체적인 전략적/정책 지침을 도출하는 것이다. 북아일랜드 사례는 다른 다수의 분쟁과 관련된 담론에서 언급되었다. 예를 들어, 두다이(Dudai, 2022)는 북아일랜드가 이스라엘의 일부 목소리에 의해 이스라엘-팔레스타인 갈등에서 평화 진전이 가능하다는 희망적인 증거로 소개되고 권력과 영토를 공유하는 모델로 사용되었다고 강조한다(하지만 매파적인 해석에 따르면 IRA가 팔레스타인 군사와는 다르게 극단적이지 않았으므로 이 비유는 관련이 없다고 주장했다). 대조적으로 브라운과 브레들리(Brown & Bradley, 2021)는 이스라엘-팔레스타인과 관련하여 일부 NGO가 그룹 간 좋은 관계를 기반으로 한 북아일랜드 모델을 장려하는 것은 현재 상황을 정상화하고 팔레스타인의 불만을 처리하지 않으려는 시도라고 주장하였다.

다른 곳에서는 바스크 분리주의자들이 1998년 9월 Lizarra-Garazi 협정을 체결한 '아일랜드 포럼'에서 볼 수 있듯이, 공공적으로 아일랜드 공화국당을 본보기로 삼았다(Scanlon, 2023). 이 문서에서 바스크 국민주의자들은 무조건적인 협상 과정을 요구하고 폭력을 거부하였다. 콜롬비아의 산토스(Santos) 대통령은 FARC 게릴라와의 화해에 대한 영감과 접근 방식을 설명하는 연설에서 북아일랜드를 자주 언급하였으며, 북아일랜드의 모든 측면과 부문에서 많은 인사들이 콜롬비아 토론에 참여하였다(Geoghegan, 2016). 이러한 모든 사례에서 북아일랜드는 아이디어를 제공하였을 뿐만 아니라 행위자들에게 특정 정책을 홍보,

판매 및 합법화할 수 있는 매력적인 수단을 제공하였다고 보인다.

신 페인(Sinn Féin) 당은 전 세계의 반군 운동과 자신들의 경험을 공유하는 데 특히 적극적이었다. 이는 공화당의 반제국주의 국제주의에서 비롯되었으며, 이 연결은 냉전 시기까지 거슬러 올라간다. 연합주의자들은 이러한 연결고리를 많이 가지고 있지는 않았지만, 다음 섹션에서 설명하게 될 유형의 중재에 다수 참여하였다. 그러나 1996년 평화 협상에서 자리를 차지하기 위하여 정당을 결성한 북아일랜드 여성연합의 독특한 경험은 광범위한 국제적 관심을 불러일으켰다. 합의이후 일부 대표자들은 페미니스트와 및 여성 단체 사이에서 특히 활발하게 글로벌 네트워킹과 교훈을 나누었다(참조: McWilliams, 2021).

북아일랜드 모든 정치적 학습 사례의 타당성을 평가하는 것은 불가능할 것이다. 또 다른 평화/갈등 사례를 언급하는 것은 광범위하고 부적절한 비교를 할 위험이 있지만 평화 과정을 촉진하는 데는 건설적일 수 있다. 비교는 정치 행위자들의 피할 수 없는 전략이다. 그러나 정치적 교훈을 끌어내기 위한 과제는 이전 섹션에서 언급한 것과 동일하다. 북아일랜드에서 발생한 상황의 특수성을 설명하는 것이다.

3) 심리적 교훈

세 번째 유형의 교훈은 실질적이거나 정치적/전략적 통찰력을 얻는 것이 아니라, 갈등 해결을 지원할 수 있는 심리적인 변화를 포함한다. 이것은 북아일랜드 평화 프로세스에 참여하는 행위자들과 다른 충돌 지역의 평화/충돌과 관련하여 제3자(특히 충돌 해결 비정부 기구 및 학계)가 중재하는 만남의 주요 목적이다(저자의 연구는 Mitchell, 2021a; 2021b에서 확인할 수 있다). 이러한 상호작용에는 북아일랜드

출신의 참여자들이 해외 그룹에게 제공하는 강연, 질문 및 중재된 후속 토론 기회, 그리고 북아일랜드의 '평화의 벽', 지역 평화 기관 사무실 및 변형된 공공 공간과 관련된 장소로의 탐방이 포함된다. 이러한 대화의 중재자들은 다른 문맥 사이에서 기술이 기계적으로 이전될 수 없다는 것을 인식하고 있다. 한 중재자는 이렇게 말했다.

> "이것은 교훈을 가르치는 것이 아니며, 특정한 틀을 강요하는 것이 아니다. 경험과 통찰력을 공유하는 것이다. 사람들이 '우리는 매우 어려운 분쟁을 경험했으며, 우리의 경험에서 배울 수 있는 교훈이 있을 수 있으니 저희에게 질문해 주십시오'라고 말하는 것입니다"(Devenport, 2009에서 인용된 Quentin Oliver).

실제로 어떤 중재 조직은 북아일랜드의 교훈은 평화를 위한 청사진이 없다는 것을 언급하며, 어디에서나 평화 주체들은 고유한 프로세스를 추구해야 한다고 믿는다(White, 2014). 그럼에도 불구하고 중재자들은 북아일랜드 평화 과정의 메커니즘과 구조에 대해 배우는 것은 두 가지 점에서 의미가 있다. 하나는 실행 가능하지 않다고 여겨지는 해결책조차도 실행 가능할 수 있도록 맞춤 설계를 할 수 있는 상상력을 제공한다는 점이다. 또 다른 하나는 실질적 해결책으로 가능성을 도출할 수 있다는 점이다. 어떻게 한 갈등 주체 집단이 그들의 문제에 맞춤인 해결책을 찾아냈는지를 보여줌으로써 가능성을 보여준다. 한 중재자의 말을 인용하자면, 북아일랜드는 '다른 지역도 북아일랜드와 같은 문제를 가지고 있음을 보여주며, 그 문제들에 대처하는 방법을 찾아내게 한다.'라고 말하였다. 중재자들이 언급한 한 가지 중요한 점은 바로 북아일랜드 프로세스가 가지고 있는 결함이다. "북아일랜드에서 모든 것이

완벽하다면 사람들은 그곳으로 배우러 가지 않았을 것이다."라고 한 명의 중재자가 말하였다. 이것은 실수에서 배우는 것뿐만 아니라 평화 프로세스가 제공할 수 있는 것의 한계를 이해할 수 있게 해준다고 여겨진다. 또 다른 중재자는 북아일랜드의 지속적인 문제가 이 평화 여정에 더 많은 신뢰성을 부여했다고 말하였다. "부정적인 사람들은 왜 [중재 비정부 기관이] 성공적인 평화 프로세스에 대해서만 이야기합니까?' 라고 할 수 있다. 그러나 불완전한 사례들은 냉소적인 사람들에게 답변하는 데 도움이 됩니다."

총론적으로, 이러한 경험을 공유하는 대화에 동기를 부여하는 것은 참여자들이 겪는 자체 갈등 관계 및 어려움에 대해 새로운 시각을 자극할 수 있다. 즉 사람들이 장기간 갈등에서 고립된 환경에 몰입하고 있을 때는 볼 수 없었던 관점을 자극할 수 있다는 것이다. 이는 사람들이 자신의 상황에 적합한 평화 전략, 제도 및 관행을 고안하는 데 도움이 될 수 있다. 어디에서나 갈등 주체들은 자신들의 문제가 독특하다고 여기며, 상대방을 독특하게 비합리적이거나 비타협적이라고 간주한다고 갈등 사회 심리학에서 말하고 있다. 따라서 외부인이 갈등을 이해하거나 개선하는 데 도움을 줄 수 없다고 간주한다. 유사한 문제에 직면한 사람들과 상호 작용하는 것은 이러한 고정된 사고에서 벗어나는 효과적인 방법일 수 있다. 폭력과 살인이 난무하던 긴 분쟁이 끝났다는 그 자체로도 교훈이 될 수 있으며, 이 자체만으로도 다른 분쟁에 놓인 사람들에게 동기부여의 요소가 될 수 있다.

5. 결론

북아일랜드 평화 프로세스가 가지고 있는 결함과 미완성적 측면에도 불구하고 이 프로세스는 사람들의 일상생활을 현저하게 개선하였다. 이 과정은 여러 가지 좌절을 겪었지만 놀랄 만큼 회복력이 있는 것으로 입증되었다. 협정 자체는 보편적인 것으로, 특별히 현실적인 대안은 나타나지 않았다. 교훈에 관해서는 북아일랜드가 세계에 교훈을 제공할 수는 없다. 다만 '배우고자 하는 자'들이 교훈이 있는지, 즉 북아일랜드 사례를 살펴보며 자신들의 분쟁에 대한 어떤 통찰력을 얻었는지, 또는 분쟁 해결 가능성을 얻었는지를 결정해야 할 것이다. 이러한 통찰력은 각각 관찰자마다 다를 수 있다. 맥락과 상황의 차이를 고려했을 때 어디에나 적용 가능한 비교 및 교훈 추출은 어려울 수 있다. 그러나 본 글에서 설명한 것처럼 북아일랜드에서 사용된 분쟁 해결 기술을 연구하는 것은 각자의 맥락에 적합한 기술을 설계하는 데 도움이 될 수 있다. 또한 북아일랜드는 평화 프로세스를 촉진하려는 다른 분쟁 주역들에게 유용한 비유가 될 수 있다. 마지막으로 북아일랜드 사람들과 만나며 공유하는 것은 다른 곳 사람들에게 변화의 기회를 제공할 수 있으며, 그들에게 평화 프로세스의 위험과 보상을 이해하는 데 도움을 줄 수 있다.

Explaining Peace in Northern Ireland
—Are There Lessons for Other Conflicts?

Dr. David Mitchell

‖ Assistant Professor of Conflict Resolution and Reconciliation
Trinity College Dublin at Belfast

April 2023 marked twenty-five years since Northern Ireland's 'Good Friday' or 'Belfast' Agreement. The political and security reforms set out in this document were designed to bring political stability to a region which had experienced thirty years of anti-state and inter-group violence, a conflict normally referred to as 'the Troubles'. The leaders of the opposing political communities received the 1998 Nobel Peace Prize and Northern Ireland was seen by many people as a global model of peacemaking.

A generation later, political violence is rare, tourist numbers are high, and central Belfast increasingly resembles a 'normal' European city. The international desire for learning from Northern Ireland continues, with groups from conflict zones around the world still visiting to learn about the region's experience in conflict resolution. On the other hand, the 1998 Agreement is fragile. At the time of writing there is no power-sharing government in Northern Ireland due to political disagreement resulting from Brexit. Disputes over cultural issues are frequent, residential and school separation continues, paramilitaries still control many working-class areas, transitional justice is incomplete, and socio-economic and gender divisions remain deep. Given this complicated picture, finding lessons for elsewhere is not straightforward.

This paper will 1) explain the origins of the conflict & describe the modern conflict known as 'the Troubles'(1968-1998), 2) explain the peace process and the 1998 Agreement, 3) examine the difficulties of implementing the 1998 Agreement, and 4) discuss the different kinds of lessons which have been proposed from the Northern Ireland experience for elsewhere.

1. The conflict

Conflict in Ireland originates in the British state's uneven success in extending control over the island. These attempts at control included settler-colonialism in the 1600s which contributed to sharp and enduring political and religious differences, especially between the pro-British and Protestant north-east, and the Roman Catholic and Irish nationalist south and west(Ruane and Todd 1996). In the early twentieth century, the intensifying hostility between these two movements led the British government to divide the island in 1920, creating 'Northern Ireland', which stayed in the UK, and the Irish Free State, which became autonomous.

For London, partition was a political tool aimed at avoiding civil war. To Irish republicans, it was a colonial policy which unnaturally split the island into two parts so that Britain, helped by its settler-client population, the unionists, could retain power in the North. The Protestant unionists accepted partition as the best guarantee of their economic security and what they saw as their 'Protestant way of life'. For them, the border expressed a political, social and economic division that already existed between North and South (see Walker, 2012).

But partition created new problems. The location of the border produced new majorities and minorities: thousands of Protestants were 'abandoned' in the southern state, while one third of the inhabitants of Northern Ireland were Roman Catholic and, mainly, Irish nationalist. The two new political entities entered a cold war of suspicion, developing opposing religious and cultural identities. Throughout the middle of the twentieth century, the unionists in the new Northern Ireland operated a de facto one-party state, with Catholics discriminated against in public employment, security policy, housing, and other areas (see Cochrane, 2021).

In the late 1960s, inspired by campaigns in the United States and Europe, a new and ambitious generation of Catholics (and some Protestants) organized street marches to demand civil rights. These were interpreted by many unionists as attempts to destroy Northern Ireland and were met by a repressive response—by security forces and Protestant gangs. In the course of the spiralling unrest, the Irish Republican Army (IRA), a semi-dormant militant nationalist group, was reactivated and it began an insurrection aimed at removing British rule from the North and re-uniting the island. Protestant paramilitaries emerged to fight the IRA (Hennessey, 2005). In the hope of containing the emergency, the British sent in its army and also assumed direct political and security control of Northern Ireland in 1972, but repeated attempts to re-establish local control on a basis that both nationalists and unionists could accept failed. Between 1969 and 1998, among a population of one and a half million, over three and-a-half thousand people were killed, mostly civilians, and tens of thousands injured, traumatised, and displaced (McKittrick et al. 1999: 1474).

2. The peace process and the 1998 Agreement

The most important factor in ending the conflict was intensified co-operation between the British and Irish states on reaching a political solution in Northern Ireland. This partnership was institutionalised in the Anglo-Irish Agreement of 1985. Mutual membership of the European Union(EU) facilitated contact between politicians and civil servants. The EU also offered a model of trans-national relations and a new discourse on sovereignty, identity and borders that helped reframe how the states understood themselves and their territorial conflict. John Hume, for one, leader of the moderate nationalist Social Democratic and Labour Party (SDLP) and a key architect of the peace process, was well known for constantly citing Europe as an inspirational example of what was possible in Ireland(for example Hume, 1996).

There was also a stalemate in the conflict. The IRA knew it continue its attacks but not force the British out of Ireland, while the British knew it could continue stopping IRA attacks but not defeat the group altogether(Mitchell, 2015). As the peace process took shape, contact between political actors facilitated by 'Track Two', informal diplomacy(Arthur, 1999), back-channel dialogue(Ó Dochartaigh, 2021) and the work of reconciliation groups (Brewer, Higgins and Teeney, 2011), and the forums of political talks and conferences, helped foster a sense of mutual purpose and empathy. On all sides, there was war-weariness and a desire to spare future generations from what 'the Troubles' generation had lived through. Eventually, the negotiations came to fruition in the 'Good Friday' or 'Belfast' Agreement of April 1998.

The centrepiece of the 1998 Agreement was a power-sharing

Assembly within Northern Ireland. All parties of sufficient strength could be part of government, preventing the exclusion of any community. Relations between Northern Ireland and the Republic of Ireland would be addressed primarily through a new North-South Ministerial Council (NSMC), a forum comprising ministers from the Assembly and the Irish Government tasked to agree policies in a range of areas of mutual, mainly economic and cultural, interest. The NSMC would be 'balanced' by an east-west institution, the British-Irish Council, involving ministers from the Irish Government and the various UK jurisdictions.

Regarding the constitutional status of Northern Ireland, talks participants accepted the 'principle of consent': that that status should be decided by the will of a majority within Northern Ireland. This meant British sovereignty over Northern Ireland would continue but the rule allowed Irish nationalists to keep alive their hopes of Irish unity in the future. The Agreement recognised the identity, ethos, and aspirations of unionists and nationalists as equally legitimate, but it also endorsed a third option: 'the birthright of all the people of Northern Ireland to identify themselves and be accepted as Irish or British, or both' (Agreement 1998: 2). In this way, the Agreement attempted to detach identity from territory and sovereignty and transform the zero-sum clash of identities at the heart of the conflict.

But agreeing and implementing these institutional provisions proved to be considerably more straightforward than implementing aspects of the Agreement dealing with the legacy of violence.

3. Implementing peace: successes and challenges

Implementation of the Agreement was tumultuous, with repeated political crises, major electoral changes, and street unrest. In 2023, some of the obstacles to peace implementation that were known in 1998 are now gone while others remain. The issue of paramilitary weapons was the greatest stumbling block, delaying stable power-sharing for nine years. Weapons took on a moral and symbolic significance out of proportion with their actual significance; even if weapons were destroyed, paramilitaries could always acquire more. The matter led to a standoff between unionists – who saw IRA weapons decommissioning as necessary evidence of republicans' commitment to peace—and Sinn Féin—which was determined to avoid the appearance of republican surrender, and which wanted evidence that the unionists were genuinely committed to partnership and equality with Catholics. 'No guns, no government', was unionists' slogan (Mitchell, 2010). The unionist electorate's frustration led to the victory of the right-wing Democratic Unionist Party (DUP) over the relatively moderate Ulster Unionist Party (UUP) in elections in 2003.

Eventually, due to pressure from the United States and Irish

Governments and republicans' own assessment of what was required for their political and electoral advancement, the IRA decommissioned its weapons in 2005. This historic move allowed the resumption of power-sharing, this time, between the 'extreme' parties, the DUP and Sinn Féin who were now the largest parties.

While decommissioning was resolved, contestation over cultural and symbolic expression continues. Too difficult to resolve in the talks, the Agreement merely made a vague call for 'sensitivity' in the display of flags and emblems. Numerous disputes over the public display of symbols occurred, for instance, concerning what flags should be flown from public buildings. The status of the Irish language (spoken everyday by very few people, but of great cultural importance to Irish nationalists) was also contentious. Nationalists wished the language to be protected and promoted in law, while unionists argued that this would be an attack on their British identity.

A further post-Agreement challenge, ongoing, has been how to 'deal with the past', that is, address the legacy of countless acts of violence during 'the Troubles' for which no-one has been brought to justice. Should the state continue to investigate and seek prosecutions? Should a line be drawn under the past and people just move on? How should victims be cared for, and does the category of 'victim' include those who were also perpetrators? These issues are hard to resolve because the conflict ended without agreement on why it started. The Agreement did not (could not) apportion blame or victory, or provide an agreed account of the causes of the conflict. Hence, since 1998, parties have sought vindication in how the Agreement has been implemented—whether the various implementation crises and dilemmas have played out in a pro-unionist or pro-nationalist manner.

An agreement was reached on these issues in the Stormont House Agreement of 2014 when the parties agreed to a package of mechanisms that would allow for information retrieval, prosecutions where possible and desired, and an oral history archive. These, however, were not unimplemented. Now (in 2023) the British government is pursuing a conditional amnesty for all Troubles-related crimes. This means that there will be no more inquests or police investigations into unsolved crimes committed before 1998 (Walker, 2023). The government are doing this largely because they want to prevent elderly British soldiers from having to stand trial. However, nether unionists nor nationalists support the policy.

The biggest political challenge to the peace process in recent years has been the decision of the UK, in 2016, to leave the European Union. A central purpose of the 1998 Agreement was to increase Irish nationalists' sense of being at ease in Northern Ireland, and this was to be achieved in part through closer North-South relations and all-island co-operation. The most tangible and psychologically powerful manifestation of this new relationship was the removal of all security infrastructure at the Irish border, making invisible what was still technically an international divide.

Brexit threatened to bring trade posts back to the border, posts which would become symbols of division and would very likely come under violent attack. Another problem was the fact that most people (56%) in Northern Ireland had voted against Brexit. For some people in Ireland, this gave the impression that Brexit was an old-style colonial move by London, with little care for the impact on Ireland or the wishes of people there (Cochrane 2020).

The only way the British government could resolve this dilemma of desiring a hard Brexit, but not a hard border in Ireland, was to agree to a border in the Irish Sea, that is, impose trade checks on goods going from Britain to Northern Ireland in order to protect the EU single market. This has caused huge anger among unionists who feel cut off from the UK and believe that, with Northern Ireland economically aligned with the EU and the Republic, support for Irish unity will increase. Since Brexit, the public debate about the merits of Irish unity, which would allow people in Northern Ireland to re-join the EU, has grown steadily. In February 2022, the DUP pulled out of power-sharing (causing the collapse of government) and say they will not return until the Irish Sea border is removed.

Meanwhile, social division in Northern Ireland persists. Segregation is most tangibly represented by the 'peace walls', physical barriers between Protestant and Catholic areas. Their purpose is to prevent houses being attacked but their impact is to prevent contact between the communities. Sporadic street rioting occurs, often connected to parades by the Orange Order, a Protestant politico-cultural organisation. Northern Ireland has a system of de facto segregated education, with most pupils attending schools which are predominantly Protestant or Catholic. Over ninety per cent of social housing is overwhelming Protestant or Catholic. Most people live, are educated, play sport, worship, and socialise, in single-identity settings. The conflict has also left a legacy in the power of paramilitary groups, still holding a mafia-style grip on many impoverished urban areas. They engage in organised crime and mete out 'justice' through brutal beatings and shootings. 'Dissident' republicans who opposed the peace process carry on a campaign of violence directed mainly at the police and prison officers.

4. Lessons for elsewhere?

Since 1998, the possible implications of the Northern Ireland agreement and peace process for other conflicts have been extensively debated, at home and abroad. Many politicians involved in the process have shared lessons from their point of view via speeches (for instance, Reiss, 2005; Hain, 2007; Robinson 2012; McGuinness 2012) and memoirs (Powell, 2008; Blair, 2010; Mowlam, 2002). Lessons of Northern Ireland have also been shared and debated through many academic and academic-practitioner conferences and publications (inter alia, Mitchell, 2021b; Mac Ginty, 2019; White, 2013; LSE IDEAS, 2011; Bew, Frampton and Gurruchaga, 2009; O'Kane, 2010; Wilson, 2010). Meanwhile, actors in the Northern Ireland peace process have engaged in outreach among policy makers from around the globe to share their experiences of making peace (Mitchell 2021a). Most of this work is uncoordinated and unpublicised and has been facilitated by non-governmental third parties such as conflict resolution NGOs and academics. This activity mimics the outreach of actors in the other prominent peace success story of the 1990s, South Africa. Northern Ireland politicians were hosted there on two occasions, in 1994 and 1997, for intensive discussions with the major parties (Arthur 1999). After the 1998 Agreement, as O'Kane (2010: 239) writes, 'the former pupils of others' attempt to resolve their conflicts have in turn become the instructors'.

What lessons, then, have been suggested? To make sense of these debates, the lessons can be placed in three categories, technical, political, and psychological.

1) Technical lessons

Technical lessons refer to knowledge relating to the actual or potential operation of specific conflict resolution techniques. The Northern Ireland peace process comprised numerous bodies, fora, rules, procedures, and roles which were created to fulfill particular purposes during periods of the peace process, or as part of the new political arrangements. Many observers have suggested that they may be instructive for other peace processes. These aspects include: the need for, and means of, the inclusion of women(Fearon, 1999); means of delivering economic support(Buchannan, 2014); the use of international commissions to deal with difficult issues (Walsh, 2017; Clancy, 2010); the requirement of committing to peaceful means during negotiations (Darby, 2008); the inclusive negotiation process and public referendum to endorse the agreement (Amaral, 2019); and the reforms of the police guided by equality of representation, transparency, and accountability(Doyle, 2010). The leading conflict resolution mechanism of the Good Friday Agreement was its consociational political institutions which spurred a considerable amount of research regarding their merits and flaws, as well as their appropriateness in other contexts(Taylor, 2009).

Some analysts have identified dimensions of the peace process which may have proved key to its success and therefore, in combination, may represent a potentially ideal peace process model. White(2013) includes the following aspects: inclusivity in nego

-tiations; providing security for all parties; a role for third parties; and grassroots reconciliation. Mac Ginty (2019) notes, among other aspects, the significance of peace funding, rules for entry to negotiations, and 'constructive ambiguity' in agreements.

An obvious limitation of technical lessons is accounting for the all-important role of context. As some have argued, conflict resolution mechanisms were the effects of convergence between the parties more than they were the causes of convergence (Todd, 2017; O'Kane, 2010). Todd (2017) credits international factors as facilitating change within Northern Ireland and allowing the conflict resolution mechanisms to work – the end of the Cold War, the EU context, and the modernisation of the British and Irish states.

Other scholars who have contributed to the lessons debate have also noted that several features of the Northern Ireland peace process such as the stable regional context including the fact that Northern Ireland was a region of the UK rather than a state, the absence of United Nations involvement in brokering peace, and the relatively low numbers of casualties and combatants, set Northern Ireland apart from many other peace processes (Clancy, 2013; Halliday, 2006) and limit the potential for technical lessons.

Arguably, then, both unique conflict and contextual realities mean that it is impossible to reliably draw technical lessons. However, we know that 'borrowing and lending' of ideas and techniques in peace processes has occurred (Darby, 2008), and if parties in another context are on a similar path of convergence as happened in Northern Ireland, it may well be that adopting and adapting a technical lesson aids them in that process. Moreover, policies of all kinds do move between countries, and this 'policy transfer' does not simply entail mechanical copying of policies but can be a process of learning in which ideas, concepts and inspiration are derived to inform context-specific approaches (Rose, 2005). More on this is said below in relation to psychological lessons.

2) Political lessons

Political lessons are those which draw specific strategic/policy guidance from the Northern Ireland case. The Northern Ireland analogy has been mentioned in the discourses surrounding many other conflicts. For example, Dudai (2022) highlights how Northern Ireland has been promoted by some voices in Israel both as hopeful evidence that peace progress is possible in Palestine-Israel and a model for sharing power and territory (though more hawkish commentators have found the opposing lesson—that the IRA was not as extreme as Palestinian militants and so the analogy is irrelevant). By contrast, Browne and Bradley (2021) argue that the promotion of a Northern Ireland model based on good relations between groups by some NGOs in relation to Palestine-Israel is designed to 'normalize the status quo' and avoid addressing Palestinian grievances.

Elsewhere, Basque separatists openly modelled their transition to peaceful means on that of Irish republicans, as seen in the 'Irish Forum' which produced the Lizarra-Garazi Agreement of September 1998(Scanlon, 2023). In that document, Basque nationalists called for an unconditional negotiation process and rejected violence. President Santos of Colombia name-checked Northern Ireland frequently in speeches explaining his inspiration for and approach to conciliation with the FARC guerillas(for example Santos, 2016), and many personnel from all sides and sectors in Northern Ireland participated in discussions in Colombia(Geoghegan, 2016). In all these examples, Northern Ireland may have served as both a genuine source of ideas, but also supplied an appealing means for actors to promote, sell, and legitimize certain policies.

Sinn Féin was particularly active in sharing its experience with other rebel movements around the world. This emanated from republicans' anti-imperialist internationalism, and its contacts which stretched back into the Cold War period. Unionists did not have such links, although they did take part in many facilitated engagements of the kind described in the next section. However, the unique experience of the Northern Ireland Women's Coalition —forming a political party in 1996 with the purpose of attaining a seat in peace negotiations—attracted widespread international interest. After the Agreement, some of its representatives were active in global networking and lesson sharing, particularly among feminist and women's organization (see McWilliams, 2021).

It would be impossible to assess the validity of every instance of political learning from Northern Ireland. Invoking another peace/conflict case risks making broad and inappropriate comparisons, but may well be constructive in promoting a peace process. Making comparisons is an inevitable strategy of political actors. Yet the challenge to drawing political lessons is the same as noted in the previous section – accounting for the contextual specificity of what occurred in Northern Ireland.

3) Psychological lessons

A third kind of learning involves, not gaining technical or political/strategic insights, but psychological change that can support conflict resolution. This is the main purpose of many of the encounters between actors in the Northern Ireland peace process and peace/conflict from other conflict zones which are facilitated by third parties, especially conflict resolution NGOs and academics (see the authors' research in Mitchell, 2021a; 2021b). These engagements involve: talks delivered by actors from Northern Ireland to groups from overseas; opportunities for questioning and facilitated debriefing; and travel to sites associated with conflict and peacebuilding such as the Belfast 'peace walls', offices of community peace organisations, and transformed public space. Facilitators of these dialogues recognise that techniques cannot be mechanically exported between different contexts. As put by one facilitator:

> It's not about teaching lessons, it's not about imposing templates, it's about sharing experiences and insights. It's about people saying, 'we've been through an awful conflict, we may have some insights from our experiences from which you may gather some learning, please cross-examine us' (Quentin Oliver quoted in Devenport 2009).

In fact, some facilitating organisations note that the lesson of Northern Ireland is that there is no blueprint for peace; peace actors anywhere must pursue their own, unique processes (such as White, 2014). Nevertheless, facilitators believe that learning about the mechanics and architecture of the Northern Ireland peace process is worthwhile for two reasons. One is that even solutions which are not deemed workable can assist the imaginative thinking needed to design accommodations that could work. Second, technical solutions convey a sense of possibility: it demonstrates how one set of conflict actors found solutions to match their challenges. As one facilitator told the author, Northern Ireland shows that 'other places have the same problems, and they find ways to deal with them'.

Significantly, facilitators of these trips mentioned that one of the most instructive aspects of the case was its flaws: 'If everything was perfect [in Northern Ireland] I wouldn't take people there,' said one. This, it was thought, allows people to not only learn from mistakes made, but also to apprehend the limitations of what any peace process can deliver. Another said that Northern Ireland's persisting problems gave the trips more credibility: 'Cynics may be allergic to the fact that··· why do you [the facilitating NGO] only talk about successful peace processes? But the cases that are incomplete help answer the cynics'.

Overall, the hope that motivates these experience-sharing dialogues is that they can stimulate fresh perspectives on participants' own conflict relationships and predicaments, perspectives that are inaccessible when people are immersed in the insular environment of a protracted conflict. This can assist people to devise their own peace strategies, institutions and practices appropriate to their context. Conflict actors everywhere believe their problems are unique; it is part of the social psychology of conflict to regard opponents as uniquely irrational and/or intransigent, and thus that outsiders cannot possibly understand or help to ameliorate the conflict. Engaging with people who have faced similar problems may be an effective way to escape this mental entrenchment. The simple fact that violence and killing ended in a conflict which was long thought to be intractable is a lesson in itself, and can be motivational for people in other conflicts.

5. Conclusion

Despite its flaws and unfinished aspects, the Northern Ireland peace process has dramatically improved the everyday lives of people there. The process has faced numerous setbacks but has also proved remarkably resilient, while the Agreement itself remains popular and no realistic alternative to the Agreement has emerged. Regarding lessons, Northern Ireland cannot offer lessons to the world. Instead, it is up to 'learners' to decide if there are lessons, that is, what insights they gain about their own conflict and/or possibilities of conflict resolution from encountering the case of Northern Ireland. These insights will be different for different observers. Comparison and lesson-drawing is difficult given the differences in context. However, as shown here, studying the actual conflict resolution techniques used in Northern Ireland might help people design techniques appropriate to their context. Also, Northern Ireland might provide a useful analogy for other conflict actors who are trying to promote a peace process. Finally, meeting and sharing with people from Northern Ireland might be transformative for people elsewhere, helping them to understand both the risks and rewards of a peace process.

References

Arthur P (1999) Multiparty mediation in Northern Ireland. In: Crocker, C, Hampson FO, Aall P (eds.) Herding Cats: Multiparty Mediation in a Complex World. Washington D.C.: Unites States Institute of Peace Press, pp. 469-502.

Agreement Reached in the Multi-Party Talks (1998). Page numbers given in the text refer to the original printed copy distributed in 1998. Also available at: http://cain.ulst.ac.uk/events/peace/docs/agreement.htm (accessed 1 May 2023).

Amaral J (2019) Making Peace with Referendums: Cyprus and Northern Ireland. Syracuse: Syracuse University Press.

Bew J, Frampton M and Gurruchaga I (2009) Talking to Terrorists: Making Peace in Northern Ireland and the Basque Country. New York: Columbia University Press.

Brewer J, Higgins G and Teeney F (2011) Religion, Civil Society and Peace in Northern Ireland Oxford: Oxford University Press.

Clancy MC (2010) Peace Without Consensus: Power Sharing Politics in Northern Ireland. Farnham: Ashgate.

Clancy MC (2013) The lessons of third-party intervention: the curious case of the United States in Northern Ireland. In: White T (ed) Lessons of the Northern Ireland Peace Process. Madison: University of Wisconsin Press, pp. 173-197.

Blair T (2010) A Journey. London: Random House.

Browne BC and Bradley E (2021) Promoting Northern Ireland's peacebuilding experience in Palestine–Israel: normalising the status quo. Third World Quarterly 42(7): 1625-1643.

Buchannan S (2014) Transforming Conflict Through Social and Economic Development: Practice and Policy Lessons from Northern Ireland and the Border Counties. Manchester: Manchester University Press.

Cochrane F (2021) Northern Ireland: The Fragile Peace. New Haven: Yale University Press.

Cochrane F (2020) Breaking Peace: Brexit and Northern Ireland. Manchester: Manchester University Press.

Darby J (2008) Borrowing and lending in peace processes. In: Darby J and Mac Ginty R (eds.) Contemporary Peacemaking. Basingstoke: Palgrave Macmillan, pp. 339-251.

Devenport M (2009) Peace work. BBC Radio 4 documentary first broadcast on 24 March.

Doyle J (ed.) (2010) Policing the Narrow Ground: Lessons from the Transformation of Policing in Northern Ireland. Dublin: Royal Irish Academy.

Dudai R (2022) "Lessons from Northern Ireland" in Israeli public discourse: the politics of analogies in conflicted societies. Political Studies. Epub ahead of print 23 June 2022. doi:10.1177/00323217221103404

Elliott M. (2009) When God Took Sides: Religion and Identity in Ireland, Unfinished History. Oxford: Oxford University Press.

Fearon K (1999) Women's Work: The Story of the Northern Ireland Women's Coalition. Belfast: Blackstaff.

Geoghegan P (2016) How the Irish brought a peace deal to Colombia. Politco website, 2 November. Available at: https://www.politico.eu/article/irish-colombia-peace-deal-farc-ireland-juan-manuel-santos/ (accessed 10 January 2017).

Hain P (2007) Peacemaking in Northern Ireland: a model for conflict resolution? CAIN website. Available at: http://cain.ulst.ac.uk/issues/politics/docs/nio/ph120607.pdf (accessed 1 March 2019).

Halliday F (2006) Peace processes in the late twentieth century and beyond: a mixed record. In: Cox M, Guelke A and Stephen F (eds) A Farewell to Arms?: Beyond the Good Friday Agreement, Manchester: Manchester University Press, pp. 395-408.

Hennessey T (2005) The Origins of the Troubles (London: Gill and Macmillan).

Hume J (1996) Personal Views: Politics, Peace and Reconciliation in Ireland. Dublin: Town House.

LSE IDEAS (2011) The Lessons of Northern Ireland, LSE (London School of Economics) IDEAS website. Available at: https://www.lse.ac.uk/ideas/publications/reports/lessons-northern-ireland (accessed 8 November 2022).

Mac Ginty R (2019) 'Northern Ireland'. In: Özerdem A and Mac Ginty R (eds) Comparing Peace Processes, Abingdon: Routledge, pp. 211-36.

McKittrick D, Kelters S, Feeney B, and Thornton C (1999) Lost Lives: The Stories of the Men, Women and Children who Died as a Result of the Northern Ireland Troubles. Edinburgh: Mainstream.

McGuinness M (2012) Speech at OSCE Chairmanship Conference, Dublin Royal Hospital Kilmainham, 27 April. Available at: https://www.osce.org/files/f/documents/4/0/90782.pdf (accessed 8 November 2022).

McWilliams M (2021) Stand Up, Speak Out: My Life Working for Women's Rights, Peace. And Justice in Northern Ireland and Beyond. Belfast: Blackstaff.

Mitchell D (2010) Sticking to their guns?: the politics of arms decommissioning in Northern Ireland, 1998-2007. Contemporary British History 24(3): 341-361.

———. (2015) Politics and Peace in Northern Ireland: Political Parties and the Implementation of the 1998 Agreement. Manchester: Manchester University Press.

———. (2021a) Learning from a peace process: theory, practice, and the case of Northern Ireland. Government and Opposition 56(4): 705 – 721.

———. (2021b) Comparative consultation: the theory and practice of 'sharing lessons' between peace processes. Cooperation and Conflict 56(1): 65 – 82.

Mowlam M (2002) Momentum: The Struggle for Peace, Politics and the People. London: Hodder and Stoughton.

Ó Dochartaigh N (2021) Deniable Contact: Back-channel Negotiation in

Northern Ireland. Oxford: Oxford University Press.

O'Kane E (2010) Learning from Northern Ireland?: the uses and abuses of the Irish 'model. British Journal of Politics and International Relations 12(2): 239-256.

Powell J (2008) Great Hatred, Little Room: Making Peace in Ireland. London: Vintage.

Reiss M (2005) Lessons of the Northern Ireland peace process. Speech at Emmanuel College, Cambridge University, 9 September. Available at: https://2001-2009.state.gov/p/eur/rls/rm/54869.htm, (accessed 8 November 2022).

Robinson P (2012) Speech at OSCE Chairmanship Conference, Dublin Royal Hospital Kilmainham, 27 April. Available at: https://www.osce.org/files/f/documents/2/c/90229.pdf (accessed 8 November 2022).

Rose R (2005) Learning from Comparative Public Policy: A Practical Guide. Abingdon: Routledge.

Ruane J and Todd J (1996) The Dynamics of Conflict in Northern Ireland. Cambridge: Cambridge University Press.

Santos JM (2016) Peace in Colombia: from the impossible to the possible. Nobel lecture.

Nobel Prize website. Available at: https://www.nobelprize.org/prizes/peace/2016/santos/lecture/ (accessed 1 May 2023).

Scanlon E (2023) The Role of Political Parties in Civil War Peace Processes Outside Their Own Country - A New Internationalism? A Case Study of Sinn Féin and its Involvement in Three Foreign Peace Processes. Unpublished PhD Thesis, Trinity College Dublin. Available at: http://www.tara.tcd.ie/handle/2262/102023 (accessed 10 February 2023).

Taylor R (ed.) (2009) Consociational Theory: McGarry and O'Leary and the Northern Ireland Conflict. Abingdon: Routledge.

Todd J (2017) The effectiveness of the agreement: international conditions and contexts. In: Ó Dochartaigh N, Hayward K and Meehan E (eds.) Dynamics of Political Change in Ireland: Making and Breaking a Divided Island. Abingdon: Routledge, pp. 61-74.

Walker B (2012) A Political History of the Two Irelands: From Partition to Peace. Basingstoke: Palgrave Macmillan.

Walker S (2023) Troubles legacy bill: victims take protest to Westminster. BBC News, 31 January. Available at: https://www.bbc.co.uk/news/uk-northern-ireland-64473738 (accessed 1 May 2023).

Walsh D (2017) Independent Commissions and Contentious Issues in Post-Good Friday Agreement Northern Ireland. Basingstoke: Palgrave Macmillan.

Wilson R (2010) The Northern Ireland Experience of Conflict and Agreement: A Model for Export? Manchester: Manchester University Press.

White I (2014) Sharing lessons from Ireland in international contexts. In: Rafter E (ed.) Deepening Reconciliation: Reflections on Glencree Peacebuilding. Dublin: The Glencree Centre for Peace and Reconciliation, pp. 171-194.

White T (2013) Lessons from the Northern Ireland peace process: an introduction. In: White T (ed.) Lessons of the Northern Ireland Peace Process, Madison: University of Wisconsin Press, pp. 3-32.

북한과의 건설적인 관계
—어려움과 가능성

크리스 라이스[*]

‖ 메노나이트중앙위원회(MCC) UN 사무소 소장

이 강연은 세 가지 부분으로 나뉜다. 첫 번째 부분은 화해와 사회적 치유에 대한 나의 활동 여정과, 내가 도덕적 상상력이라고 부르는 것의 필요성에 대한 이야기이다. 두 번째 부분에서는 한반도에서의 사회적 치유에 대한 세 가지 도전과 어려움에 대해 논한다. 세 번째 부분에서는 한반도에서의 사회적 치유를 위한 네 가지 변혁적인 실천 방법을 제시한다.

1. 도덕적 상상력과 화해를 위한 여정

인간으로서 우리가 세상에 대해 가지고 있는 신념은 우리의 삶의

---

[*] 『화해의 제자도』(2013) 공동 저자, 『팬데믹에서 재도약으로: 흔들리는 세상을 위한 실천』(2023) 저자.

여정에 의해 깊이 영향을 받는다. 나의 삶은 화해의 추구라는 것에 크게 영향을 받았다. 나는 대한민국 서울에서 장로교 선교사의 아들로 태어나 자랐다. 그간 몇 차례 북과 남 사이의 긴장이 고조되었고, 전쟁이 일어날 수도 있을 것 같았다. 동시에, 한국인들의 재통일에 대한 깊은 염원을 느낄 수 있었다. 한국을 떠난 후 17년 동안 백인 우월주의와 인종적 불평등의 가장 큰 영향을 받은 미국 미시시피주에서 생활했다. 미시시피에서 정의와 치유를 위해 함께 애쓰는 흑인들과 백인들이 만든 사회 변화를 위한 단체에 참여했다. 이후 14년 간 듀크 대학교에서 듀크 화해 센터 창설을 도왔다. 그리고 그 센터를 통해 동아프리카 르완다, 우간다, 콩고민주공화국, 남수단 및 부룬디 같은 국가들의 지도자들 간의 화해를 위한 시도를 주도했다. 듀크 대학교를 떠난 후, 2014년부터 2019년까지 5년 동안 아내와 함께 메노나이트중앙위원회(MCC)의 북동아시아 지역 지부장으로서 대한민국에서 생활했다. MCC는 100년 역사를 가진 구호, 개발 및 평화 단체로 45개국에서 활동하고 있다. 그 5년 동안 나는 북한을 6번 방문하며 MCC의 북한 내 인도적 활동을 안내했다. 현재는 한반도 문제를 가장 우선순위로 여기고 있는 MCC 뉴욕 유엔 사무소 소장으로 재직 중이다. MCC는 한반도의 양쪽 국가에서 활동하고 있으며, 화해라는 하나의 미션을 가지고 있다. 앞서 말한 미시시피, 동아프리카, 한반도—모두 아름다움과 문화가 풍부한 곳이다. 그러나 또한 이곳들은 심각한 불신, 사회적 분열 및 역사적 상처와 불평등의 장소이다. 나는 각 장소에서 분단을 초월하는 사회적 치유와 화해 추구를 위한 일들을 심도 있게 하고 있다.

'북한과의 건설적인 관계'를 말할 때, 나는 북한과 남한 사람들 사이에서 이뤄질 회복의 새로운 미래에 대해 말한다. 그리고 이는,

한국인들이 어느 정도까지 회복의 새로운 미래를 원하는지에 대한 의문을 불러일으킨다. 미국의 인종에 관해 보자면, 역사적으로 많은 사람들은 백인의 삶과 흑인의 삶 사이의 분리와 불평등을 정상적이고 심지어 자연스러운 것으로 보았다. 그러나 이러한 시선 자체가 문제의 일부이다. 마찬가지로, 많은 사람들에게 남과 북의 분단은 정상적이고 자연스럽고 불가피한 것으로 보인다. 그러나 나는 한국의 상황을 이렇게 보는 관점과 상상력 또한 문제의 핵심이라고 믿는다.

평화학자 존 폴 레데라흐는 깊고 오래된 분단을 대신하는 본질적인 변화는 그가 말하는 도덕적 상상력, 즉 "현실 세계의 도전에 뿌리를 두고 있으면서도 아직 존재하지 않는 것을 만들어 낼 수 있는 무언가를 상상하는 능력"을 필요로 한다고 말한다. 분단 대신 화해를 추구하는 것은 도덕적 상상력의 전환이 요구된다. 그것은 진리와 자비, 정의와 평화, 억압에 맞서고 용서를 베푸는 것과 같이, 일반적으로 분리되어 있던 것들을 함께 붙드는 것이다. 낯선 이들 혹은 적들과 새로운 신뢰 관계를 구축하기 위해서는 용기, 희생 및 시간이 필요하다. 사회적 치유는 단기적으로 이루어질 수 없다. 그것은 시간이, 아주 오랜 시간이 걸린다. 사실, 치유의 과정은 분단의 세월만큼의 시간이 걸린다.

한반도의 한국전쟁 휴전 협정과 분단이 올해로 70주년이니 사회적 치유에는 시간이 필요할 것이다. 사회적 치유는 재통일과는 다른 접근 방식이 필요하다. 통일은 정치적 개념으로 여겨지지만 화해는 도덕적 개념이다. 사회적 치유로 이끄는 것은 경제적 또는 정치적 이익들이 아니라 오직 도덕적 상상력이다. 그래서 나의 강연에 더 적절한 제목은 "분단과 재통일에서 화해로"이다.

2. 한반도에서의 사회적 치유를 위한 도전

세 가지 도전을 살펴보기로 한다.

1) 사회적 치유가 직면한 첫 번째 도전: 역사적으로 남한 사회에서 북한을 바라보아 왔던 네 가지 입장

현재 남한 사회에서는 북한의 정체성을 주로 네 가지로 정의하고 있다고 본다. 북한을 바라보는 이 네 가지 각각의 방식은 분단된 두 나라 사이의 미래에 대해 매우 다르게 접근하게 한다. 모든 장기적인 갈등의 역사가 그렇듯 각각 이러한 서로 다른 입장들은 개인과 사회 속에서 뒤엉켜 어수선하고 불안정한 분위기를 조성한다.

북한에 대한 남한의 첫 번째 입장은 북한을 '적대국'으로 보는 것이다. 1950년부터 1953년까지 한국전쟁으로 220만 명 이상의 한국인이 사망했으며, 대부분은 민간인이었다. 학자 세바스챤 김은 한국전쟁이 남긴 상처를 다음과 같이 설명한다: "전쟁은 남한과 북한 주민 몸과 마음에 서로를 향한 깊은 분노의 상처를 남겼다. 그리고 오늘날까지 양쪽 진영 모두의 잔인함에 대한 기억은 화해를 위한 어떤 시도도 어렵게 하고 있다. 전쟁 당시 남한군과 북한군은 모두 상대 진영을 잠시 점령하면, 그곳 민간인들을 '공산주의 침략자' 또는 '미국 제국주의 협력자'라고 비난하면서 살해, 고문 및 납치했다." 1953년 이후 70년 동안 상대방과의 만남을 통해 원한의 상처를 치유할 기회가 거의 없었던 상황에서, 트라우마를 경험한 많은 기성세대에게는 정의를 요구하는 피해 의식이 깊게 뿌리내렸다. 이는 무신론을 표방하는 공산주의라는 악에 저항하는 거룩한 추구의 정체성을 형성해 낸다. 북한을 적국으로 규정하는 남한의 첫 번째 부류의 견해에서는 북한이 이념적으로 초기화하기 전까지는 양국의 공존이 불가능해 보이다. 이 집단의 입장에서 기대하는 미래의 비전은 자체 붕괴든, 군사력이나(무신론을 붕괴시키는) 그리스도교의 전파를 통한 체제 변화이다. 서울에서 35마일 밖 국경 넘어 백만 명으로 추정되는 북한군이 주둔하고 있는 현실 아래, 북한의 정체성을 남한의 적국으로 보는 입장은 남한 역사 속 군국주의에 의해 지지되어 왔다. (대한민국에서 남성은 법에 따라 18개월에서 21개월 동안 징집되며, 국가보안법은 친북 성향의 공개 논평을 포함한 '타협적' 활동을 규제하고 있다.)

북한에 대한 남한의 두 번째 입장은 북한을 "타국"으로 보는 것이다. 70년 이상의 완전한 분단을 겪으며 남과 북의 생활, 이념 및 정부 체제의 엄청난 차이로 인해, 하나였던 남한과 북한을 두 가지 다른 문화로 보는 견해가 형성되었다. 특히 젊은 세대의 상당수는 하나였던 한국을 전혀 모르고, 전쟁이나 트라우마를 경험하지 못했으며, 북한에 남겨진 직계 이산가족이 없기 때문에 이렇게 생각한다. 북한의 정체성을 타국으로 보는 입장은 통일에 따른 경제적 비용이 막대하다는 예측 보고서로 힘을 얻는다. 남한의 청년들은 "왜 통일에 신경을 써야 하나? 나에게 어떤 이득이 있는가?"라고 논쟁할 수 있을 것이다. 또한 북한이나 남한의 위협적인 언사에도 불구하고 남한의 일상생활은 분명하고 현존하는 위험에 대한 절박함 없이 평소와 다름없이 계속되고 있으며, 서로 다른 관심사를 지닌 두 나라의 문화가 개별적으로 유지되는 상태가 자연스럽고 정상적으로 보인다. 북한을 '타국가'로 보는 입장에서는 통일을 위해 무언가를 희생할 가치가 없다고 본다. 이 입장에서 보는 북한과의 미래 비전은 한반도를 현 분단의 상태, 즉 일종의 온건한 아파르트헤이트(Apartheid) 상태로 유지하는 것이다.

남한에서 북한을 바라보는 세 번째 입장은 북한을 '불쌍한 동포'로 인식하는 것이다. 겨우 인구 5천만 명의 대한민국은 전후 가난에서 벗어나 세계 11위의 경제 대국으로 성장했으며, 한국산 자동차, 휴대폰, K-팝 음악, K-드라마는 전 세계에서 높은 가치를 인정받고 있다. 이에 기반한 통일의 접근은 학자 안드레이 란코프에 의해 다음과 설명된다. "새로운 통일상황은 항상 남한의 경제와 정치 모델에 따라 운영될 것이다. 여러모로 열악한 것으로 나타난 북한 체제 모델에 대한 어떤 진지한 양보도 통일상황에서 허용되거나 고려되지 않을 것이다." 북한을 '불쌍한 동포'로 보는 이 입장에서는 우월감을 가지고 국경 너머를 바라보면서 고립되고 불우한 북한 사람들이 기회를 얻으면 남한 생활 방식을 열광적으로 수용할 것이라고 본다. 이 입장에서 보는 통일의 비전은 흡수 통일이다. 즉, 북한의 주민들이 남한의 체제 속으로 받아들여지고 점차 동화되는 과정이다.

북한을 바라보는 남한의 마지막 네 번째 입장은 북한을 '깨어진 가족'이라 인식하는 것이다. 2000년, 북한을 방문하고 돌아온 김대중 대통령의 말속에서 이 입장을 이해할 수 있다. "평양 사람들은 우리와 똑같고, 같은 피를 나눈 같은 나라이다." 아마도 마음속으로는 대부분의 한국인들이 하나된 한국인으로서 '우리'라는 개념에는 공감하겠지만, 이러한 관점이 정치적으로 표출된 김대중 대통령의 소위 '햇볕정책' (즉, 적대감으로 얼어붙은 빙산은 냉전이 아닌 온정과 포용에 의해 녹음)은 지난 50년간 북한에 대한 적대 정책과 상반되는 것으로, 이는 극심한 반대에 부딪혔다. 학자 크리스틴 킴은 이 정책에 대해 반대하는 사람들과는 확연히 다른 설명을 한다: "(햇볕정책은) 북한 주민들의 인간성과 존엄성을 인식하고 그들과 관계를 맺음으로써 대북한 언어를 완전히 바뀠다. 이 정책은 남북한의 평화 공존을 목표로 하며, 남한은 북한을 도발하지 않고 흡수 통일을 추구하지 않기로 약속했다." 양국의 주권을 인정하고 공조관계로 이어지는 경제협력을 모색하는 상호 존중이야말로 북한이 동의하는 미래 비전이다. 이러한 접근은 1998년부터 2008년까지 지속되었으며, 이산가족 상봉이 활발해지고 경제협력이 이루어졌으며, 남한 사람들은 북한 주민들과 함께 인도주의적 활동을 했다.

북한에 대한 한국인의 이 네 가지 입장은 서로 부딪히기도 하지만 유연한 관계성을 갖기도 한다. 여러 입장들은 북한과 일종의 '애증'의 관계로 묶여 있는 것과 같은 역설적인 긴장 속에서 공존할 수 있다. 북한에 대한 이 네 가지의 입장들은 첨예하게 대립하고 있으며 국가 정체성, 가치, 정책에 막대한 영향을 미친다. 북한을 '타국'으로 보는 관점은 정면으로 맞서야 하는 긴장을 회피하는 것으로 볼 수 있다. 현재 남한에 거주하고 있는 3만여 명의 북한이탈주민들이 겪는 어려움에서 보듯이, 북한을 불쌍한 동포로 바라보는 것은 또 다른 형태의 식민주의라는 비판을 받을 수 있는데, 탈북민들은 동등하게 대우받기는 커녕, 쉽게 포용 되지 못하고, 낯선 땅에서 고군분투하는 외국인으로 취급받는 경우가 많다. 북한을 '적국'으로 보는 관점을 가진 남한의 그룹은 종북(북한의 추종자)과 빨갱이(사회주의 빨치산, 또는 공산주의자)와 같은 경멸적인 용어를 사용하며 친북 및 친 햇볕 정치인과 그 지지자들을 비애국자로, 그리고 심지어 반역자로 낙인찍어 왔다. 실제로 김대중 대통령과 그의 후계자 노무현 대통령의 뒤를 이은 두 정권의 대통령들은 햇볕정책을 효과적으로 해체했다. 비극적이게도 남한의 교회들은 이러한 적대적인 분열의 분위기에 휩싸여 있다. 북한에 있던 많은 그리스도교인들은 전쟁 전후에 큰 고통을 겪은 후 남한으로 피난을 왔다. 이들이 남한에 세운 교회는 보수적인 정권에 동조했다. 소수이지만 나름대로 목소리를 내는 다른 교회 단체들은 북한을 '불쌍한 동포'로 바라보는 입장을 전면에 내세우며 북한과의 대화 채널을 시도해 왔다. 이러한 교회들의 일치되지 못한 입장은 강력한 군사력을 가진 미군의 남한 주둔 문제에까지 확대되기도 했다. 게다가 이렇게 각기 다른 입장에 있는 교회들은 각자 하나님이 자신의 편이라 믿는 것 같습니다.

2) 사회적 치유가 직면한 두 번째 도전: 싱글 스토리의 위험성

치유되지 않은 (과거의) 불의, 비도덕과 분열에는 위험이 따른다. 나이지리아 소설가 치마만다 응고지 아디치에는 싱글 스토리의 위험성을 이야기해 왔다. 응고지의 설명에 따르면, 싱글 스토리는 묘사하는 전체 그룹의 진실을 축소한다고 설명한다. "한 그룹의 사람들을 한 가지, 한 가지로만 반복해서 보여주십시오, 그러면 그 그룹은 정말 그런 사람들이 됩니다."라고 말하며 "싱글 스토리는 고정 관념을 만듭니다. 고정 관념들의 문제는 그 내용이 이 사실이 아니라는 데에 있는 것이 아니라 완전하지 않다는 데 있습니다. 고정관념들은 그저 하나의 단편적인 내용을 전체이자 전부로 만듭니다."라고 이야기했다. 예를 들어 미국에서 북한 관련 뉴스는 핵 공격 위협과 긴장된 정치 관계에만 초점을 맞추는 경우가 많다. 그 결과 미국 내에서 북한을 미국에 위험한 상대 외의 다른 대상으로 보는 미국인은 거의 없을 것이다. 한편, 70년 동안 평화협정이 체결되지 않았고 북한 주민과의 만남도 거의 없었으며 외교적 차원에서의 접촉도 거의 없었기 때문에 미국인들은 북한에 거주하는 2,600만 명(호주 인구와 비슷한 규모)의 주민들로부터 더 많은 것을 배울 기회가 거의 없었다.

나는 전에 한국에서 복무한 적이 있는 미군 장군을 만난 일이 있다. 그에게 북한과 미국의 관계에서 가장 큰 위험이 무엇인지 물었다. 그의 대답은 나를 놀라게 했다. 그의 말에 따르면 그 위험은 군사력 증강이나 핵무기가 아니었다. 그가 말한 가장 큰 위험은 "북한 사람들이 미국인들과 미국인들이 생각하는 방식을 이해하지 못하는 것"이라면서 말을 이었다. "미국인들은 북한 사람들과 북한 사람들이 생각하는 방식을 이해하지 못하고, 남한 사람들은 북한 사람들이 생각하는 방식을 이해하지 못하고, 북한 사람들은 남한 사람들이 생각하는 방식을 이해하지 못한다. 이것이 가장 큰 위험이다." 그는 가장 큰 위험은 공감의 부족이라고 이야기했다. 이것은 싱글 스토리가 갖는 위험성의 결과이다. 한국전쟁의 아픔을 겪은 지 70년이 지났지만 상호 적대감은 여전히 깊고 불신도 여전히 깊다. 분단을 넘어서 남북한 주민들 사이에 본질적으로 접촉이 허용되지 않는 상황에서 공감을 형성하는 것은 거의 불가능하며, 위협적인 상대방에 대한 아주 일부의 사실만을 알 수 있는 싱글 스토리가 상대에 대한 전부가 되기 쉽다.

3) 사회적 치유가 직면한 세 번째 도전: '미국의 힘'

미국인들은 동북아시아 및 한국과 길고 복잡한 역사를 가지고 있다. 1950년 한국전쟁 이전에는 수백 명의 미국인 선교사들이 한국 사람들과 협력하여 전국에 교회를 세웠다. 그리고 수십 년 동안 미국은 한국에 상당히 많은 미 군사력을 주둔시켜 왔다. 내가 1970년대 한국에서 자랄 때는 두 부류의 미국인들이 한국에 살았다. 이들은 선교사와 군인들이다. (선교적으로 볼 때) 서구 선교사들이 떠난 후, 한국은 수십 년 동안 전 세계에 선교사를 파송하는 나라가 된 반면, (군사적으로 볼 때) 한국에는 여전히 미국 밖에 존재하는 가장 큰 미군 기지를 포함하여 28,000명이 넘는 미군이 주둔하고 있다. 사실 미국은 한반도의 종교적, 군사적, 경제적 지형에 큰 영향을 미쳐 왔다. 한국인 동료들 중 일부는 "우리는 미국을 동북아시아 국가로 생각한다."고 말할 정도이다. 그래서 사실상 평화협정은 단순히 남북한 정부만의 힘으로는 체결할 수 없는 현실이 되었다. 한국전쟁에서의 역할로 인해 미국과 중국도 함께 종전 평화협정에 서명해야 한다. 그간 한반도 내 미국의 개입과 미군 주둔의 역사를 고려하고, 새로운 미래를 위해 노력하는 한국인들의 선례를 따라 미국인들과 미국 크리스천들은 현대 역사상 가장 오랫동안 해결되지 않은 한민족의 분단을 종식시키는 데 도움을 줄 책임이 있다.

미국인들에게 바라건대, 많은 미국인들은 우선 첫 번째 단계로 배우고, 애도하고, 기도해야 한다. 이 책임은 미국인들 스스로가 한국전쟁에 대해 공부하는 것으로 시작된다. 한국인들과 한국계 미국인들에게 전쟁은 그들과 그들이 사랑하는 사람들의 삶을 영원히 바꿔 놓았다. 하지만 대부분의 미국인들은 제2차 세계대전과 미국과 베트남의 전쟁으로 생긴 분쟁에 대해 거의 알지 못한다.

2020년, 100명의 미국 내 한인 종교 지도자들이 애도 성명을 발표하며 미국인들에게 한국전쟁의 여파에 대한 애도에 동참해 달라고 요청했다. 한국 민간인 200만 명과 미군 3만2천 명을 포함해 400만 명이 한국전쟁으로 사망했다는 사실도 미국인들은 거의 알지 못하고, 수백만 명의 한국인이 전쟁으로 가족과 헤어져 지금까지도 만나지 못하고 있다는 사실도 모른다. 남북한 주민들이 서로 완전히 고립되어 있다는 사실을 아는 미국인은 극소수에 불과하다.

트리니티대학의 피터 차, 풀러대학의 라숭찬, 그리고 브레드포더
월드(Bread for the World)의 유진 조 등도 이 애도 성명발표에 참여했
다. "우리는 하나님이 신실하시며 우주의 궤적이 정의와 화해, 서로
사랑하는 공동체를 향해 나아간다는 것을 믿는다.", "언젠가 우리 자신을
포함한 모든 한국인들이 조상의 고향으로 돌아가 한반도 전역에서
얼굴을 맞대고 서로를 자매로, 형제로, 또한 하나님의 형상을 지닌
자로 인정할 수 있기를 기원한다."

3. 사회적 치유를 위한 변혁적 실천 방안들

앞에서 살펴본 세 가지 도전들, 즉 1) 북한을 바라보는 저마다
다른 남한 내의 입장들, 2) 싱글 스토리의 위험성, 3) 한반도 상황
관련 미국 권력의 실체, 이들을 염두에 두고, 이제 사회 치유를 위한
세 가지 변혁적 실천을 살펴보겠다.

첫 번째 변혁적 실천: 재통일에서 화해까지

최근 몇 년 동안 많은 한국 학자들은 크리스천 평화실현 사역
전통과 그 전통이 북한과의 관계에 던져주는 함의에 주목하기 시작했다.
메노나이트 학자 박준식은 "평화의 메시지로서의 아나뱁티스트의
복음 이해는 한국교회와 결정적으로 관련이 있다."고 썼다. 계속 말하길
"…[그러나] 강력한 반공주의적 입장은 성서에 근거한 화해의 관점에서
재통일 문제를 다루지 못하도록 막아왔다…. 한국교회가 복음의 평화
메시지에 기초한 화해의 신학을 구축하는 것은 매우 중요하다… 남북한

과거사에 대한 용서 없이는 진정한 재통일을 기대할 수 없기 때문"이라고 덧붙였다. 이러한 화해의 신학을 발전시키는 것은 북한을 새로운 방식으로 참여시키는 것뿐만 아니라, 교회 내 분열, 정치적 좌파와 정치적 우파, 젊은 세대와 노년 세대, 여성과 남성 간의 갈등과 분열에 큰 영향을 미칠 수 있다.

화해의 신학은 하나님의 부르심을 감지하고 위험을 무릅쓰고 분열의 경계를 넘어 사람들이 두려워하거나 이해하지 못하는 사람이나 공동체와 대면한 성서 속 인물들의 이야기에서 시작할 수 있다. 야곱은 에서를 찾아가 깨어진 관계를 회복하고자 했다(창세기 32:3-33:17). 에스더는 목숨을 걸고 왕 앞에서 동족의 억울함을 호소했다. 예수님의 가장 유명한 비유에서는 사마리아인이 민족적 정체성이나 종교적 소속과 관계없이 곤경에 처한 낯선 사람에게 가기 위해 당시 넘지 않아야 할 경계를 넘었다(누가복음 10장). 예수의 가르침의 정수는 아마도 예수의 어록 중 가장 인기 없는 두 단어일 것이다. "원수를 사랑하라"(마태복음 5:43-45). 예수님은 죽기 전날 밤, 자신을 배신하고 부인하는 사람들의 발을 씻겨 주셨다(요한복음 13:1-17). 성령의 부르심을 받은 베드로는 고넬료라는 지휘관을 만나러 로마의 군사 중심지인 가이사랴로 갔다(사도행전 10장). 이러한 성경 이야기의 핵심은 위협적으로 보이는 공동체에 다가가 그들과 관계를 시작하려는 의지이다. 그리고 각 이야기들에서 등장인물들은 위협적인 상대와 관계를 시작하려면 자신의 정체성을 변화시켜야 했다. 이 이야기들은 용기를 보여줄 뿐만 아니라, 분열이 많은 우리 시대에는 거의 실천되지 않는 미덕 즉 공감을 보여준다.

이 이야기들을 보면 알 수 있듯이 공감을 실천하는 것은 모든 것이 괜찮은(문제없다는) 척하는 것을 의미하지는 않는다. 오히려 공감은 비난하고 비판하는 것 이상의 것을 의미한다. 그것은 위험한 '타자'를 향한, 동등한 인간으로서 (새로운) '관계'의 단계로 나아가기 위한 호기심을 요구한다. 그들이 왜 그런 행동을 하는지 이해하고, 직접 만나서 말할 뿐만 아니라 경청할 수 있어야 한다.

오늘날 이것이 의미하는 바를 이미지로 제시해 보겠다. 25년 동안 미국의 인도주의 단체들은 북한 구호 및 개발 사업에 앞장서 왔는데, 이들은 북한의 결핵 퇴치 활동을 하는 "한국의 크리스천 친구들"로부터, 내가 일하는 단체이며 북한 병원에서 회복 중인 어린이들을 위해 식량과 최신 의약품을 제공하고 북한 농업 과학자들을 서방으로 데려오는 일을 하고 있는 MCC에까지 이른다. 이 크리스천 NGO들은 북한의 취약한 주민들에게 긍휼의 상징이다. 이러한 단체들은 2020년 코로나19로 북한 국경이 폐쇄되기 전까지 20년 넘게 북한에서 활동했다. 미국과 북한 정부 간의 적대감으로 인해 MCC, 미국 퀘이커 봉사 위원회, 사마리안퍼스, 월드비전과 같은 단체의 직원과 자원봉사자들은 정기적으로 북한을 방문해오고 있는 소수의 미국인들이다. 이 미국인들은 보건과 농업과 같은 분야에서 북한 주민들과 함께 일하며 동료 인간으로서 북한 주민들과 접촉하고, 함께 여행하고, 함께 일하고, 함께 식사함으로써 북한 주민들을 오직 대립하는 적으로만 축소했던 북한에 관한 싱글 스토리에 도전하고 있다.

두 번째 혁신적 실천: 사회적 화해

사회적 화해는 심각한 분단을 겪었지만 유의미한 사회적 치유가 잘 이루어진 국가에서 나타난다. 학자 세실리아 클레그는 1990년 재결합 이전의 동독과 서독, 1998년 평화협정을 맺기 이전의 북아일랜드, 그리고 오늘날의 북한과 한국처럼 사회적으로 분단이 심각한 곳에서는 상대방을 "위협적인 타자"로 여긴다고 지적한다.

　이러한 사회적 분열의 장소에서 치유를 추구하려면 "개인적 화해", "사회적 화해", "정치적 화해"라는 세 가지 차원의 작업이 필요하다. 개인적 화해는 개인들이 해야 할 내적 작업이다. 정치적 화해는 정치 권력을 개입시키는 작업이다. 예를 들어 한반도의 경우 평화 조약의 필요성이 여기에 포함된다. 클레그에 따르면 '사회적 화해'는 가장 간과되는 작업이다. 사회적 화해를 향한 결정적 전환을 위해 세 가지 분기점이 될만한 계기들이 필요하다고 주장한다. 이 세 가지 모두 분단된 한국 사회와 큰 연관성을 가지고 있다. 첫째, 위협적인 상대방과 기꺼이 관계를 만들어 가고자 하는 양측의 협력 의지가 있어야 한다. 둘째, 서로의 입장을 새롭게 조정해 나갈 의지가 있어야 한다. 셋째, 새로운 평화의 미래를 위해서는 당사자들의 변화가 요구된다는 것을 깨달아야 한다. 앞서 이야기한 북한에 대한 남한의 서로 다른 네 입장, 북한을 적국, 타국, 혹은 불쌍한 동포, 깨어진 가족으로 보는 입장에서는 남한이 위협적인 타자인 북한을 포용하거나 기꺼이 관계를 시작해야 한다고 이야기하지 않는다. 그러나 다음 혁신적 실천은 그러한 변화를 요구한다.

세 번째 변혁적 실천: 회복적 정의

　북한의 정체성을 규정함에 있어서 자신의 기존 입장을 크게 바꾼 한국인이 있는데, 그가 바로 이승만 목사이다. 이승만 목사는 대한민국 의 대통령과 동명이인이다. 이승만 목사는 한국전쟁 전 평양에서 자랐고, 아버지 또한 목사였다. 전쟁 중 아버지가 공산군에 의해 살해당한 후 어머니는 그와 동생을 남한으로 보냈고, 그곳에서 그는 공산주의자들에 맞서 싸우기 위해 한국군에 입대했다. 이후 이승만 목사는 미국으로 이민을 갔다. 그는 신학교에 진학하여 공부하는 동안 인종차별 반대와 평등을 위한 시민운동에 참여했고, 마르틴 루터 킹 박사의 활동에 영향을 받았다. 그리고 그는 킹 목사가 분리되어 있는 두 가지를 어떻게 하나가 되게 하는지를 보았다. 가령, 정의를 위해 무엇을 해야 하는지와, 적을 친구로 만들기 위한 일 등에 대해서 말이다. 그리고 이승만 목사는 장로교의 지도자가 되었다. 킹 목사의 영향을 깊이 받은 이승만 목사는, 1978년 북한을 방문한 최초의 미국교포들 중 한 명이다. 그의 사명은 분단을 넘어서는 것뿐만 아니라, 28년 동안 헤어져 연락이 끊긴 가족이 아직 살아 있는지 확인하는 것이었다. 그는 도착하기 3개월 전에 어머니가 돌아가셨다는 사실을 알게 되었지만, 형제자매들과 잠시나마 재회할 수 있었다. 다시 돌아왔을 때 그는 북한에 갔다는 이유로 많은 한국 목사들과 미국계 한인 목사들로부터 비난을 받았다.

그가 돌아온 후 그들은 그를 빨갱이로 불렀다. 여기서 우리는 서로 적대시하는 흐름을 끊고자 하는 한 집단의 꿈이 다른 집단에게는 배신행위로 보일 수 있음을 알 수 있다. 훗날 이승만 목사는 미국 장로교 최초의 아시아계 미국인 총회장을 지냈고, 나에게는 화해 사역의 멘토이기도 했다. 한 번은 그가 이런 지혜를 주셨다: "크리스, 화해자는 다리가 되라는 부름을 받았어. 그리고 다리는 양쪽에서 밟히게 돼." 이 말은 한국에서 점점 영향력을 얻고 있는 회복적 정의를 시작하는 것을 가리킨다. 양극화된 환경에서는 양자택일의 사고방식이 지배하는 경향이 있다. 이는 "적대적으로 맞서는 상반된 사고방식"이다. 우리는 엄지와 집게손가락을 보며 "상반됨"을 다시 생각해 볼 수 있다. 엄지손가락은 다른 손가락들과 달리 같은 손의 맞은편에 놓일 수 있다. 엄지손가락 없이 컵을 들거나 펜을 사용해보라. (엄지 없이는 그것들을 사용하기 어려울 것이다.) 하지만 엄지와 집게손가락을 함께 잡으면 다른 손가락만으로는 불가능했던 일들을 해낼 수 있다. 우리가 두 가지 진리를 긴장감 속에 함께 붙잡고 있을 때, 그것은 "마주 보는" 사고이다. 우리는 용서와 정의 중 하나를 선택해야 한다고 생각할 수 있으며, 자비로운 것과 진실한 것은 완전히 반대되는, 다른 것이라고 생각할 수 있다. 그러나 시편 기자는 이 두 가지를 마주 본다는 의미의 상반된 것으로 함께 제시한다: "자비와 진실이 함께 만나고 의와 평화가 서로 입 맞추고"(시편 85:10 KJV). 완전히 서로 다른 것처럼 보이는 진리가 마주 보며 함께 있을 때 더 큰 진리가 열린다. 잘못을 처벌하고 피해자에게 보상하는 것이 최종 목적인 정의와 달리, 회복적 접근 방식은 그보다 더 나가 둘 사이의 관계를 회복하고 새로운 커뮤니티를 구축하는 데까지 나아간다.

하나님은 억압을 반대하신다. 그러나 하나님의 해방은 이것 혹은 저것을 반대하는 것 이상이다. 하나님의 정의는 목표와 새로운 미래, 긍정적인 새로운 현실을 향해 나아간다. 그것은 시편 85편을 향해 나아간다. 그것은 킹 박사가 "사랑받는 공동체"라고 불렀던 것을 향해 나아간다. 작가이자 홀로코스트 생존자인 엘리 위젤은 한 가지 중요한 진리를 제시한다. "우리는 어느 쪽이든 택해야 한다. 중립은 억압자를 돕는 것이지 결코 피해자를 돕는 것이 아니다." 그리고 이승만 목사는 중요한 진리를 하나 더 제시한다. "피스 메이커가 된다는 것은 다리가 된다는 것이다. 그리고 다리는 양쪽에서 모두 밟게 된다." 회복적 정의의 평화 조성 사역에서 이러한 소명은 서로 대립하는 것이 아니라, 엄지와 집게손가락처럼 서로 마주 보는 부분이며 함께해야만 사명에 충실할 수 있다.

네 번째 혁신적 실천: 긍정적인 평화를 위한 국가 통치술

한반도의 사회적 치유를 모색하는 과정에서 정치권의 역할은 무시될 수 없다. 정치권력은 전례 없는 위험의 요인이다. 동시에 정치권력이 도덕적 상상력과 함께 사용되면 군사 독재 체제에서 활기찬 민주주의 체제로 전환한 국가들처럼 엄청난 사회적 재화가 생겨날 것이다. 한반도에도 새로운 정치-외교적 접근이 필요하다. 예를 들어, 미국의 인종 분열 상황과 달리 한반도에는 평범한 남한 주민과 북한 주민이 서로 교류하고, 서로의 차이를 토론하고, 과거의 상처를 치유할 수 있는 공간이 사실상 존재하지 않는다. 사회적 화해를 위한 공간을 만들려면 정치적 행동이 필요하다. 정치권력과 관련하여 최근 학자들은 북한에 대한 고립과 징벌적 압박(경제 제재 포함), 특히 인권과 핵무기 이슈에 대한 압박이 강하게 이루어졌지만 상황을 변화시키는 데는 실패했다는 것을 보여주었다. '위협적으로 보이는 상대'가 어떻게 생각하는지 이해하려고 노력하지 않고 상대의 압박에만 의존하는 것은 위험하고 도덕적 상상력이 부족한 외교이다. 노벨 평화상 수상자이자 크리스천 정치 지도자인 남아프리카공화국의 넬슨 만델라는 "상대방을 비인간화하고 악마화할 때, 우리는 평화롭게 해결할 가능성을 포기하고 그들에 대한 폭력을 정당화하려고 한다."고 말했다.

여기서 먼저 한반도와 관련되어 미국이 갖게 된 막강한 힘에 대해 생각해 보겠다. 미국은 북한과의 수교를 거부하고 있다. 그러나 사실 미국은 중국과 같이 긴장관계에 있는 많은 국가들와 외교 관계를 맺고 있다. 1971년 미국 탁구 대표단이 중국을 방문했을 때 의미 있는 일이 일어났다. "친선 경기"는 문화 간 교류로 이어졌고 이를 통해 궁극적 수교를 위한 씨앗을 심었다. 보수 성향의 미국 공화당 대통령 리처드 닉슨이 1972년 중국을 방문하여 전체주의 지도자 마오쩌둥을 만났다. 이들은 중국이 핵무기를 가지고 있던 시기에 만났고, 중국이 말하는 "미국에 저항하고 한국을 지원한 전쟁"인 한국전쟁이 끝난 지 얼마 지나지 않아 만났던 것이다. 그리고 그 전쟁에서 18만 명의 중국군이 사망했다. 또한 미국은 베트남과 전쟁을 치른 지 20년 만인 1995년에 당시 공산주의 국가였으며 현재도 공산국가인 베트남과 국교를 수립했다. 그 이후로 고 존 매케인 미국 상원의원을 포함한 베트남 전쟁 참전용사들은 베트남 참전용사들과 미군 참전용사들 사이의 화해를 주도했다. 파괴적인 전쟁을 촉발할 가능성을 감안할 때 한반도 정세는 오늘날 세계가 직면한 가장 위험한 평화 및 안보 문제 중 하나이다.

미국과 북한이 외교 관계가 없다는 사실, 즉 지속적인 소통, 협상, 신뢰의 채널이 없다는 사실이 위험하다. 의견 불일치, 오해, 위협은 쉽게 갈등으로 확대되어 전쟁의 위험을 높일 수 있다. 중국, 베트남이 미국과 수교가 이뤄졌다면 북한은 왜 안 되겠는가? 정치적 외교라는 것은 "선과 악 사이의 무한하고 엄청난 전투"가 아니다 "그것은 평화를 위해 불가피하게 정의를 희생해야 하는 분쟁과 갈등을 실용적으로 해결하는 것이다."(By Trita Parsi) 분단된 한반도 70년을 보낸 지금, 나는 이와 같은 '긍정적인 평화' 접근 방식이 바로 이 시기에 필요한 정치라고 제안한다.

4. 결론

우리 중 의사, 간호사, 식량 구호팀 들과 함께 북한을 직접 방문해서 위기에 처한 사람들을 섬길 수 있는 사람은 거의 없다. 그러나 우리 모두는 메노나이트 평화운동가인 존 폴 레더락이 그의 '임계 효모'라 부르는, 작지만 강력한 행동을 통해 불신과 적대감의 역사를 끊어낼 수 있다. 이러한 임계 효모와 변혁의 새로운 징후는 분열이 당연하고 자연스럽고, 필연적이라는 사실을 받아들이기 거부하는 일부 적극적인 남한의 젊은 세대 가운데 나타날 수 있다.

나는 배민정 씨라는 한국 청년을 알고 있다. 민정 씨는 분단된 한반도의 트라우마를 느끼며 자라지 않았다. 그녀에게 북한은 언제나 다른 나라에 불과했다. 그러다 대학 시절 민정 씨는 한국 InterVarsity라는 단체가 주관하는 중국—북한 국경 방문에 참여했다. 그 방문에서 학생들은 압록강을 따라 보트를 타고 북한을 구경했다. 그때 학생들은 대한민국 국민임을 밝히지 말라는 엄중한 안내를 받았다. 민정 씨는 그때 당시 상당히 무섭기도 했다고 말했다. 그리고 배가 강을 따라 내려가는데, 예기치 않게 갑자기 난생처음으로 북한군 두 명이 강가에 앉아 있는 것을 목격했다. 민정 씨가 북한 사람들을 가까이서 본 것은 그때가 처음이었다. 두 병사는 총을 강둑에 내려놓고 배를 향해 손을 흔들며 한국어로 인사를 건넸다. 민정 씨는 그중 한 명이 남동생과 똑같이 생겼기 때문에 충격을 받았다. 그 순간이 전환점이 되었다. 민정 씨는 "그 순간에야 우리가 한 민족이라는 것을 깨달았습니다. 눈물이 핑 돌면서 손을 흔드는 것밖에 할 수 있는 게 없었어요."라고 말한다. 민정 씨가 남한으로 돌아왔을 때, 그녀는 화해의 일에 대한 열정으로 인생을 다시 계획했다.

남한의 네 가지 주된 입장이 각각 규정하는 북한의 정체성들에는 각각 강력한 진실의 요소가 있다. 북한을 "적국"으로 규정하는 입장은 많은 사람들이 깊은 트라우마를 겪었고 이를 치유해야 한다는 사실을 드러낸다. 북한을 '타국'으로 보는 시각은 문화적 간극을 극복해야 하는 큰 도전이 있음을 보여준다. '불쌍한 동포'로 북한을 바라보는 시각은 심각한 경제 격차가 존재하는 현실을 나타낸다. 북한을 "깨어진 가족"이라 규정하는 것 역시 남한과 북한의 분단이 정상적이거나 자연스럽지 않다는 진실을 드러낸다. 이 모든 진실은 남북 화해의 과제가 엄청나며, 새로운 평화 구현으로 가는 길에는 막대한 희생이 따른다는 것을 보여준다.

하지만 무엇이 문제가 되겠는가? 비록 사회적 화해, 회복적 정의, 긍정적 평화의 실천이 남과 북의 사람들 사이의 깊은 불일치를 지우지는 못하지만, 그것들은 우리를 도덕적 상상력이라는 더 깊은 변화의 작업으로 연결해 줄 것이다.

미국 내 한인 크리스천 지도들은 2020년 성명서에서 다음과 같이 선언하고 있다.

"우리가 한국의 분단 상황에 대해 행동하고자 하는 가장 깊은 동기는 정치적, 경제적 동기 때문이 아니라, 예수의 큰 희생의 대가인 십자가의 길, 즉 제자도와 용서, 그리고 깨어진 관계를 회복하는 정의를 따르는 화해의 주체이자 대리인이기 때문이라 믿는다."

Constructive Engagement with North Korea
—Obstacles and Possibilities

Dr. Chris Rice [*]

‖ Director, Mennonite Central Committee United Nations Office

My lecture has three parts. Part one is about my journey in the work of reconciliation and social healing, and the need for what I call moral imagination. In part two I will discuss three challenges and obstacles to social healing on the Korean peninsula. In part three I will offer four transformative practices of social healing on the Korean peninsula.

1. Moral imagination and my journey of reconciliation

---

[*] Coauthor of Reconciling All Things and author of From Pandemic to Renewal: Practices for a World Shaken by Crisis.

The convictions we human beings have about our world are profoundly shaped by our journeys of life. My own life journey has been profoundly shaped by a quest for reconciliation.

I grew up in Seoul, South Korea, the son of Presbyterian missionaries. Several times tensions between North and South broke out, and it seemed war might even happen. At the same time, I could feel the deep Korean longing for reunion.

After Korea, for 17 years I lived in Mississippi, the U.S. state perhaps most affected by white racism and racial Injustice. In Mississippi I was part of a social change organization made up of black and white people who worked together for justice and healing.

After that, for 14 years at Duke University I helped found the Duke Center for Reconciliation. That work drew me to East Africa where we began an initiative of reconciliation involving leaders from countries including Rwanda, Uganda, DR Congo, South Sudan, and Burundi.

Following Duke, for five years my wife and I lived in South Korea from 2014 to 2019 as Northeast Asia directors for Mennonite Central Committee (MCC). MCC is a 100-year-old relief, develo -pment, and peace organization which works in 45 countries. During those five years I traveled into North Korea six times, guiding MCC's humanitarian work in the North.

I now serve as director of MCC's United Nations Office in New

York City, with the Korean peninsula as a high priority. MCC works on both sides of the Korean divide—two countries and one mission of reconciliation. All these contexts—Mississippi, East Africa, the Korean peninsula—are places of rich beauty and culture. They are also places of profound distrust, social division, and historical wounds and injustices. In each place I have been involved in deep work across divides seeking social healing and reconciliation.

So when I say "constructive engagement" with North Korea, I am speaking about a new future of healing between Korean people, North and South.

This immediately raises the question of the extent to which Korean people desire to pursue a new future of healing. When it comes to race in my country of America, historically many saw the separation and injustice between white lives and black lives as normal and even natural. But this way of seeing is itself part of the problem. In a similar way, for many the divide between North and South has come to be seen as normal, natural, and even inevitable. But I believe this way of seeing the Korean people, this imagination, is also central to the problem.

Peace scholar John Paul Lederach says that deep change in place of deep division requires what he calls moral imagination, namely, "The capacity to imagine something rooted in the challenge of the real world yet capable of giving birth to that which does not yet exist."[1]

Pursuing reconciliation instead of division requires a shift of moral imagination. It requires holding together things that are normally held apart – both truth and mercy, justice and peace, confronting oppression and offering forgiveness. A new relationship of trust between strangers and enemies requires courage, sacrifice, and time. Social healing cannot be done in a fast way. It requires time, a long time. In fact, the work of healing takes as long as the years of division.

In this 70th anniversary year of the Korean War Armistice and a divided peninsula, social healing will take time. And healing will require a different approach from reunification. Reunification is seen as a political concept. Reconciliation is a moral concept. It is not economic or political self-interest which leads toward social healing – only moral imagination can do that.

So a more accurate title for my lecture is: "From Division and Reunification to Reconciliation."

2. Challenges facing social healing on the Korean peninsula

Let's examine three challenges.

---

1) John Paul Lederach, The Moral Imagination (Oxford University Press: 2005), page 29.

1) The first challenge facing social healing: contested South Korean identities of reunification

I propose that four prevailing identities regarding North Korea can be seen in today's South Korean society. Each of these four ways of seeing North Korea embodies a very different approach to the future between the two divided countries. As is true of any long history of conflict, these identities often overlap and mix within individuals and society to concoct a turbulent and often volatile climate.

The first South Korean identity sees North Korea as Enemy Nation. From 1950 to 1953, over 2.2 million Koreans were killed during the war, mostly civilians. Scholar Sebastian Kim describes the wounds that emerged: "The war caused a deep scar of resentment toward the other side in the hearts and minds of both South and North Koreans. And until today the memory of cruelty by both parties has haunted any attempt at reconciliation. During the brief period of occupation of the other's territory, both parties committed killings, torture and kidnapping of civilians, accusing them of being either 'communist aggressors' or 'collaborators with the American imperialists.'"[2] In the 70 years since 1953, with little opportunity

---

2) Sebastian Kim, "Reconciliation Possible? The Churches' Efforts toward the Peace and Reunification of North and South Korea," in Peace and Reconciliation: In Search of Shared Identity, ed. Sebastian C. H. Kim, Pauline Kollontai, and Greg Hoyland (Hampshire, UK: Ashgate, 2008), Kindle book, location 2366.

for healing the scars of resentment through encounter with the other, a deep sense of victimhood in search of justice took root among many in the older generation who experienced trauma. This shapes an identity of a holy pursuit to resist the evil of atheist Communism.

With this first South Korean identity of North Korea as enemy nation, coexistence is not seen as possible until North Korea is cleansed. The corresponding vision of the future is regime change in North Korea, whether brought by collapse, military force, or evangelization. With an estimated one million North Korean troops across a border that lies just thirty-five miles from Seoul, this identity is supported by the historic militarization of South Korean society. (As you know, by law South Korean men are conscripted for 18 to 21 months, and a National Security Law regulates "compromising" activities, including any pro-North public commentary.)

The second dominant South Korean identity regards North Korea as Another Country. Over seventy years of complete separation under two drastically different systems of life, ideology, and government, an identity has developed that sees the two Koreas as two different cultures. Many in the younger generation especially think this way— they never knew a united Korea, did not experience war or trauma, and have no family members in the North they ever met.

This identity is reinforced by reports of the enormous economic cost of reunification. South Korean youth might reasonably ask, "Why bother with reunification? What's the benefit for me?" Also, despite any threatening rhetoric from North or South, daily life in South Korea carries on as usual without the urgency of a clear and present danger. The status quo of two different nations and cultures with different interests has come to seem as natural and normal.

This identity of another country does not see reunification to be worth the sacrifice. The corresponding vision of a future with North Korea is one where the peninsula remains divided, that is, a kind of benign apartheid that leaves the status quo intact.

I propose that a third South Korea identity regards North Korea as Disadvantaged Sibling. With only 50 million citizens, South Koreans emerged from postwar poverty to develop the world's eleventh-largest economy, with South Korean cars, phones, K-Pop music, and K-dramas valued across the world. The corresponding understanding of unification is described by scholar Andrei Lankov: "It is always accepted that the new unified state will be run in accordance with the South Korean economic and political model. No serious concessions to the North Korean model, widely seen as inferior, are going to be allowed or considered."[3]

---

3) Andrei Lankov, "The Conquest of the North: Problems with Reunification by Absorption," NKNews.org,
   https://www.nknews.org/2017/10/the-conquest-of-the-northproblems-with-r

This identity looks across the border with confidence and sees an isolated and disadvantaged country that, given the chance, would enthusiastically embrace the South's way of life.[4] The related vision of the future is one of unification by absorption, namely, a process of assimilation through which the people of the North are gradually welcomed into the system of the South.

The fourth and final South Korean identity sees North Korea as Ruptured Family. This understanding is seen in President Kim Dae-Jung's words after returning from North Korea in 2000: "The Pyongyang people are the same as us, the same nation sharing the same blood." Deep down, perhaps most South Koreans affirm this understanding of a fundamental Korean we. But they vehemently disagree over the political form this perspective took in President Kim's so-called Sunshine Policy (that is, an iceberg of hostility melts by warmth and engagement, not by cold war), which reversed the previous fifty years of South Korean antagonism. Scholar Kirsteen Kim describes an approach which is starkly different: "[The Sunshine Policy] changed the rhetoric completely by recognizing the humanity and dignity of North Koreans and

---

eunification-by-absorption/

4) See Byung-Ho Chung, "Between Defector and Migrant: Identities and Strategies of North Koreans in South Korea," Korean Studies 32 (2008): 1–27; Jiyoung Sung and Myong Hyun Go, "Resettling in South Korea: Challenges for Young North Korean Refugees," Asan Institute for Policy Studies: Issue Briefs 24 (August 8, 2014).

engaging with them⋯ This policy aimed at peaceful coexistence of the two Koreas, in which the South pledged neither to provoke North Korea nor to seek to absorb it."[5] The corresponding vision of the future with North Korea is one of mutual respect which recognizes the sovereignty of both countries and seeks economic cooperation leading to a federation. This approach lasted from 1998 to 2008. Reunions intensified between divided families, economic cooperation was established, and South Koreans engaged in humanitarian work with North Koreans.

While these four South Korean identities regarding North Korea conflict with each other, they also have fluidity. Multiple identities can be even held together at the same time in paradoxical tension, in a kind of "love-hate" relationship with North Korea.

These four identities are bitterly contested, and carry enormous implications for national identity, values, and policies. The "another country" identity can be seen as fleeing from tension that must be squarely faced. Approaching North Korea as disadvantaged sibling can be criticized as a version of colonialism, as seen in the well-documented difficulties of the 30,000 North Korean escapees now living in the South—often welcomed not as equals but treated as a different ethnic group struggling in a strange land they do not readily embrace. From the "enemy nation" side, terms

---

5) Kirsteen Kim, "Reconciliation in Korea: Models from Korean Christian Theology," Missionalia 29, no. 1 (April 2007): 23-24.

of contempt such as 종북(follower of the North) and 빨갱이(Red partisan or Communist) have been used to label pro-engagement and "pro-Sunshine" politicians and advocates as unpatriotic and even traitorous. Indeed, following President Kim Dae-jung and his protégé Roh Moo-hyun were two presidencies that effectively dismantled the Sunshine Policy.

Tragically, churches in South Korea are caught up in this hostile climate of disunity. Many Christians who were in the North experienced great suffering before and during the war and then fled to the South. Churches they established in the South aligned themselves with conservative governments. A small but vocal minority of other church bodies have kept the "ruptured family" identity at the forefront and instead pursued channels of engagement with the North. The church's disunity stretches to conflicting views over the US's long- standing military power and presence in the South. Furthermore, those on different sides of this church divide might believe that God is on their side.[6]

2) The second challenge facing social healing: The danger of a single story

---

6) An overview of debates between South Korean churches over reunification is provided in Gil-Soo Han and Andrew Eungi Kim, "The Korean Christian Movement towards Reunification of the Two Koreas: A Review in Retrospect," International Journal for the Study of the Christian Church 6, no. 3 (2006): 235–55.

With unhealed wrongs and divides comes a danger. Nigerian novelist Chimamanda Ngozi Adichie called it "the danger of a single story."

As Ngozi explains, single stories reduce an entire group of people to one set of truths. "Show a people as one thing, only one thing, over and over again," she said, "and that is what they become." The problem, she continues, is that "the single story creates stereotypes, and the problem with stereotypes is not that they are untrue, but that they are incomplete. They make one story become the whole story."[7]

In the United States for example, news about North Korea often focuses solely on the threat of nuclear attack and tense political relations. As a result, in the U.S. few Americans may see the country beyond the risk it might pose to the US. Meanwhile, with 70 years of no peace agreement, no encounters with North Korean people and few at the diplomatic level, Americans have had little opportunity to learn more from the 26 million people(a population around the size of Australia) living there.

I once met a general from the U.S. military who had served in South Korea. I asked him what the greatest danger was in the relationship between North Korea and the US. His reply surprised

---

7) Chimamanda Ngozi Adichie, "The Danger of a Single Story," TED talk, July 2009, https://www.ted.com/talks/chimamanda_ngozi_adichie_the_danger_of_a_single_story.

me. According to him, the danger was not military buildup or nuclear weapons. In his words, the greatest danger was that "North Koreans don't understand Americans and the way we think. Americans don't understand North Koreans and the way they think. South Koreans don't understand the way North Koreans think. And North Koreans don't understand the way South Koreans think. That is the greatest danger." The greatest danger, he said, was a lack of empathy. This is the result of the danger of a single story.

Seventy years after the trauma of the Korean War, the mutual animosities still run deep. With essentially no contact allowed between Koreans across the divide, "single stories" of the threatening other easily become the whole story.

3) The third challenge facing social healing: United States power

American people have a long and complicated history with Northeast Asia and Korea. Prior to the 1950 Korean War, hundreds of missionaries worked with South Korean people to plant churches throughout the country. And for decades, the US has had a significant military presence in South Korea. Indeed, when I was growing up in South Korea in the 1970s, two groups of Americans were present throughout the country: missionaries and military. While the Western missionaries have since left and South Korean churches have for decades been sending missionaries across the world, over 28,000 US troops are still stationed in South Korea, including the largest US military base on foreign soil. The truth is, the United States has strongly influenced the religious, military, and economic landscape of the Korean peninsula. As some of my South Korean colleagues say, "We think of the U.S. as a Northeast Asian nation." Indeed, this includes the reality that a peace agreement cannot be simply signed by governments of North and South Korea alone. Due to its role in the Korean War, the United States must also be a signer of a peace agreement to end the war.

Given the US history of intervention and presence in this part of the world, and following the lead of Korean people working for a new future, American people and American Christians have a responsibility to assist in ending the longest unresolved separation of a people in modern history.

For many, the first step is by learning, lamenting, and praying. This starts by Americans educating ourselves about the Korean War. For Korean people and Americans with Korean heritage, the war changed their lives and those of their loved ones forever. But most Americans know almost nothing about the conflict that falls between World War II and the U.S. Vietnam War.

In 2020, 100 Korean American Christian leaders signed a statement of lament, asking American Christians to mourn the aftermath of the Korean War.[8] Very few Americans are aware that four million people died in the war (including two million Korean civilians and 32,000 US troops), that millions of Koreans were separated from their families by the war and remain so even to this day, and that the people of North and South Korea are nearly completely isolated from each other.

Peter Cha at Trinity Evangelical Divinity School, Soong-Chan Rah at Fuller Seminary, and Eugene Cho at Bread for the World were among the statement drafters. "We believe that God is faithful, and that the arc of the universe… bends toward justice, recon -ciliation, and beloved community," they wrote. "We pray that someday all Korean people will be able to return to the birthplaces of their ancestors, to meet face-to-face across the peninsula, and to recognize each other as sisters, brothers and image-bearers of God."

3. Transformative practices toward social healing

With these three challenges in mind—the differing South Korean identities toward North Korea, the danger of a single story, and the reality of U.S. power—I turn now to three transformative practices

---

8) See https://www.mennoniteusa.org/news/korean-war-ceasefire/ and https://docs.google.com/document/d/1C7naQb0jD51xLxHv6k3nX4tPKKA8q I0UFXPpH89HfQI/edit

toward social healing.

First transformative practice: from reunification to reconciliation

In recent years a number of South Korean scholars have begun looking to the tradition of Christian peacemaking and its implications for engaging North Korea. As Methodist scholar Joon-Sik Park writes, "The Anabaptist understanding of the gospel as a message of peace is crucially pertinent to South Korean churches··· [Yet,] a strong anti-Communist position··· has kept them from engaging reunifica -tion issues from a biblically informed perspective of reconciliation··· It is crucial for the Korean church to construct a theology of reconciliation based upon the peace message of the Gospel, for without forgiveness of the past history between the North and the South, genuine reunification is not likely."9)

Developing such a theology of reconciliation could have great consequences not only for engaging North Korea in a fresh way, but for divisions in the church, between the political left and political right, between younger and older generations, and between women and men.

A theology of reconciliation can begin with the stories of characters in the bible who, sensing God's tug, crossed borders

---

9) Joon-Sik Park.

of division with a willingness to take risks and engage face to face with a person or community their people feared or didn't understand.

Jacob went to Esau seeking to heal their broken relationship (Gen. 32:3–33:17). Esther risked her life to plead the case of her people before the king. In Jesus' most famous parable, the Samaritan crossed the road to a stranger in distress, regardless of his ethnic identity or religious affiliation (Luke 10). At the heart of the teaching of Jesus were perhaps the three most unpopular words he ever said: "Love your enemies" (Matthew 5:43-45). On the night before his death, Jesus washed the feet of those who would go on to betray and deny him the night before his death (John 13:1-17). Following the call of the Holy Spirit, Peter went to the Roman military center of Caesarea to engage a commander named Cornelius (Acts 10).

A willingness to engage communities who are threatening is at the core of these biblical stories. And in each of these stories, identity had to be transformed to engage the threatening other. These stories reveal not only courage, but that virtue rarely practiced in our time: empathy. As these stories demonstrate, practicing empathy doesn't mean pretending everything is okay. But empathy does mean doing more than condemning and criticizing. It requires curiosity about the dangerous "other" to engage them as human beings, to understand why they do what they do, and to meet face to face not only to speak but to listen.

Let me give you an image of what this looks like today. For 25 years, American humanitarian agencies have been at the forefront of relief and development work in North Korea—from Christian Friends of Korea and its superb tuberculosis work to Mennonite Central Committee (MCC), where I work, providing food and medicine to support children recovering in hospitals and bringing North Korean agricultural experts to the West.

These Christian NGOs are a face of compassion to vulnerable people in North Korea. Such organizations worked in North Korea for over two decades until the COVID-19 closure of North Korean borders in 2020. Due to hostility between the US and North Korean governments, staff and volunteers from organizations like MCC, American Friends Service Committee, Samaritan's Purse, and World Vision are among the few Americans who have regularly visited North Korea.

Through working alongside North Korean counterparts in areas such as health and agriculture, these Americans challenge the narrative that reduces the country to a hostile enemy by interfacing with North Koreans as fellow human beings, traveling through the country together and eating together.

Second transformative practice: social reconciliation

Another transformative practice for social healing emerges from nations where deep social healing has happened.

Scholar Cecelia Clegg writes that in places of deep social division such as East and West Germany before their 1990 reunion, Northern Ireland before its 1998 peace agreement, and between North Korea and South Korea today, the opposing sides view one another as what she calls the "threatening other." In such places of social division, the quest for healing requires three dimensions of work —"personal reconciliation," "social reconciliation," and "political reconciliation."[10] Personal reconciliation is the internal work that individuals must do. Political reconciliation is work which engages political power. In the case of the Korean peninsula, for example, this includes the need for a peace treaty.

According to Clegg, "social reconciliation" is the most over -looked work. She contends that three turning points are required for a decisive turn toward social reconciliation. Each of them has great relevance for a divided Korean people. First, a corporate will must emerge to embrace the threatening other. Second, there must be a willingness to renegotiate identities. Third, each side must come to realize that a new future of peace requires all parties to change.[11]

---

10) Cecelia Clegg, "Embracing a Threatening Other: Identity and Reconciliation in Northern Ireland," in Peace and Reconciliation, ed. Kim, Kollontai, and Hoyland, location 1433.

11) Cecelia Clegg, Ibid.

Three of the South Korean identities toward North Korea which I proposed—Enemy Nation, Another Country, and Disadvantaged Sibling—do not call for South Koreans to embrace the threatening other, renegotiable identities, or be changed. But the next transformative practice does call for such change.

Third transformative practice: restorative justice

One South Korean whose identity was deeply transformed regarding North Korea was Reverend Syngman Rhee (no relation to the first South Korean president). Rhee grew up in Pyongyang before the Korean War where his father was a pastor. During the war, after communist troops killed his father, his mother sent him and his brother to the South, where he joined the South Korean military to fight against the communists.

Later Rhee immigrated to the US. He went to seminary, and during his studies he joined the civil rights movement for racial justice, and became influenced by the work of Martin Luther King, Jr. King's work held together two things often kept apart—work for justice, and work toward enemies becoming friends. Rhee became a Presbyterian church leader. Deeply influenced by King, in 1978 Rhee was one of the first Korean Americans to visit North Korea. His mission was not only to cross divides, but to see if his family was still alive after 28 years of separation and no contact. His mother had passed away only three months earlier, but Rhee was briefly reunited with his siblings.

But Rhee was criticized by a number of South Korean pastors and Korean American pastors for going to North Korea. After he returned, they called him a traitor and "communist lover." Here we see that one community's vision to break the powers of mutual demonization can be seen by other communities as a traitorous threat.

Later Reverend Rhee served as the first Asian American moderator of the Presbyterian Church(USA). He was also one of my mentors in the work of reconciliation. One time he offered me this piece of wisdom: "Chris, reconcilers are called to be bridges. And bridges get walked on from both sides."

These words point to the emerging field of restorative justice which is gaining influence in South Korea. Polarized settings tend to be dominated by an either-or mindset. It is "oppositional" thinking. We might think the same of a thumb and a forefinger. But the thumb is opposable—unlike other fingers it can be placed opposite fingers of the same hand. Try to pick up a cup or use a pen without your thumb. But by holding thumb and forefinger together, things can be achieved which are otherwise impossible. When we hold two truths together in tension it is "opposable" thinking. We may think that we must choose between forgiveness and justice, that being merciful and being truthful are opposites. But the psalmist presents them as opposable: "Mercy and truth are met together;

righteousness and peace have kissed each other" (Psalm 85:10 KJV). When seemingly opposed truths are held together, they open up greater truth.

In contrast to justice whose final end is to punish a wrong and compensate the victim, a restorative approach moves beyond to repair the relationship and build a new community. God is anti-oppression. Yet God's liberation is more than anti this or that. God's justice moves toward a goal, a new future, a positive new reality. It moves toward Psalm 85. It moves toward what Dr. King called "the beloved community."

Author and Holocaust survivor Elie Wiesel offers one critical truth: "We must take sides. Neutrality helps the oppressor, never the victim." Reverend Rhee offers another critical truth: "To be a peacemaker is to be a bridge. And bridges get walked on from both sides." In the peacemaking work of restorative justice, these callings are not opposed but, like the thumb and forefinger, opposable parts, which only by being held together can be faithful to the task.

Fourth transformative practice: the statecraft of positive peace

In the search for social healing on the Korean peninsula, political power cannot be ignored. Political power is a source of unprecedented danger. At the same time, if used with moral imagination, political power can release enormous social goods, such as in countries which have turned from military dictatorship to vibrant democracy.

A fresh political and diplomatic approach is required on the Korean peninsula. For example, unlike the challenge of racial division in the U.S., there is literally no space for ordinary South Koreans and North Koreans to engage one another, debate their differences, and address the wounds of the past. Creating space for social reconciliation requires political action.

Also related to political power, recently scholars have shown that while isolation and punitive pressure efforts (including sanctions) on North Korea have been vigorously applied, especially regarding human rights and nuclear weapons, they have failed to change the situation. Diplomacy guided solely by pressure, which doesn't seek to understand how the "threatening other" thinks, is dangerous and lacks moral imagination. As Nobel Peace Prize winner and Christian political leader Nelson Mandela of South Africa put it, "When we dehumanize and demonize our opponents, we abandon the possibility of peacefully resolving our differences, and seek to justify violence against them."

Let us think here about the United State given its enormous power related to the Korean peninsula. The US has refused to pursue diplomatic relations with North Korea. But, in fact, the U.S. has diplomatic relations with many nations it is in high tension with, such as China. One moment occurred in 1971, when an American ping-pong delegation visited China. "Friendship matches" led to cultural exchanges and planted seeds for eventual diplomatic relations, like Republican president Richard Nixon's visit in 1972 with totalitarian leader Mao Zedong. The leaders met at a time when China had nuclear weapons, and the relatively recent Korean War—which the Chinese call "Resisting America and Assisting Korea War"—had led to the deaths of 180,000 Chinese soldiers.

In addition, in 1995, just 20 years after the US war with Vietnam, the United States established diplomatic relations with Vietnam, which is still a communist state. Since then, Vietnam War veterans including the late U.S. senator John McCain have become leaders in reconciliation initiatives between veterans on both sides.

Given its potential to trigger a devastating war, the situation on the Korean peninsula is one of the most dangerous peace and security issues facing our planet today. The fact that the United States and North Korea have no diplomatic relations—no ongoing channels of communication, negotiation, and trust—is dangerous. Disagreements, misunderstandings, and threats can easily escalate into conflicts and increase the risk of war. If China and Vietnam, why not North Korea?

Statecraft is "not a cosmic battle between good and evil. It is the pragmatic management of conflict where peace inevitably comes at the expense of some justice."[12] After 70 years of a divided

Korean peninsula, I propose that this "positive peace" approach is the politics needed for such a time as this.

4. Conclusion

Few of us can travel to North Korea to serve people with vulnerabilities alongside the dedicated doctors, nurses, and kitchen workers there. But all of us can work to provide what Mennonite peacemaker John Paul Lederach calls "critical yeast," small but powerful actions that interrupt histories of distrust and hostility.[13]

Perhaps that critical yeast and new signs of transformation will emerge from within a new generation of restless young South Koreans who refuse to accept the divide as normal, natural, or inevitable.

Bae Min Jeong is a young adult South Korean I know. Min Jeong did not grow up feeling the trauma of the divided Korean peninsula. For her, North Korea was another country.

In college, however, Min Jeong joined an InterVarsity Korea visit to the China–North Korea border. During this visit, their student group took a boat ride along the Yalu River to view the North.

---

12) Trita Parsi, "The U.S. Is Not an Indispensable Peacemaker," New York Times, March 22, 2023.

13) John Paul Lederach, The Moral Imagination (Oxford University Press: 2005), 91-93.

The students were strictly instructed not to reveal they were Korean. Min Jeong says she was full of fear. As the boat went down the river, suddenly, for the first time in her life, she saw two North Korean soldiers sitting on a beach. It was the first time she had ever seen North Korean people up close. The two soldiers put down their guns by the river, waved at the boat, and offered a greeting in Korean.

Min Jeong was shocked because one of them looked exactly like her younger brother. That moment was a turning point. Through that close encounter, she says, "Only then did I understand that we are one people. But all I could do was wave my hand as tears came into my eyes." When Min Jeong returned to the South, she redirected her life toward a passion for reconciliation.

Each of the dominant South Korean identities toward the North carries a powerful element of truth. "Enemy nation" reveals that many people suffered deep trauma, which must be healed. "Another country" reveals that engaging the divide is an immense cross-cultural challenge. "Disadvantaged sibling" names the reality of a profound economic gap. "Ruptured family" reveals the truth that the divide between South and North is not normal or natural. Together these truths reveals that the challenge of Korean reconciliation is enormous and the pathway to a new identity of peacemaking carries a high cost. Why bother?

The practices of social reconciliation, restorative justice, and positive peace do not erase the deep disagreements between the Korean people in North and South. But they do connect us to the deeper, transformative work of moral imagination. As the Korean American Christian leaders put it in their 2020 statement, "We believe our deepest motivation to engage the Korean divide··· is not political or economic but as peacemakers and agents of reconciliation, following Jesus' costly way of the cross—of discipleship, forgiveness, and justice which restores broken relationships."14)

---

14) See https://docs.google.com/document/d/1C7naQb0jD51xLxHv6k3nX4tPK KA8qI0UFXPpH89HfQI/edit

우크라이나—러시아 전쟁의 현황, 주요 이슈 및 향후 전망

권기창

‖ 전 우크라이나, 콩고민주공화국 대사, 현 한국수입협회 부회장

I. 서언

2022년 2월 24일 러시아의 침공으로 시작된 우크라이나 전쟁은 세계적으로 광범위한 영향을 미치고 있다. 전쟁의 여파로 규칙에 기반한 자유주의적 질서가 붕괴하면서, 신냉전이 고착되고 있고, 서방의 민주주의 동맹에 맞서서 러시아, 중국, 북한, 이란 등의 전제주의 국가들이 협력을 강화하고 있다.

우크라이나 전쟁의 여파로 에너지, 식량 및 각종 원자재 가격 상승으로 전 세계적으로 높은 인플레이션이 야기되었으며, 각국은 자원을 무기화하면서 자원의 글로벌 공급망 문제도 야기하고 있다. 에너지와 자원의 해외의존도가 높은 우리나라도 전쟁의 부정적인 여파를 겪고 있다.

필자는 이 글에서 우선 우크라이나와 러시아의 역사적 배경을 짚어보고, 전쟁의 원인, 전쟁의 현황과 더불어 우크라이나 전쟁의 주요 이슈들(러시아의 핵 사용 위협, 우크라이나의 EU 및 나토가입 문제, 우크라이나와 한반도 문제 등)과 향후 전망을 고찰해 보고자 한다.

II. 우크라이나의 역사적 기원

우크라이나의 기원은 AD 882년에 건설된 키예프 루스 공국이다. 실제로는 키예프 루스 공국은 우크라이나, 러시아, 벨라루스 세 국가 모두의 기원이다. 이 세 국가의 국민이 동슬라브족을 이루고 있다. 기원후 8세기에서 11세기 사이에 스칸디나비아반도의 인구폭발로 그 땅에 거주하던 바이킹들이 바다를 건너 각지로 진출하였다. AD 862년 스칸디나비아에서 현재의 스웨덴 땅에 거주하던 유력한 세력자 류리크와 그 일족은 러시아의 북서쪽인 노브고로드에 진출하였다. 류리크의 일족인 올레그는 권력 투쟁에서 승리하여 AD 882년 키예프 루스 공국을 건설하였다. 키예프 루스 공국의 지배층은 스웨덴인들이며, 공국의 피지배층은 동슬라브족 사람들이었다.

키예프 루스 공국은 블라디미르 대공 시절 그리스정교를 국교로 삼고 영토를 크게 확장하였다. 그의 아들인 야로슬라브 현공 시절에는 우크라이나의 가장 유명한 건물인 소피아성당을 건립하고, 프랑스, 헝가리, 노르웨이 등의 왕가에 자기 딸들을 왕비로 보내서 '유럽의 장인'으로 불리기도 했다. 키예프 루스 공국은 10~12세기 당시 유럽에서 가장 넓은 영토를 차지하면서 유럽의 대국으로 군림했다.

그러나 이후 AD 1240년 칭기스칸의 손자인 바투 장군이 12만 명의 병력을 이끌고 침공하여 키예프 루스가 초토화되었다. 이로 인해 결국 키예프 루스 공국은 쇠퇴하게 된다. 이에 따라 키예프 루스의 분가라고 할 수 있는 모스크바 공국이 성장하면서 슬라브의 중심은 모스크바로 옮겨갔다. 키예프 루스 멸망 후 300여 년간 리투아니아, 폴란드, 러시아 등의 여러 나라가 우크라이나를 지배했다. 폴란드의 지배하에서 우크라이나 지역에서는 코사크 군사조직이 활발하게 활동하였으나, 1654년 페레야슬라프 조약으로 러시아에 병합되었다. 그리고 1991년 우크라이나는 소련연방으로부터 독립했다.

III. 전쟁의 원인에 관한 논쟁

우크라이나-러시아 전쟁의 원인에 대해 두 가지 시각이 대립한다. 하나는 나토가 그 세력을 동쪽으로 확장한 탓에 실존적 위협을 느낀 러시아가 전쟁을 일으켰기에 전쟁의 원인은 서방세계에 있다는 시각이다. 또 다른 하나는 전쟁의 원인은 서방의 나토 동진에 있는 것이 아니라, 푸틴 러시아 대통령이 위대한 러시아 제국을 재건하고자 하는 야망에서 시작되었다고 보는 러시아 책임론이다.

첫째, 나토의 동진을 이유로 보는 시각부터 살펴보자. 2차 대전 직후인 1949년 미국 및 서유럽 국가들은 소련의 위협에 맞서 유럽의 안보를 지키기 위해 나토(NATO: 북대서양조약기구)를 창설했다. 이 시각을 대표하는 학자는 시카고대 교수인 존 미어샤이머 교수이다. 미어샤이머 교수는 국제정치학에서 현실주의 학파의 대가로 불리는 사람이다. 나토는 2차 대전 직후인 1949년 팽창하는 소련의 위협에 맞서서 미국과 유럽이 유럽의 안보를 지키기 위해 만든 집단 안보기구이다.

미어샤이머 교수는 미국과 유럽의 안보동맹인 나토가 계속 동쪽으로 확장하면서 러시아의 국경에 가까이 가게 되었고, 이에 대해 실존적 위협(existential threat)을 느낀 러시아가 전쟁을 시작했다고 주장한다. 미어샤이머가 말하는 나토의 동진에는 우크라이나의 나토가입 추진도 포함된다. 우크라이나를 침공한 것은 러시아가 맞지만, 미국이 주도하는 나토의 동진이 주는 위협에 대처하려는 방어적인 성격이기에 사실상 전쟁의 책임은 미국에 있다는 것이다. 러시아의 입장도 미어샤이머 교수의 주장과 사실상 동일하다.

두 번째의 시각은 옛 소련제국의 환상 속에서 '위대한 러시아 제국의 재건'을 꿈꾸는 푸틴이 전쟁을 일으켰다는 것이다. 구체적으로는 푸틴 대통령의 제국주의, 세력권 확대, 실지회복주의(irredentism)가 전쟁을 일으킨 원인이라는 것이다. 이 시각으로 보면, 우크라이나의 나토가입 추진을 포함하는 나토의 동진은 러시아가 우크라이나를 침공한 명분에 불과한 것이다. 이 시각을 지지하는 서방 전문가들은 우크라이나의 나토가입 추진은 전쟁 직전이 아니라 친서방 대통령이었던 유셴코 대통령 시절부터 본격적으로 추진되어왔기에 러시아의 주장은 맞지 않는다고 말하고 있다. 상기 두 가지 시각과 관련하여 서방에서는 나토의 동진이 아니라 푸틴 대통령의 제국주의적 야망이 우크라이나 전쟁을 일으킨 원인이라는 시각이 우세하다.

IV. 전쟁의 현황

1. 전쟁 개시 후 우크라이나의 대반격 이전 기간

지난해 2월 우크라이나의 탈군사화 및 탈나치화를 목표로 우크라이나를 침공한 푸틴 대통령은 그 목표를 달성하지 못했다. 작년 8월 워싱턴 포스트의 전쟁 전후 비화에 관한 탐사보도에 의하면, 러시아군은 수도 키이우는 3~4일 이내에, 우크라이나 전역은 3~4주 이내에 점령하는 것을 목표로 하였으나, 우크라이나군의 강력한 저항과 서방의 신속한 대우크라이나 무기 지원 등으로 인해 목표달성에 실패하였다.

이후 러시아군은 플랜 B로 키이우는 포기하고 동부 돈바스 지역과 남부 헤르손 그리고 두 지역을 잇는 육로회랑(land corridor) 확보에 집중하여 작년 6월까지 우크라이나 영토의 23% 정도를 점령(2014년 러시아가 불법 점령한 크림반도와 돈바스 동부의 일부 지역 포함)하였다. 그러나 우크라이나군은 작년 9월 초부터 반격을 개시하여 북동부 하르키우주를 완전히 수복하고, 남부 헤르손시를 탈환하는 등의 성과를 거두며 러시아가 점령했던 영토의 절반 정도를 탈환하는 데 성공하였다.

그러나 작년 12월부터는 우크라이나군은 전장에서 더 이상의 성과를 거두지 못했다. 겨울이 오면서부터 날씨가 군사작전을 수행하는 데 여의치 않았고, 특히 반복된 소위 "라스푸티차 현상(얼었던 땅이 녹으면서 땅이 진흙탕으로 되는 현상)"으로 인해 탱크, 장갑차 등의 진격에 어려움을 겪은 탓이다. 거기에 더해서 그동안 서방으로부터 지원받았던 많은 무기가 전투 과정에서 소진되어 러시아군에 비해 장비 면에서 우위를 점하지 못했던 측면이 컸다.

우크라이나군은 2023년 봄철 대공세를 예고해왔는데, 당초 예고했던 대로 봄철에 대반격을 시작하지 못했다. 서방으로부터의 무기 지원이 지연된 것이 가장 큰 이유였다. 우크라이나는 서방으로부터 받은 무기 지원이 대반격을 시작할 만큼 되었다고 판단하여, 6월 4일 대반격을 개시했고, 현재 우크라이나군의 대반격은 4개월째 진행 중이다.

2. 우크라이나군의 대반격 현황

우크라이나군의 대반격은 동부 돈바스의 바흐무트 지역, 남부 자포리자 주를 중심으로 진행 중이다. 대반격을 개시한 지난 6월 초 이후 바흐무트 인근지역과 자포리자 주에서 몇 개 마을들을 탈환하는 등 작은 성과는 있었지만, 아직 큰 돌파구를 마련하지는 못했다. 그것은 기본적으로 우크라이나가 작년 말과 금년 초부터 봄철 대반격을 예고해 왔지만, 사실상 대반격이 초여름에 이르러서야 개시될 정도로 지연되면서 러시아에게 약 7개월 정도의 방어를 공고히 할 준비기간을 준 데 기인한다.

러시아군은 전선을 중심으로 삼중의 방어망을 견고하게 구축했다. 대전차 지뢰지대와 러시아군 참호 구축, 용의 이빨이라 불리는 대전차 장애물 및 대전차 참호 설치 등을 통해 우크라이나군이 뚫기 힘든 삼중의 방어망을 구축해둔 것이다. 우크라이나군은 이 방어망을 뚫기 위해 진격하다가 큰 피해를 입었다. 많은 병사들의 살상되었으며 대반격 초기에 서방으로부터 지원받은 전차와 장갑차 등 장비의 20%를 잃었다.

이렇게 대반격 초기에 많은 병력과 장비를 잃은 것은 우크라이나가 공군력에서 열세이기 때문에 전투기를 활용한 합동작전을 수행할 수 없었기 때문이다. 당초 우크라이나군은 전력을 아끼기 위해 대반격개시 후 서방에서 훈련받은 우크라이나군을 투입하지 않고 있다가, 자포리자 전선에서 돌파구를 마련하기 위해 서방에서 훈련받은 9개의 여단을 자포리자 전선을 중심으로 본격적으로 투입했다. 서방으로부터 지원받은 독일제 레오파르트 전차, 미국의 브래들리 보병전투 차량 등도 함께 투입했다. 서방의 전문가들은 현재 전황이 대체로 교착상태 (stalmate)라고 보고 있으나, 미 행정부 관리들은 우크라이나가 비록 작지만 꾸준한 성과를 내고 있다고 평가하고 있다.

우크라이나군은 금년 9월 초순에는 자포리자주의 요충지인 로보티네를 점령하여 러시아의 1차 방어선을 돌파했다. 우크라이나군이 로보티네보다 20km 남쪽에 있고 군사전략적 가치가 높은 토크막을 점령하게 되면, 서남쪽에 위치한 멜리토폴로 가거나 동남쪽에 있는 베르디얀스크 방향으로 진군하여 아조프해로 진출하여 러시아가 점령했던 육로회랑을 양분시킬 수 있다. 돈바스 지역에서는 우크라이나군과 러시아군이 바흐무트 지역을 둘러싸고 치열한 공방전을 벌이고 있다. 11월이 되면 우크라이나에서는 우기로 인한 라스푸티차 현상이 생길 것이므로 공세적인 군사작전을 하기가 어려워진다. 그래서 우크라이나군이 전선에서 큰 돌파구를 마련하기 위해 사용할 수 있는 시간이 많지 않은 상황이다.

V. 러시아의 핵무기 사용 가능성

1. 푸틴 대통령의 핵 위협

푸틴 대통령은 작년 9월 21일 30만 명의 예비군 부분 동원령을 발표하면서, 국토의 완전성을 수호하기 위해 모든 가용자원을 쓸 것이라고 언급했다. 그리고 이런 말이 엄포(bluff)가 아니라고 말했다. 서방에서는 모든 가용자원에는 핵무기가 포함된다고 보고 있다. 그 이후에도 지금까지 미국 등 서방측이 성능이 좋은 새로운 무기나 폭탄을 지원할 때마다 러시아는 메드베데프 러시아 국가안보회의 부의장을 중심으로 국제사회에 러시아가 핵 카드를 쓸 수 있다는 협박을 수시로 해왔다.

2010년 개정된 러시아의 핵 독트린에 보면 국가 존립이 위협받을 때 재래식 무기로 공격해오는 적에게 핵무기를 사용할 수 있다고 되어 있다. 이것은 적국이 핵무기를 사용하여 러시아를 공격하지 않아도 핵무기로 적국을 공격할 수 있다는 것으로 핵무기 선제사용을 규정한 것이다.

2. 핵무기 사용의 리스크

핵무기를 사용하는 것은 엄청난 리스크를 동반하기 때문에 전쟁에서도 쉽게 쓸 수 있는 무기는 아니다. 핵무기는 전략핵무기와 전술핵무기로 구분할 수 있는데, 보통 폭발력을 기준으로 1킬로톤에서 수십 킬로톤의 폭발력을 지닌 것을 전술핵무기, 수십 킬로톤 이상의 폭발력을 가진 것을 전략핵무기라고 한다.

만약 러시아가 도시 하나를 날려버릴 수 있는 폭발력을 지닌 전략핵무기를 사용할 경우, 국제사회가 받을 충격은 엄청날 것이고, 러시아는 미국과 핵전쟁을 할 각오를 해야 한다. 그래서 서방 전문가들은 그것은 자살행위이므로 러시아가 전략핵무기는 사용할 수 없다는 데 대체로 의견이 일치한다. 그래서 국제사회가 주로 우려하는 것은 러시아가 전술핵무기를 사용할 가능성이다.

러시아가 우크라이나에서 전술핵무기를 사용할 경우, 세 가지의 큰 리스크가 있다. 그것은 우선 다량의 방사능 유출 문제이다. 전술핵무기를 사용하면 다량의 방사능이 유출되기 때문에 핵무기를 터뜨린 지역은 더 이상 사용할 수 없는 땅이 된다.

두 번째는 러시아 지역의 피해이다. 전쟁 국면을 바꾸기 위해 전술핵무기를 전투 중인 지역에서 사용한다면, 그것은 러시아가 자국 영토로 선언한 우크라이나 땅이다. 전장이 러시아와 가까운 접경지역이기 때문에 핵무기 사용 후 바람이 러시아 쪽으로 불면 접경지역의 방대한 식량 생산지역이 방사능으로 인해 농사를 망치게 된다.

세 번째는 러시아의 고립 가능성이다. 중국은 러시아가 핵무기를 사용하지 말도록 압박하고 있는데, 러시아의 우군이라 할 수 있는 중국과 인도도 러시아에 등을 돌릴 가능성이 크다. 이러한 리스크들을 종합적으로 감안할 때, 전술핵무기는 쉽게 쓸 수 있는 무기가 아니다.

3. 러시아의 핵무기 사용 시 미국 등 서방의 대응방안

러시아가 전술핵을 사용할 경우, 미국 정부가 어떤 방식으로 대응할 것인지에 대해 미국 정부가 공식적으로 밝힌 내용은 없다. 워싱턴에서 흘러나오는 내용을 종합하면, 미국이 어떻게 대응할지에 대한 힌트를 얻을 수 있다. 그것은 우선 러시아가 전술핵을 쓰면 미국은 강력히 대응한다는 것이다. 강력하게 대응한다는 것은 미국과 나토가 군사적으로 직접 개입한다는 의미이다.

러시아의 전술핵 사용할 경우, 미국이 강력하게 대응할 수밖에 없는 실질적 이유도 있다. 그것은 핵보유국이 핵을 보유하지 않은 국가에 핵을 사용하는 문제이다. 러시아가 우크라이나에 대해 핵무기를 사용하는 것을 묵인하면, 자국의 안보에 대해 불안을 느끼는 많은 국가들이 핵무기 개발을 추진할 것이고, 비확산조약(NPT)은 무용지물이 되어 버린다. 이것은 우크라이나 전쟁을 넘어서 전 세계의 문제로 확산될 것이기 때문에 미국이 강력하게 대응할 수밖에 없는 것이다.

그러나 러시아가 핵무기를 사용했을 때 미국은 러시아와의 핵전쟁을 피하기 위해 핵무기가 아니라 재래식 무기로 대응할 것으로 보인다. 우크라이나 전쟁에서 보여준 미국산 무기의 탁월한 성능을 볼 때, 미국은 재래식 무기로 우크라이나에 있는 러시아군과 흑해 지역의 러시아 함대를 충분히 초토화시킬 수 있다고 생각하고 있다.

VI. 우크라이나의 EU 및 나토가입 문제

1. 우크라이나의 EU 가입 문제

우크라이나 정부는 2019년 초 유럽연합의 가입추진과 함께 나토가입을 추진한다는 내용을 헌법에 각인시킨 바 있다. 우크라이나 국민은 우크라이나의 미래는 유럽연합(EU)에 있다는 믿음이 확고하다. 2013년 말, 우크라이나에서 벌어진 유로마이단 혁명은 당시 친러시아 대통령이었던 야누코비치가 EU-우크라이나 제휴협정(association agreement)의 서명을 불과 며칠 앞두고 이 협정을 서명하지 않겠다고 발표함으로써 촉발된 것이었다. 제휴협정은 유럽연합 가입의 전 단계로서 우크라이나가 이를 토대로 자국의 각종 규정을 유럽연합의 기준에 합당하게 개정하도록 하고 있다. 2019년 초에는 유럽연합의 가입을 추진한다는 것을 헌법에 포함시킬 정도였다.

러시아가 우크라이나를 침공한 일주일 후에 우크라이나는 EU에 "fast track(신속 가입 절차)" 가입을 신청했다. 그리고 작년 여름 EU는 우크라이나에 공식적인 후보 자격을 부여했다. EU 관리들은 우크라이나의 나토가입 여부와 상관없이 우크라이나의 EU 가입이 필요하다고 보고 있다. 그러나 EU의 가입은 최소한 수년이 걸리는 어려운 과정이다. EU 가입에 관한 문제가 EU 확대에 대한 피로감이 지배하고 있는 시점에 제기된 것은 우크라이나에게 불운이라고 볼 수도 있다.

우크라이나가 EU에 가입하기 위해서는 민주적 규범을 공고히 하고, 사법부의 독립, 부패퇴치를 위한 전면적인 개혁이라는 어려운 과정을 거쳐야 한다. 우크라이나의 나토가입이 실현되기가 매우 어려운 상황에서 EU 가입까지 실현되지 않을 경우, 우크라이나 국민들은 큰 배신감을 느낄 가능성이 크다. 그것은 서방에 대한 반감으로 이어져 친서방 정권의 생존을 위태롭게 할 수도 있다.

2. 우크라이나의 나토가입 문제

우크라이나의 나토가입 문제는 러시아가 우크라이나의 침공 이유로 삼았을 정도로 중대한 사안이다. 우크라이나는 러시아가 침공한 이후 우크라이나의 안전보장을 확보하기 위해 나토가입을 강력히 희망했으나, 나토가입을 위한 실질적 조치는 여전히 이루어지지 않았다.

우크라이나 정부는 금년 7월 11~12일 리투아니아의 수도 빌뉴스에서 개최된 나토 정상 회의에서 우크라이나의 나토가입에 대한 정치적 결정이 이루어지기를 고대했으나, 나토 회원국 간의 이견으로 그 희망이 실현되지 못했다. 폴란드와 발트 3국 등 대부분의 동유럽 국가들은 유럽의 안정과 평화를 위해 우크라이나의 신속한 나토가입을 지지하였으나, 미국과 독일은 우크라이나의 나토가입 추진은 러시아와의 무력 충돌 야기의 우려가 있다며 이에 대해 유보적 입장을 보였다. 그리고 우크라이나의 나토가입을 추진하기보다는 러시아를 패퇴시키기 위해 우선 우크라이나에 대한 나토의 군사적 지원에 초점을 맞춰야 한다고 주장했다.

결국 금년 리투아니아 나토 정상회의에서는 우크라이나의 나토가입에 대한 정치적 선언이나 구체적인 일정표를 제시하지 못했다. 대신 우크라이나가 미래에 나토의 일원이 될 것이라는 점을 약속하고, "회원국 자격 행동계획(membership action plan)"을 면제해주고 조건이 갖추어졌을 때 우크라이나의 나토가입을 추진한다는 점을 명시했다. 이러한 결과에 대해 젤렌스키 대통령은 실망과 불만을 표시하였으나, 우크라이나의 나토가입이 그 전보다 더 가까워졌다는 점은 분명하다.

미국 정부는 우크라이나의 나토가입 대신 "이스라엘 모델"을 통한 안전보장을 검토하고 있다. 이스라엘 모델은 미국이 중동국가에 둘러싸인 이스라엘과 동맹을 맺지 않고, 군사원조 및 군사기술 및 정보를 제공함으로써 이스라엘의 안보를 지키는 방안이다. 다만 이스라엘의 경우, 이스라엘 자신이 핵무기를 보유하고 있을 뿐 아니라, 주변의 적이 이슬람 테러리스트 조직이거나 이웃 중동국가들인데 반해, 우크라이나의 경우에는 핵무기를 갖고 있지 않고(1994년 부다페스트 각서를 통해 우크라이나가 보유했던 핵무기와 ICBM을 포기했다), 우크라이나의 적이 핵무기를 보유한 러시아라는 강대국이라는 점에서 이스라엘이 처한 상황과는 다르다는 시각이 상당히 있다.

VII. 우크라이나 전쟁과 한반도

1. 북-러 정상회담 개최

김정은 북한 국무위원장은 9월 12~17일 러시아를 방문하여 9월 13일 아무르주의 보스토치니 우주기지에서 블라디미르 푸틴 러시아 대통령과 정상회담을 개최했다. 북한과 러시아 정부는 이 정상회담의 합의사항에 대해 발표하지 않았으나, 이 회담에서 러시아가 북한의 포탄과 미사일 등 재래식 무기를 지원받기 위해 어떤 대가를 제공하는지가 핵심 문제이다. 당초 러시아는 작년부터 중국으로부터 무기를 지원받고자 하였으나, 미국 정부는 중국이 러시아에 군사적 지원을 제공할 경우, 양국 관계에 심각한 결과가 초래될 것이라고 경고하여, 중국이 러시아에 군사적 지원을 하지 못하게 막고 있다. 러시아는 이란으로부터 드론을 제공받아 우크라이나 전쟁에서 활용하고 있다.

이번 북-러 정상회담 결과로 러시아는 북한으로부터 우크라이나 전쟁에서 절대적으로 필요한 포탄과 미사일을 제공받고, 그 대신 북한에게 북한이 필요한 식량과 연료 등을 제공할 것으로 보인다. 그 외에도 러시아는 북한이 필요로 하는 정찰위성, 대륙간 탄도미사일 관련 기술 및 핵잠수함개발과 관련된 기술을 제공할 수도 있다. 양국 간의 협력에서는 군사 기술협력이 핵심이지만, 그 외에 경제협력, 농업협력 등 포괄적인 협력관계를 추진하고 있다. 종합적으로 볼 때 러시아와 북한은 군사동맹에 준하는 협력관계를 구축하려는 의지를 갖고 있는 것으로 보인다.

2. 북-러 정상회담이 한반도와 우크라이나 전쟁에 미치는 영향

이와 같은 러시아와 북한의 군사 기술협력은 북한의 군사력을 더욱 업그레이드할 것이라는 점에서 한반도에 매우 부정적인 영향을 미칠 것으로 보인다. 북한이 포탄과 미사일을 제공하는 대가로 러시아의 정찰위성, ICBM 관련 기술 또는 핵잠수함 기술을 지원받는 거래가 이루어진다면, 이는 한반도의 안보 지형을 흔드는 엄청난 위협이 될 수 있다.

러시아가 북한으로부터 포탄과 미사일 등을 제공받는다면, 우크라이나 전쟁을 위한 물자를 확보하게 된다는 점에서 이 전쟁에 큰 영향을 미칠 것이며, 전쟁은 더욱 장기화로 갈 것이다. 미국의 정보기관에 의하면 작년 12월 북한은 우크라이나에 있는 러시아의 민간 용병 그룹인 바그너 그룹에게 미사일을 제공한 것이 포착되기도 했다. 우크라이나군은 러시아로 향하던 북한제 포탄을 제3국에서 압수하여 우크라이나 전쟁에서 사용하고 있기도 하다.

푸틴 대통령은 러시아와 북한의 군사 기술협력은 국제법의 틀 안에서 이루어질 것이라고 언급했다. 그것은 유엔의 상임이사국인 러시아가 유엔안보리의 제재를 받는 북한과 군사협력을 하는 데 대한 비판을 피하려고 그렇게 말했을 것이다. 양국 간의 군사협력의 핵심은 러시아와 북한 간의 무기 거래인데, 그것은 유엔안보리 결의에 바로 위반되는 것이다. 즉, 러시아와 북한의 군사 기술협력이 국제법의 틀 안에서 이루어질 가능성은 거의 없다.

윤석열 대통령은 9.21. 유엔총회 기조연설에서 북한이 러시아에 재래식 무기를 지원하는 대가로 대량살상 무기 능력강화에 필요한 정보와 기술을 얻게 된다면, 우리 안보에 큰 위협이 될 것이라고 언급하고, 대한민국과 동맹국, 우방국들은 이를 좌시하지 않으리라고 강력히 경고했다.

VIII. 향후 전망(2023.9.25. 현재 작성한 향후 전망임)

1. 교착상태와 Korean Model

서방 전문가들은 우크라이나군과 러시아군 모두 상대방을 압도할 만한 군사력을 갖고 있지 않기 때문에, 전쟁이 향후 교착상태에 빠질 가능성이 크다고 보고 있다. 이런 교착상태가 지속되면 어느 한쪽이 먼저 지치거나, 양측 모두 지치는 상황이 오게 되어 양국 간 평화협상이 재개될 가능성이 높아질 것이다.

다른 가능성은 평화협정 없이 전쟁이 종결될 가능성이다. 한국전쟁의 막바지 상황과 유사한 전황으로 한국전쟁에서는 결국 평화협정 체결 없이 정전협정체결로 전쟁이 종료되었다. 서방 전문가들은 이를 "Korean Model"이라고 부르면서, 평화협정체결 없이 전투가 종료되는 지점이 새로운 국경선이 될 가능성이 크다고 보고 있다.

앞으로 전쟁이 더욱 장기화되어 감에 따라 러시아는 중국, 이란, 북한 등의 지원을 더욱 필요로 할 것이다. 그리고 러시아와 이들 국가 간의 협력은 더욱 긴밀해질 것으로 예상된다. 중국은 서방의 제재 우려로 러시아에 직접적으로 무기를 제공하고 있지는 않고 있다. 그러나 러시아의 정밀무기 생산을 위해 필요한 컴퓨터 칩과 같은 이중 용도 품목의 선적을 확대하고 있는 것으로 알려져 있다.

2. 향후 전쟁에 영향을 미칠 변수들

향후 우크라이나 전쟁의 양상을 바꿀 수 있는 변수들이 몇 가지 있다. 첫째는 서방이 우크라이나에 지원할 무기이다. 미국의 M1 에이브 람스 전차, 미국산 ATCMS 장거리 미사일, 서방국들이 보유하고 있는 F-16 전투기의 지원 등이 전황을 바꿀 수 있는 게임 체인저가 될 수 있을지에 대해 많은 관심을 받고 있다. 한 가지 무기가 전황을 바꿀 결정적인 게임 체인저가 되기는 어렵다. 그러나 여러 가지 고성능 무기들의 지원이 결합되면 전장에서 우크라이나가 우위에 서는 데 중요한 역할을 할 수 있다.

둘째는 러시아의 국내정세 또한 향후 전쟁에 영향을 줄 주요 변수이다. 금년 6월 24~25일 발생한 바그너 그룹의 무장반란이 푸틴 체제의 취약성을 노출시키면서 러시아 국내에 큰 충격을 가져왔지만, 프리고진이 전용기 추락으로 사망하면서 푸틴 체제는 다시 강화되었다. 현재까지 우크라이나에서 진행되고 있는 "특별군사작전"에 대한 러시아 국민의 지지는 확고하다. 러시아 국민의 80% 정도가 러시아의 특별군사작전을 지지하고 있고, 러시아를 포위하고 있는 서방에 대해 러시아의 자위를 위해 그 작전이 필요하다고 믿고 있다.

그러나 만약 우크라이나의 대반격이 성공해서 러시아가 현재 점령하고 있는 우크라이나 영토의 상당 부분을 잃는다거나, 우크라이나가 크림반도 탈환에 성공할 경우, 러시아로서는 전쟁의 실패가 명확해지고, 푸틴 대통령이 사임해야 할 수도 있다. 아울러 내년 3월 러시아의 대선에서 현 집권층의 다른 엘리트가 푸틴 대통령의 후계자로 출마하여 대통령이 된다면, 러시아의 미래를 위해서 종전을 추진할 가능성도 있다. 그 반대로 우크라이나 전쟁에 더욱 강경하게 나올 가능성도 존재한다.

셋째는 서방사회에서의 전쟁에 대한 피로감 문제이다. 우크라이나의 핵심 지원세력인 미국과 유럽 내에서 전쟁에 대한 피로감이 증대되고 있다. 우크라이나에 대한 핵심 지지국가인 미국 내 여론조사를 보면 우크라이나 지원을 지지하는 여론이 감소하고 있다. 내년 11월 미국대선에서 트럼프 대통령이 바이든 대통령을 이기고 재선에 성공한다면, 공화당이 주도하여 우크라이나에 대한 지원을 대폭 줄일 수가 있는데, 그것은 우크라이나에 치명적인 결과를 초래할 것이다.

향후 전쟁에 영향을 끼칠 여러 가지 변수들이 있어서 현시점에서 어떤 방향으로 가게 될지 예측하는 것은 매우 어려운 문제이다. 우크라이나 전쟁은 금년 겨울을 넘기면서 내년으로 계속 진행될 것으로 보인다. 그러나 양국이 수행하고 있는 소모전(war of attrition)에서 인적 · 물적 자원의 손실이 끊임없이 발생하고 있다. 양국이 전쟁을 위한 자원을 무한히 동원하기는 어려울 것이라는 점에서 내년 어느 시점에 전쟁 종식을 위한 중요한 계기가 생길 가능성이 있을 것으로 예상해 볼 수 있다.

Current Status, Key Issues, and Future Prospects of the Ukraine-Russia War

Ki-chang Kwon

‖ Former Ambassador to Ukraine and Democratic Republic of Congo,
Current Vice Chairman of the Korea Importers Association

I. Introduction

The Ukraine war, which began with Russia's invasion on February 24, 2022, has had widespread global impacts. The aftermath of the war has led to the collapse of the rules-based liberal order, entrenching a new Cold War, with authoritarian states such as Russia, China, North Korea, and Iran strengthening their cooperation against the Western democratic alliance.

The war in Ukraine has caused a sharp increase in the prices of energy, food, and various raw materials, leading to high inflation worldwide. Each country is weaponizing resources, further complicating global supply chain issues. Our country, which is highly dependent on overseas energy and resources, is also experiencing the negative effects of the war.

In this article, I will first explore the historical background of Ukraine and Russia, the causes of the war, the current status of the conflict, key issues (such as Russia's nuclear threat, Ukraine's EU and NATO membership issues, and the implications for the Korean Peninsula), and future prospects.

II. Historical Origins of Ukraine

The origins of Ukraine trace back to the Kievan Rus principality, established in AD 882. In fact, the Kievan Rus principality is the origin of Ukraine, Russia, and Belarus. The peoples of these three countries constitute the East Slavs. Between the 8th and 11th centuries AD, population explosions in Scandinavia led the Vikings residing there to venture across the seas. In AD 862, Rurik, a powerful leader from Sweden, and his kin moved to Novgorod in northwest Russia. Oleg, a member of Rurik's family, won the power struggle and established the Kievan Rus principality in AD 882. The ruling class of the Kievan Rus principality were Swedes, while the ruled were East Slavs.

Under Grand Prince Vladimir, the Kievan Rus adopted Greek Orthodoxy as the state religion and expanded its territory signi -ficantly. During the reign of his son, Yaroslav the Wise, Ukraine's most famous building, Saint Sophia Cathedral, was constructed. He also married his daughters into the royal families of France, Hungary, and Norway, earning him the title father-in-law of Europe. In the 10th to 12th centuries, the Kievan Rus principality occupied the largest territory in Europe and was a major European power.

However, in AD 1240, Batu Khan, the grandson of Genghis Khan, led 120,000 troops to invade the Kievan Rus, devastating it. This led to the decline of the Kievan Rus principality, with the center of Slavic power shifting to the growing Muscovy principality. For 300 years after the fall of the Kievan Rus, various nations, including Lithuania, Poland, and Russia, ruled Ukraine. Under Polish rule, Cossack military organizations were active in Ukraine, but in 1654, the Treaty of Pereyaslav brought Ukraine under Russian control. Ukraine gained independence from the Soviet Union in 1991.

III. Debate on the Causes of the War

There are two opposing views on the causes of the Ukraine-Russia war. One view holds that the war was caused by NATO's eastward expansion, which posed an existential threat to Russia, prompting it to start the war. The other view attributes the war to President Putin's ambition to rebuild the great Russian Empire, making Russia responsible for the war.

First, let's consider the perspective that blames NATO's eastward expansion. After World War II, the United States and Western European countries founded NATO(North Atlantic Treaty Organization) in 1949 to protect European security against the Soviet threat. John Mearsheimer, a professor at the University of Chicago, is a leading advocate of this view. He argues that as NATO, a collective security organization, expanded eastward toward Russia's borders, Russia felt an existential threat and initiated the war in response. Mearsheimer includes Ukraine's NATO member -ship push as part of this eastward expansion. While Russia invaded Ukraine, Mearsheimer asserts that NATO's expansion, led by the US, essentially forced Russia's defensive reaction, thus placing the blame on the US. Russia's stance is similar to Mearsheimer's argument.

The second perspective is that Putin initiated the war out of a desire to rebuild the great Russian Empire, driven by imperialism, expansionism, and irredentism. From this viewpoint, NATO's eastward expansion, including Ukraine's push for membership, is merely an excuse for Russia's invasion. Western experts supporting this view argue that Ukraine's NATO membership efforts started under the pro-Western President Yushchenko, not just before the war, contradicting Russia's claims. Among these two perspectives, the prevailing view in the West is that Putin's imperial ambitions, not NATO's expansion, are the cause of the Ukraine war.

IV. Current Status of the War

1. Period before Ukraine's Counteroffensive

Last year, President Putin invaded Ukraine with the goals of demilitarization and denazification but failed to achieve these objectives. According to an investigative report by the Washington Post, the Russian military aimed to capture the capital Kyiv within 3~4 days and occupy the entire country within 3~4 weeks. However, strong resistance from the Ukrainian military and swift military aid from the West prevented Russia from achieving its goals.

After this failure, the Russian military switched to Plan B, focusing on securing the eastern Donbas region, southern Kherson, and a land corridor connecting these areas. By June last year, Russia occupied about 23% of Ukrainian territory, including Crimea, which was illegally annexed in 2014, and parts of eastern Donbas. However, since September last year, Ukraine launched a counteroffensive, fully reclaiming the northeastern Kharkiv region and recapturing southern Kherson, recovering about half of the territory previously occupied by Russia.

However, since December last year, Ukraine has not made significant progress on the battlefield. With the arrival of winter, adverse weather conditions, especially the recurring phenomenon of "rasputitsa" (when frozen ground turns into a mudbath), hindered tank and armored vehicle advances. Additionally, many of the weapons provided by the West were depleted during combat, leaving Ukraine at a disadvantage compared to Russia in terms of equipment.

Ukraine had announced a major spring offensive in 2023 but could not start it on time due to delays in receiving military aid from the West. When Ukraine deemed it had enough weapons from the West, it launched a major counteroffensive on June 4, which is now in its fourth month.

2. Status of Ukraine's Counteroffensive

Ukraine's counteroffensive is mainly focused on the Bakhmut region in the east and the Zaporizhia region in the south. Since the counteroffensive began in early June, there have been small successes, such as recapturing a few villages near Bakhmut and in Zaporizhia, but no significant breakthroughs. This delay allowed Russia about seven months to fortify its defenses.

The Russian military has built a triple-layered defense along the front line, including anti-tank minefields, trenches, dragon's teeth anti-tank obstacles, and anti-tank trenches, making it difficult for the Ukrainian forces to penetrate. Ukraine suffered significant losses, with many soldiers killed and about 20% of the Western -supplied tanks and armored vehicles lost in the early stages of the counteroffensive.

The substantial initial losses were mainly due to Ukraine's

inability to conduct joint operations using fighter jets because of its inferior air power. Initially, Ukraine held back the troops trained in the West but later deployed nine brigades trained in the West to the Zaporizhia front, along with German-made Leopard tanks and American Bradley infantry fighting vehicles. While Western experts view the current situation as a stalemate, US government officials believe Ukraine is making steady progress, albeit slowly.

In early September, Ukraine captured the strategic point of Robotyne in the Zaporizhia region, breaching Russia's first line of defense. If Ukraine captures Tokmak, a strategic location 20km south of Robotyne, it could split the land corridor occupied by Russia by advancing either towards Melitopol to the southwest or Berdyansk to the southeast, reaching the Sea of Azov. In the Donbas region, fierce battles continue between Ukrainian and Russian forces around Bakhmut. With the rainy season expected in November, which will make aggressive military operations difficult due to rasputitsa, Ukraine has limited time to secure a significant breakthrough on the front lines.

V. Possibility of Russia Using Nuclear Weapons

1. President Putin's Nuclear Threat

In a partial mobilization order for 300,000 reservists on

September 21 last year, President Putin mentioned using all available resources to defend national integrity, explicitly stating that this was not a bluff. The West interprets "all available resources" to include nuclear weapons. Since then, Russia has periodically threatened to use nuclear weapons through officials like Dmitry Medvedev, Deputy Chairman of Russia's Security Council, whenever the West provided Ukraine with new advanced weapons or bombs.

According to Russia's revised nuclear doctrine in 2010, nuclear weapons can be used against conventional military attacks threatening the nation's existence. This implies a preemptive use of nuclear weapons even if the enemy does not use them first.

2. Risks of Using Nuclear Weapons

Using nuclear weapons carries enormous risks, making them hard to deploy even in war. Nuclear weapons are classified into strategic and tactical types based on their explosive power. Tactical nuclear weapons typically have an explosive yield of 1 to tens of kilotons, while strategic nuclear weapons have yields of tens of kilotons or more.

If Russia uses a strategic nuclear weapon capable of destroying an entire city, the global shock would be immense, and Russia would have to be prepared for a nuclear war with the US. Western experts generally agree that using strategic nuclear weapons would be suicidal for Russia. Therefore, the international community is mainly concerned about the potential use of tactical nuclear weapons by Russia.

Using tactical nuclear weapons in Ukraine poses three major risks. Firstly, there would be significant radioactive contamination, rendering the area unusable. Secondly, the fallout could affect Russian territories, especially the vast agricultural regions near the border. Thirdly, Russia could face severe international isolation, with even its allies like China and India turning against it.

Considering these risks, using tactical nuclear weapons is not a viable option.

3. Western Response to Russia's Use of Nuclear Weapons

There is no official statement from the US government on how it would respond if Russia used tactical nuclear weapons. However, information from Washington suggests that the US would respond forcefully, implying military intervention by the US and NATO.

If Russia uses nuclear weapons against a non-nuclear state, it would set a dangerous precedent, prompting many countries to develop nuclear weapons, rendering the Nuclear Non-Proliferation Treaty(NPT) ineffective. This global issue compels the US to respond decisively. However, to avoid a nuclear war with Russia, the US is likely to use conventional weapons, given their demonstrated effectiveness in the Ukraine war, to decimate Russian forces in Ukraine and the Black Sea fleet.

VI. Ukraine's EU and NATO Membership Issues

1. Ukraine's EU Membership Issue

In early 2019, the Ukrainian government enshrined its pursuit of EU and NATO membership in the constitution. Ukrainians firmly believe in their future with the EU. The Euromaidan revolution in late 2013 was triggered by the pro-Russian President Yanukovych's announcement that he would not sign the EU-Ukraine Association Agreement, which was seen as a prelude to EU membership.

A week after Russia invaded Ukraine, Ukraine applied for fast-track EU membership. Last summer, the EU officially granted Ukraine candidate status. EU officials believe that Ukraine's membership is necessary regardless of its NATO accession. However, the EU membership process is complex and time-consuming, potentially taking several years.

For Ukraine to join the EU, it must solidify democratic norms, ensure judicial independence, and undertake comprehensive reforms to combat corruption. If EU membership is not realized alongside NATO membership, Ukrainians may feel betrayed, leading to resentment against the West and jeopardizing the survival of the pro-Western regime.

2. Ukraine's NATO Membership Issue

Ukraine's push for NATO membership is a central issue, cited by Russia as a reason for its invasion. Ukraine has strongly desired NATO membership for security assurance since the invasion, but practical steps have yet to be taken.

At the NATO summit held in Vilnius, Lithuania, on July 11-12 this year, Ukraine hoped for a political decision on its NATO membership. However, differing opinions among NATO members prevented this. While Poland, the Baltic states, and most Eastern European countries supported swift NATO membership for Ukraine, the US and Germany were cautious, fearing it could provoke a direct military confrontation with Russia.

The Vilnius summit did not provide a political declaration or a concrete timeline for Ukraine's NATO membership. Instead, it promised that Ukraine would become a NATO member in the future, exempted it from the Membership Action Plan, and stated that membership would proceed when conditions are met. Despite President Zelensky's disappointment, Ukraine's NATO membership is closer than before.

The US government is considering a security guarantee for Ukraine based on the "Israeli model," where the US provides military aid, technology, and intelligence without forming an alliance.

However, unlike Israel, which possesses nuclear weapons and faces threats from terrorist groups and neighboring countries, Ukraine's adversary is nuclear-armed Russia, making the situations different.

VII. Impact of the Ukraine War on the Korean Peninsula

1. North Korea-Russia Summit

From September 12~17, North Korean Chairman Kim Jong-un visited Russia and held a summit with Russian President Vladimir Putin at the Vostochny Cosmodrome in Amur Province on September 13. While the specific agreements from the summit were not disclosed, the core issue is what Russia will offer in exchange for conventional weapons like artillery shells and missiles from North Korea. Initially, Russia sought military support from China, but the US warned China of severe consequences, preventing Chinese military aid to Russia. Russia has received drones from Iran for use in the Ukraine war.

As a result of the summit, Russia is expected to receive essential artillery shells and missiles from North Korea for the Ukraine war, while providing food and fuel in return. Additionally, Russia may offer reconnaissance satellite, ICBM-related technology, and nuclear

submarine development technology to North Korea. The coope
-ration extends to military technology, economic, and agricultural
cooperation, indicating a near-military alliance between Russia and
North Korea.

2. Impact of North Korea-Russia Summit on the Korean Peninsula and the Ukraine War

The military technology cooperation between Russia and North
Korea is expected to significantly upgrade North Korea's military
capabilities, posing a serious threat to the Korean Peninsula. If
North Korea trades artillery shells and missiles for Russian
reconnaissance satellite, ICBM technology, or nuclear submarine
technology, it would be a substantial security threat to the Korean
Peninsula.

Receiving weapons from North Korea would bolster Russia's
supplies for the Ukraine war, potentially prolonging the conflict.
Last December, US intelligence detected that North Korea provided
missiles to Russia's Wagner Group in Ukraine. Ukrainian forces
have also seized North Korean-made shells intended for Russia
and used them in the Ukraine war.

President Putin stated that the military technology cooperation
with North Korea would be within the framework of international
law, likely to avoid criticism for violating UN sanctions against
North Korea. However, the core of the cooperation, the arms trade,

directly violates UN Security Council resolutions, making it improbable that such cooperation would adhere to international law.

In his keynote address to the UN General Assembly on September 21, President Yoon Suk-yeol warned that if North Korea acquires information and technology to enhance its WMD capabilities in exchange for supporting Russia, it would pose a significant threat to our security. He emphasized that South Korea, its allies, and friendly nations would not tolerate this.

VIII. Future Prospects (as of September 25, 2023)

1. Stalemate and the Korean Model

Western experts believe that the war is likely to reach a stalemate as neither Ukraine nor Russia possesses the military capability to decisively overwhelm the other. A prolonged stalemate could lead to exhaustion on either side or both, increasing the likelihood of peace negotiations resuming.

Another possibility is the war ending without a peace agreement, similar to the Korean War, which concluded with an armistice rather than a peace treaty. Western experts refer to this as the "Korean Model," suggesting that the point at which combat ceases without a peace treaty could become the new border.

As the war drags on, Russia will increasingly rely on support from China, Iran, and North Korea, tightening their cooperation. Although China has not directly provided weapons to Russia due to fear of Western sanctions, it has reportedly increased shipments of dual-use items, like computer chips, essential for Russia's precision weapon production.

2. Variables Affecting the Future of the War

Several variables could change the course of the war in Ukraine. First is the weaponry provided by the West to Ukraine. The supply of US M1 Abrams tanks, ATCMS long-range missiles, and F-16 fighter jets from Western countries could be potential game-changers. While no single weapon can decisively change the war's outcome, the combined support of high-performance weapons could play a crucial role in giving Ukraine an advantage on the battlefield.

Secondly, the domestic situation in Russia is another key variable. The armed rebellion by the Wagner Group on June 24~25 revealed the vulnerability of Putin's regime, causing significant domestic shock. However, with Prigozhin's death in a plane crash, Putin's regime has been reinforced. Currently, about 80% of Russians support the special military operation in Ukraine, believing it necessary for Russia's self-defense against the encircling West.

However, if Ukraine's counteroffensive succeeds in reclaiming significant territories or even Crimea, the failure of the war could become evident, potentially leading to President Putin's resignation. In the March 2024 Russian presidential election, if another elite from the current ruling class runs and wins, there could be a push for an end to the war for Russia's future. Conversely, there could also be a more aggressive stance on the Ukraine war.

Thirdly, there is growing war fatigue within the Western societies supporting Ukraine. Public support for aid to Ukraine is declining in core supporter countries like the US. If former President Trump defeats President Biden in the November 2024 US presidential election, the Republican-led reduction in support for Ukraine could have disastrous consequences for Ukraine.

With various variables influencing the future of the war, predicting its course remains highly challenging. The war in Ukraine is expected to continue into next year, passing through this winter. However, as the attritional war causes continuous human and material losses, there may come a significant turning point for ending the war sometime next year.

남북한 사람들의 갈등과 해결방안
—볼프의 정체성의 재조정을 중심으로

하충엽

‖ 숭실대학교 교수

Ⅰ. 들어가는 말

본 연구는 남북한 사람들의 갈등의 원인 중 하나가 남북한 사람들이 서로 다른 환경에서 살면서 형성된 정체성의 다름에 있음을 기술하는 것이다. 이것은 주로 북한 사람들을 이해하고자 하는 내용을 주로 기술하였으며, 나아가 탈북민을 통하여 이해하는 내용을 다루고자 한다. 그리고 그 갈등해결의 방안으로 미라슬로브 볼프(Miroslove Volf)의 정체성 재조정을 제안하고자 한다.

미로슬라브 볼프(Miroslav Volf)[1]는 세계에서 일어나는 각종 분쟁 지역의 내용을 언급한다. 그에 의하면, 갈등의 근본 원인은 "인종적 편견과 억압"(racial prejudice and oppression)[2]이다. 그 결과는 나치

---

1) 미로슬라브 볼프, 박세혁 역, 『배제와 포용』(서울: IVP, 2012).

의 유대인 대량 학살 계획과 같은 "야만성의 분출"(outbursts of receding barbarism)이다. 볼프는 탈냉전 시대에 "종족 간의 증오"(the tribal hatreds)[3]가 가장 심각한 문제임을 지적한다. 볼프는 민족적, 인종적 갈등의 문제(the problem of ethnic and cultural conflicts)는 정체성과 타자성(identity and otherness)이라는 큰 문제의 일부로 봤다.[4]

북한의 지상 사업은 남조선을 미제국주의로부터 해방시키는 혁명 과업이다. 북한은 사상혁명, 문화혁명, 교육혁명, 혁명과업을 이루는 공간이 되었다. 토대가 나쁜 사람은, 성분이 나쁜 사람들은 함께 섞여 있을 수가 없는 것이다. 대학을 진학할 때도 많은 영향을 주는 것이 성분이다. 즉, 불결한 토대, 불결한 적대 성분은 오염원이 되는 것이다. 혁명과업에 있어서 그들은 분리시켜야 되는 대상이다. 이것은 북한이 배제의 땅이 되었다는 것을 말해 주는 것이다.

북한이라는 주적을 마주하고 있는 남한에서 반공(anti-Commu -nist ideology)이 신성화된 경향이 나타나기도 한다. 반공이라는 것은 안보를 강화시키는 빛의 역할을 충분히 하고 있다. 북한이라는 주적이 존재하기 때문이다. 지금도 여전히 남과 북은 핵무기와 미사일을 마주하는 대립 상황에서 대한민국의 안보는 중요하다. 이것은 다른 이유를 댈 수 없이 중요하다.

다른 한편으로는 그 빛의 뒤에 있는 그림자도 함께 존재하는 것이다. 그 그림자는 반공이라는 것을 조금이라도 약화시키는 타자를 종북의

---

2) 위의 책, 20.

3) 위의 책, 21.

4) 위의 책, 22.

프레임으로 가두어 가는 자동판(제3차원적 권력)이다. 이러한 현상은 가족 안에서도 세대별로 갈등을 일으킨다. 이러한 현상은 자세히 들여다 보면 문화의 정체성을 신성화하고 이를 통한 잔혹한 행위에 정당성을 부여하게 되는 것을 발견한다.

남북한 공동체는 분단 기간 동안 서로를 타자로 만들었고 다른 환경과 사상과 체제에서 살았다. 이것은 서로 다른 정체성을 가지게 되었다. 이러한 면에서 볼프가 말한 것을 바탕으로 남북한 분단과 남남갈등을 정체성과 타자성이라는 범주에서 생각해 볼 수 있다.

남한과 북한이 70년이 넘게 분단된 상태에서 살았기 때문에, 혈통으로는 동포라고 이야기하지만 서로 다른 민족성(ethnicity)을 가지고 있다. 서로 다른 문화를 고유하게 형성되어 있다. 그리고 무엇보다도 서로에 대한 편견이 심각하고 증오심을 유발하는 감정이 있다. 이것은 남북한 간의 갈등(conflict)을 초래한다.

약 3만4천 명의 탈북민들이 남한 사회에 와서 이 갈등(conflict)을 경험한다. 남한 사람이 탈북민들이 북한 사람이기 때문에 깔보고, 탈북민의 말투와 생활 방식에서 북한의 문화가 표현되면 남한 사람은 이상하게 생각하고 그들을 열등하게 생각한다. 이것을 인식한 탈북민은 남한에 온 것을 한탄하게 되고 분노가 일어난다. 3만4천 명의 탈북민은 민족적 문화적 갈등들(ethnic and cultural conflicts)을 경험한다. 통일 이후에 5천만의 남한 공동체와 2천 5백만의 북한 공동체가 약 8천만의 공동체로 함께 살 때, 북한에서 형성된 인성과 남한에서 형성된 인성이 통일 후에 한순간에 갑자기 바뀌지 않는다면, 민족적 문화적 갈등들은 사회 문제로 크게 나타날 것이다.

II. 본론

1. 선한 양심으로 행하는 배제

근대화, 산업화, 현대화를 거쳐 온 남한 사람은 모든 사람이 정치적 의사 결정, 교육에 평준화, 직업에 대한 선택권 등에 평등한 권리를 지닌다. 남한은 새로운 것을 받아들이면서 계속 진보하며 확장하는 역사를 펼치고 있다. 이러한 남한 사람은 남한 땅으로 이주하여 들어온 탈북민을 '가난한 나라에서 온 사람들'이라고 운운할 때 배제하려는 태도를 지니기 쉽다. 이로 인하여 서로 간의 관계를 깨는 파괴성을 보게 된다. 탈북민이라는 '그들'과 대한민국에서 출생하여 성장한 '우리' 사이의 거리를 '우리'는 도덕적이고 문명화되었지만, '그들'은 불편하고 이상하고 열등하고 촌스럽고 폭력적이며 야만스럽다고 느껴지는 것으로 본다. 볼프에 의하면, "배제는 문명 안의 야만성이며, 선한 것들 사이의 악이고, 자아의 벽 안에 있는 타자에 대한 범죄다."[5] 다른 한편으로는, 자유 대한민국에 온 탈북민 사이에서도 배타가 발견된다. 연구자는 남한 땅에 온 탈북민들과 수년 동안 만났다. 평양에서 온 탈북민은 함경도에서 온 사람들 몇몇 사람들과 같이 연구자와 있는 개인적인 자리에서 평양에서 온 사람이 연구자에게 다음과 같이 말했다. "북한 같았으면 저 사람들은 내 곁에도 못 왔습니다."라는 말을 했다. 북한 사회에는 성분으로 갈라놓고 그 경계가 화석화되어 있다. 다른 측면에서 보면, 화석화된 인식은 탈북자 안에서 서로를 갈라치기에 대해 악으로 인식하지 않는다. 이것은 북에서 형성된 정체성이 남한 사회로 왔더라도 표출되는 것이다. 그리고 그들은 그것을 자연스럽게

---

5) 미로슬라브 볼프, 박세혁 역, 『배제와 포용』 (서울: IVP, 2012), 91.

느낀다.

북한에서 온 사람들은 북한에서 실질적으로 경제적으로 어렵게 살았다 하더라도 그들은 평등이라는 사회 관념을 가진 사람들이다. 그들은 북한에서 살 때 일주일에 두 번씩 호상 비판, 상호비판을 하는 체제에서 살았다.

자유민주주의에서 자란 남한 사람들과 경직화된 유일사상 체계에서 이분법적 구조로 가지고 있는 북한 땅에서 태어나서 자란 북한 사람들은 형성되어 있는 정체성이 서로 다르다. 그런데 남한 땅에 온 탈북민은 소수에 불과하다. 이 소수 그룹이 오천만 남한 사람 속에 들어와서 사는 것이다. 5천만 중에 적지 않은 사람들이 탈북민은 열등하고 촌스럽고 때로는 언제든 간첩이 될 수도 있고 또 언제든 탈북민은 소위 좌파와 함께 폭력에 가담할 대상으로 느끼고 있는 사람들이 있다. 그리고 이것은 탈북민에게 그대로 전달된다. 그리고 탈북민은 그것을 느끼지만, 소수자로서 자기 자신의 감정을 드러내지 않는 삶을 살아가는 탈북민들이 대부분이다. 그런 걸 볼 때 배타 현상은 대한민국에서 살아가는 남한 사람과 탈북민 사이에서도 발생되고 있다. 그러면 과연 남한 사람들은 이러한 인식과 태도가 잘못된 것이라고 스스로 느끼고 있을까? 그렇지 않다. 문제는 거기에 있다. 스스로가 북한 탈북민 3만 4천 명을 대하는 태도가 잘못됐고, 이것을 바꿔야겠다고 생각된다면 거기에는 교육의 자리가 들어갈 수가 있다. 그런데 그런 것을 스스로 바꿔야 할 필요성을 느끼지 못하고 있다는 것이 문제이다.

자유민주주의에 대한민국은 북한보다는 현대사회 기준으로 보면 더 문명이 발전되어 있다. 그런데 이 문명 안에 탈북민을 배제시키는 야만성이 있다. 그리고 '남한은 선하고 북한은 악하다'라고 생각하는 경향이 있는데, 그래서 탈북민들을 배제하고 있다. 선한 사람들 사이의 악이 존재한다. 볼프는 "배제는 범죄다."라고 말하며 배제는 문명 안의 야만성이고 선한 것들 사이에 악이고 자아의 벽 안에 있는 타자에 대한 범죄라고 규정한다.[6]

니체는, 스스로 선하다고 생각하는 그들은 악의 부재(the absence of evil)를 실현해야 하기 때문에 위선자가 될 수밖에 없다고 주장한다. 마치 독침을 가진 벌레처럼 '그들은 사람을 쏘되', 완전히 '순전한 마음으로' 그렇게 행한다.[7] 배제는 '악한 마음'에 의한 죄일 수도 있지만, 또한 '선한 양심'에 의한 죄일 수도 있다. "세상의 악당들이 어떤 해를 입힌다 할지라도 선한 사람이 입히는 피해만큼 해롭지는 않을 것이다." 라는 니체의 경고가 완전히 틀린 말은 아닌 것 같다.[8]

우리는 우리 자신에게 이것을 거울로 들여다봐야 한다. 자신이 갖고 있는 신념, 자신이 갖고 있는 이데올로기(ideology)에 대해서 선하게 여기기 때문에 이것을 위협하는 타자를 악으로 간주하고 그 사람을 대하는 태도가 '배제의 태도가 있을 수 있다'라는 것이다.

2. 주체사상의 자아

북한이 주체사상을 공식화한 것은 1955년이다. 이어서 1960년대에 김일성종합대학을 졸업한 김정일이 당시 당 중앙으로 있을 때 1960년대 말부터 70년대에 주체사상을 수령론 중심의 주체사상으로 확립했다.

---

6) 위의 책, 91.

7) Nietzsche 1969, p. 204, 볼프, 위의 책, 91에서 재인용.

8) Nietzsche 1979, p. 100, 볼프, 위의 책, 91에서 재인용.

나아가 김정일은 70년대부터 80년대 들어와서 북한의 도시를 수령 중심의 주체사상 관점으로 재구성했다. 김일성 동상과 또 김일성 혁명사적관을 중심으로 도시가 형성되었다. 그들은 그 공간에서 함께 살아가면서 동일한 정체성을 지니게 되었다. 결과적으로는 타자가 없는 수령 중심의 정치생명체만 남게 되는 사회가 되었다. 그 이외는 그 사회에 오염원이며 배제의 대상이 되었다.

북한은 제국주의가 적이고 야만적인 타자로 이해한다. 즉 북한에서 살다 보면, 주체화된 자아가 형성이 되고 이 주체화된 자아가 형성이 되면 미국, 즉 미제국주의는 야만스럽다. 그래서 북한에서는 신천 박물관이 교육에 아주 중요한 박물관이다. 신천 박물관은 미군이 6.25 전쟁 때 미군이 양민을 학살했다는 교육의 장이다. 그리고 신천 박물관의 그림을 보면 미군들이 십자가를 목에 걸고 성경을 손에 쥐고 그런 만행을 자행하는 내용들이 교육의 그림으로 활용되고 있다. 혁명과업을 달성하기 위해서 인간개조론의 과정을 거친 주체화된 자아는 미국이란 나라는 제국주의이고 야만적인 나라로 '타자화' 시켰다는 것이다. 당연히 북한은 미국을 배제시켜야 한다. 이런 체제가 북한의 체제다.

예를 들어서, 북에서는 청바지가 미제국주의를 상징하는 요소이다. 북한에서는 청바지를 입을 수 없는 옷이다. 남한에서는 해바라기꽃은 그냥 꽃이다. 북한에서는 해바라기는 혁명적 요소에 의하면 수령을 앙망하는 인민을 상징한다. 해바라기는 태양을 따라 그 각도가 변하기 때문에 해만 바라본다. 북한에서 태양은 김일성이다. 북한에서는 김일성이 태어난 날인 4월 15일이 태양절이다. 남한 사람들은 그냥 해바라기 하지만, 북한에서는 혁명적 요소가 있는 것이다. 북한에 있는 소설이나 북한에 있는 연극이나 북한에서 행하는 공연하는 모든 내용들을 보면 거기에 바로 혁명적 요소가 있다. 그것을 종자론이라고 한다. 어떤 소설이건, 어떤 드라마건, 어떤 뮤지컬이건, 어떤 연극이건, 북한에서 행하는 모든 것은 다 껍질을 까면 그 속에는 종자론이 있어야 한다. 즉, 혁명적 요소가 있어야 한다. 그래서 북한은 사람에게도 '혁명적 요소가 어떠냐'에 따라서 성분 구조를 만들어 놓은 것이다.

미하엘 벨커(Michael Welker)의 말처럼 창조는 "상호 의존의 관계망을 형성하고 유지하는 것"을 뜻한다.9) 이것은 정체성이 연결, 차이, 이질성을 포함하고 있다는 주장이다. "우리가 우리 자신인 것은 우리 옆에 있는 타자로부터 분리되어 있기 때문이 아니라, 우리가 분리된 동시에 연결되어 있으며, 구별되는 동시에 관계를 맺고 있기 때문이다. 우리의 정체성을 표시하는 경계는 장벽인 동시에 다리다."10) "정체성은 타자와의 구별 짓기의 결과이면서 동시에 타자와의 관계를 내면화한 결과다. 그것은 자아와 타자가 상호작용을 통해 자신의 정체성을 협상하는 양쪽 모두가 참여하는 '구별'(differentiation)의 복잡한 역사로 나타난다."11) '구별'이란 상호의존 패턴을 낳는 '분리하고 결합하는' (separating-and-binding) 창조적 행위를 말한다.

김병로 교수, 『북한, 조선으로 다시 읽다』에서 전쟁으로 낳은 집단 트라우마를 설명한다. 그는 "국가는 전쟁을 일으키고 전쟁은 국가를 만든다."12)라는 관점에서 북한은 6.25 전쟁 이후에 '조선'에 대한 집착으로 지하화하려는 집단자폐의 모습과도 같다고 주장한다. 자기 자신을

---

9) Welker 1995, p.24. 볼프, 위의 책에서 재인용.

10) 볼프, 위의 책, 100.

11) 위의 책, 100.

12) 김병로, 『북한, 조선으로 다시 읽다』 (서울: 서울대학교출판문화원, 2016), 6.

보호하기 위해 타자에게 마음을 열지 않는 자폐(autism)적 현상이 전쟁 이후 땅굴 파기/고집스러운 주체사상/ 선군정치/핵전략 등등 '자기 폐쇄적 사회'인 '자폐성을 지닌 사회'를 형성했다고 주장한다. 자폐는 '자아'(self)를 의미하는 그리스어 'autos'에서 따온 것으로 지나치게 위축되고 자신에게 편집적인 사람의 행동을 지칭하는 정신의학 용어로 사용된다.13) 즉 사회적 관계를 맺지 못하고 자기 세계에만 빠져 있는 정신분열 현상을 표현하는 용어이다.14) 자폐의 특징 중 하나는 사회적 고립과 그에 따른 행동장애이다. 외부세계와의 첫 접촉 과정에서 큰 충격을 받으면 자아의 해체와 상실에 대한 불안이 생길 수 있고 이러한 불안에서 벗어나기 위해 집착적인 행동을 하게 된다. 자신을 위협하는 외부 세계는 '무서운 초자아'로 다가오고 개인은 이 대상을 증오를 투사함으로써 불안을 달랜다. 자신의 운명이 악의에 찬 가해자들의 수중에 놓여 있다는 공포에 휩싸이게 되며 세계를 공격성 의 근원으로 간주하여 주체는 자신을 보호하기 위한 선제공격에 나서게 된다. 그러나 그럴수록 두려움은 커지고 불안과 두려움이 과도해져서 외부세계는 공포의 대상으로 돌변하고, 대상들은 적으로 변하며 개인은 외부세계의 적으로부터 박해위협을 받는 것으로 인식한다.15) 상대방에 대한 의심과 불신이 점차 깊어지고 자기 세계에 몰입하면서 자기의 세계 안에서 통합성과 질서를 추구하며 전일성과 정체성을 찾는다.16) 북한은 지역자립체계, 전쟁 희생자 중심의 성분계층 구조, 종교로서의

---

13) 위의 책, 7-8.

14) 위의 책, 8-9.

15) 위의 책, 9-10.

16) 위의 책, 10.

주체를 형성했고 1967년 국가정책의 기조를 주체사상, 자주외교, 자립경제, 자위국방으로 삼고, 고슴도치 전략으로 핵전략을 추진 중에 있다. 이처럼 북한은 폐쇄적 자아와 같은 국가적 체계에서 벗어나서 (de-centering) 세계국가를 받아들일 수 있는 공간을 창조하여서 세계 국가와 새로운 관계를 재설정(re-centering)하는 것이 필요하다. 남한 사람은 분리하기(separation)를 적용하여 남한이 원하는 바(wishful thinking)로서의 북한을 보고 인지하고 해석하는 것이 아니라 있는 그대로(as it is)의 북한을 이해하는 것이 필요하다.

다른 한편으로는, 북한은 혁명성을 기준으로 삼았고 성분사회를 구성(강제적 배치)하여 적과 아군이라는 이분법적 구조를 가지게 되었다. 북한은 1954년부터 1972년까지 '토대사업'이란 이름으로 성분구조 사회를 형성했다. 북한에서 성분이 좋지 않은 타자성은 유일사상 체계에서 씻어 버려야 할 불결한 대상들이다. 그러한 타자는 혁명 과업을 이루는 북한이라는 공간에서 오염원이 되었다.

북한 땅에서는 순수한 '백두혈통'과 그 백두혈통을 옹위하는 사람들만 살아가는 공간이 되었다. 수령 중심으로 당의 영도를 따라 살아가는 사회정치적 유기체의 공동체는 북한 땅 위의 공간을 그들의 계획대로 재배치했다. 결과적으로는 다양한 타자가 없는 수령 중심의 사회정치적 유기체만이 남았다. 북한이 만든 유일사상 체계에서는 다른 정체성을 지닌 타자를 떼어내야 하고, 그들은 적대 성분으로 불결한 대상이 되는 것이다.

북한은 그 강제적 배치의 기제들 안에서 행사되는 권력으로서 북한 주민들을 권력에 유순하고 순종적이며 유용한 존재로 인간 개조를 실행하여 수령이 규범화해 놓은 혁명과업 달성을 위한 생산적인 존재가 되게 했다. 이 과정에서 북한의 모든 제도-국가 장치, 교육기관, 군 조직, 언론, 학문를 지배한다. 이 모든 것을 통하여 혁명과업에 맞춤형인 주체형 인간을 만들어 내어 비정상적 타자를 동화시키거나 추방한다. 자신들이 얘기하는 주체형 인간에서 벗어났다고 생각하면 비판을 받는 것이다. 그리고 비판을 받아서 동화시키거나 주체형 인간으로 만들어 버리거나 아니면 도저히 이 사람은 그렇게 될 수 없다고 생각하면 추방한다는 것이다. 이러한 북한은 배제의 영토, 배제의 땅, 배제의 장소가 되었다. 수령 중심적 주체사상의 자아는 타자를 배제함으로써 구성된다. 이것은 북한 안과 밖에 존재하는 요소를 파괴해 버리는 체제이다. 그들은 주체화된 자아는 스스로 '제국주의적'이며 '야만적인' 타자로 이해하는 것을 배제하는 체제에 의존해 있다. 포함(inclusion)의 역사 이면에는 배제(exclusion)의 역사가 있다. 즉, 사회정치적 유기체 는 그들만의 선한 양심으로 그들이 규정한 오염원들을 배제할 수 있는 것이다.

3. 정체성과 타자성

볼프는 "곳곳에서 자행되는 다양한 문화적 '청소'는 우리로 하여금 정체성과 타자성을 사회현실에 대한 신학적 성찰의 핵심 주제로 삼도록 요구한다."[17]라고 말한다.

정체성이 다양하기 때문에 타자성도 다양할 수밖에 없다. 인간은 그 다양성을 획일화 시키려고 하는 본성적 욕구가 있다. 권력자는 다양성을 획일화했고, 그것을 우리는 '청소'라고 표현한다. 다양성을

---

17) 볼프, 위의 책, 25.

획일화 시키려고 할 때, 사회 갈등의 현상은 증폭된다. 정체성과 타자성에 대한 사회현실에 대한 성경적 성찰의 중요 핵심 주제는 다양한 문화적 요소들을 이해하고, 존중하고, 포용하고, 공존하는 사회가 되게 하는 것이다. 물론 모든 다양한 문화를 포용하는 것은 아니다. 그 안에서는 선과 악이 분별되어야 한다. 선은 받아들이고 악은 제거되거나 대체 되어야 한다. 이것은 다양한 문화적 요소들을 획일화하는 것과는 차이가 있다. 먼저, 정체성이란 무엇인가?

첫째로, 사전적 용어로, 민족(ethnic)이란 말은 그리스어에서 유래한다. 'ethnikas'는 국가를 의미한다. 'Ethos'는 그리스어로 관습, 기질, 또는 특성을 의미한다. 그러므로 'Ethnikas'와 'ethos'의 합성어인 민족은 공통의 관습을 공유하고 인식하여 함께 사는 사람들의 무리(국가, nation)을 의미한다. 정체성(identity)이란 라틴어 'identitas'에서 유래한다. 이 단어는 '같은'이란 의미의 'idem'에서 형성되었다. 그래서 이 단어는 같음, 유사성, 일치의 개념을 표현한다. 엄밀히 말하면, 정체성은 "모든 환경, 모든 시간에서 사람 또는 사물의 같음, 즉, 사람 또는 사물 그 자체이며 뭔가 다른 것이 아니라는 사실"을 의미한다.

둘째로, 토마스 에릭슨(Thomas H. Erikson)에 의하면, 민족과 정체성을 융합해서 민족 정체성은 "문화적으로 독특하여 그들 스스로, 그리고 다른 사람들에 의해 고려된 그룹들 사이에서의 관계성과 관련이 있는" 뿌리 깊은 가치관과 민족성의 산물이다.[18]

셋째로, 프레드릭 바르트(Frederick Barth)에 의하면, 민족 정체성은 "영향을 잘 받으며, 민족 그룹의 주요한 특징이 타인에 의해서

---

18) Thomas H. Erikson, 『Ethnicity and Nationalism. Anthropological Perspectives』 (London: Pluto Press, 1993), 4.

기인된 범주이며, 그리고 구성원들 스스로에 의한 인지라는 것이다."라고 강조하였다. 바르트에 의하면 인류학적 측면에서 민족 집단은 일반적으로 "(1) 크게 생물학적으로 저절로 계속되는 것이다. (2) 문화적 형태에서 명시적인 통합에 의해 깨달아지는 근본적인 문화적 가치들을 공유하는 것이다. (3) 의사소통과 상호작용의 영역에 이르는 것이다. (4) 그 자체로 확인되는 일원들을 가지며, 같은 질서의 다른 범주로부터 구별된 범주를 구성함으로써, 타인에 의해 확인된다."[19]

위에서 말하는 것으로부터 볼 때, 남북한 사람들이 서로 말하는 동포의 개념은 단군의 후손으로 생물학적으로 저절로 계속되는 한민족으로서의 정체성을 가지고 있다는 것이다.

다른 한편으로는 남북한 사람들은 하나의 혈통으로 맺어진 민족 정체성을 지니고 있을 뿐만 아니라, 분단 기간 동안 문화적, 또 의사소통의 상호작용 영역 속에서 얼마든지 변화된 민족 정체성을 지닐 수가 있다는 것이다. 즉, 민족 정체성은 고정된 것이 아니라 생물체와 같이 상호작용을 통해서 변한다는 것이다. 주된 논점은 공동체의 실제는 공동체의 문화와 활력에 대한 구성원들의 인식에 있다는 것이다. 사람들은 주로 상징적으로 공동체를 구성한다는 것이다. 그러므로 공동체 의식은 엄격하게 이러한 경계의 인식과 관련된다. 민족적 정체성의 경계를 하나의 상징으로써 공동체가 구성된다는 것이다.

이러한 예들은 다음과 같다. 중세 기독교를 보면, 글을 읽을 수 없는 일반 시민 단체를 위해서 교회는 성화를 통해 일반시민들에게

---

19) Frederick Barth, 『Ethnic Groups and Boundaries; The Social of Culture Difference』(London: George Allen & Unwin, Bergen-Oslo: Universitets Forlaget, 1969), 17.

신앙을 공유하도록 했다. 교회의 스테인드글라스는 다양한 성화를 그려 놓은 것을 볼 수 있다. 그 성화를 통해서 그리스도인은 예수님의 품에 안겨 머리를 기대고 있는 사람을 보면 요한임을 인식한다. 그리스도인은 성만찬 성화에서 돈주머니를 들고 있는 제자를 보면 가룟 유다라고 인식한다. 성화를 통해, 중세에 그리스도인은 자신이 그리스도인임을 인식해 갔다. 그리스도인이 이탈리아에 있든, 그리스에 있든, 영국에 있든, 프랑스에 있든, 독일에 있든 어느 나라에 있든, 이러한 성화 안에 상징적 작업을 통해서, 기독교 공동체를 구성하는 일을 했다. 상징적으로 그리스도인이라는 정체성을 공동체로 묶어 낼 수 있고, 다른 종교인들과 경계선을 가질 수 있다.

북한은 상징을 중요하게 다룬다. 북한에서 진달래꽃은 특별한 의미가 담겨 있다. 북한 사람들은 진달래가 봄에 피는 꽃이기 때문에 겨울에 해당하는 일제 식민지 시대를 벗어나서 민족의 해방을 봄을 맞이하는 것과 같이 해석하면서 진달래꽃은 그 민족의 해방자를 상징하는 북한의 지도자를 상징한다. 북한 평양에 있는 개선문에 개나리를 들고 있는 소녀의 동판상이 붙어 있다. 진달래꽃이 북한에서는 민족의 해방을 이룬 지도자를 상징하는 꽃인 반면, 남한에서는 북한 사람들에게 있는 해석은 없고 진달래꽃은 그냥 진달래꽃이며 봄을 알리는 꽃이다. 북한은 사물들을 상징화했다. 이것의 의미는 남한 사람과 북한 사람은 진달래꽃을 보면 인식이 다르게 해석된다는 것이다. 북한은 진달래꽃 이외에도 김일성 화, 김정일 화, 김정은 화가 있고 목련화나 해바라기꽃 등이 남한과는 모두 다른 의미로 해석된다. 북한은 지도자를 상징하는 꽃을 자주 볼 수 있도록 배치했다. 상징화가 인성화가 된 사람은 그 꽃을 보면 의도된 해석대로 인식 작용이 발생한다.

같은 꽃을 보아도 다르게 인식 작용이 될 때, 바르트가 말한 민족 정체성의 경계들(ethnic Boundaries)의 선이 발견된다. 이처럼 민족 정체성을 이해하는 것은 타자성을 이해하는 데 상관관계가 있다. 이 민족 정체성의 경계선을 어떻게 이해하느냐에 따라서 갈등의 발생이 정해질 수 있다.

남북한 사람들은 서로가 같은 민족 정체성을 가지고 있다고 일반적으로 인식하며 산다. 남북한 사람들이 하나의 민족이라고 강하게 믿는 이유는 첫째로, 그들이 같은 핏줄, 기본적인 언어, 그리고 전통문화 등을 공유했으며, 둘째로, 그들은 같은 정서를 가지고 있으며, 셋째로, 그들은 여전히 강한 일체감을 유지하며, 넷째로, 그들이 여전히 서로를 만났을 때 눈물을 흘릴 준비가 된 이산가족인 아버지와 아들과 딸들, 형제자매라는 친밀한 가족 관계이기 때문이다.

그러나 바르트와 코헨이 말한 민족 정체성의 정의와 해석을 보면, 민족 정체성은 지고 불변한 것이 아니라 상호작용을 통하여 변화될 수 있다. 이것을 기초로 해서 볼 때, 남북한 사람들의 민족 정체성은 70년 이상의 분단 세월 동안 남북한 사람들의 상호 간의 접촉이 제한되었기 때문에 남북한 사람들은 서로 다른 민족 정체성을 가질 수밖에 없다. 남한에 입국한 탈북민들이 경험한 어려움도 민족 정체성의 충돌이며 갈등에서 비롯된다.

이제 좀 더 내용을 들어간다. 남북한 사람들이 스스로 서로 다른 민족적 정체성을 가지게 된 것을 인정하기 힘들어하는 이유 중의 하나가 "상상된 공동체"(imagined community)라는 점일 수 있다. 베네딕트 앤더슨(Benedict Andreson)은 '민족성'(ethnicity)이라는 용어 대신에 '민족됨'(nationness)'이라는 용어를 사용하며, 민족은 '본질적으로 제한되고 자주적으로 상상된 상상의 정치 공동체이다.'라고 정의한다. 즉 민족 구성원들은 대부분의 동료들을 알지 못하기 때문에 서로 같은 민족이라고 상상한다는 것이다. 그렇지만 각자의 마음에 그들의 교감이 이미지가 남아 있다. 앤더슨은 단도직입적으로 "민족주의는 문화적 인공물이다."라고 단정한다.[20]

남북한 사람들의 민족적 정체성의 이질화로 인하여 서로가 타자화 되어서 일어나는 갈등과 분쟁은 피해야 한다. 그 피하는 방법은 서로의 이질화된 민족적 정체성을 이해하는 것이 필요하다. 분명하게 말한다면 정확히 해석하는 것이 필요하다.

민족 정체성을 이해하는 데 클리퍼드 기어츠(Clifford Geertz)는 『문화의 이해』(The Interpretation of Culture)라는 책에서 "중층기술"(Thick Description)을 말한다.[21]

상반된 이념에 의해 사회화된 두 그룹은 상호간의 다른 물질적, 언어, 행동 상징들을 가진다. 상징들이 해석되지 않는다면, 이러한 다른 상징들의 한 가지 결과는 서로 서로의 배제를 만들어 내는 것이다. 인간 행동에 대한 "심층기술"(thick description)은 행위뿐 아니라, 행위의 전후 사정까지 설명하는 것이다. 이러한 분석에 의해 남북한 사람들의 외형, 언어, 행위 상징이 서로 서로에게 의미있게 된다.

남북한 사람들의 민족적 경계들(Ethnic Boundaries)은 외형 인식, 언어의 의미, 그리고 행위의 상징이 서로에게 다르게 해석되는 데에서

---

20) Benedict Andreson, 『Imagined Communities』(London, New York: Verso, 1991), p. 6.

21) Clifford Geertz, 『The Interpretation of Culture』(London: Hutchinson of London, 1975), p. 207, pp. 208-212.

생성된다. 심층기술은 예를 들면 "나는 할 수 있다."라는 이 한 문장이 북에서는 어떻게 해석되고 남에서는 어떻게 해석되는가를 심층적으로 기술해 가는 것이다. 이것은 정체성을 이해하고, 타자성을 이해하는 데 도움이 되고, 결국에는 갈등을 해결하는 단초를 제공하는 연구의 툴이 된다.

북한에서 "나는 할 수 있다."라는 이 말은 불굴의 의지의 표현이다. 북한의 어린이들에게 나무로 된 권총 한 자루를 손에 들려주고, "너의 앞에 미 제국주의의 일개 분대가 쳐들어온다. 너는 홀로 권총밖에 없다. 너는 미 제국주의의 일개 분대와 싸워서 승리할 수 있는가?"라고 묻는다면, 그 어린아이는 당연히 "네 저는 할 수 있습니다."라고 소리를 지르도록 훈련되었다. 이것은 그 어린아이가 권총 한 자루를 가지고 어른 들로 구성된 일개 분대를 쳐서 이길 수 있는 전술을 배웠거나, 그러할 만한 능력이 있는 것을 말하지 않는다. 불굴의 의지를 주입시키는 교육이다. 북한에는 "당이 결심하면 우리는 한다."라는 구호가 있다. 불굴의 의지이다.

이러한 사회에서 태어나고, 이러한 사회에서 자란, 북한 사람들이 탈북을 하고, 대한민국에 입국하고, 하나원을 거쳐서 남한 사회로 나온다. 어렵게 취업을 한다. 취업해서 직장에 출근해서 처음 배우는 것이 바로 그 업무 내용이다. 남한 사람들은 이렇게 질문한다. 탈북자이기 때문에 더욱 궁금해서 질문한다. 처음 질문이 "너는 이것을 할 수 있는가?"이다. 취업한 탈북민은 "예." 할 수 있다고 대답했다. 그러면 남한 사람은 탈북민이 이것을 할 수 있도록 북한에서 이것을 해 본 경험이 있다고 생각한다. 탈북자에게 업무를 가르쳐줘야 하는 남한 사람은 "너, 잘 되었다. 이것을 한번 해 봐라!"라고 이야기하게 되는 것이다.

그 남한 사람은 북한이 하는 것과 남한이 하는 것이 같은지, 틀린지 아마 호기심이 있었을 것이다. 그러나 탈북민은 그 일을 하지 않고 그냥 서 있다. 남한 사람은 자기가 이야기하는 것을 못 들은 줄 알고, 이거 한번 해 보라고 다시 말한다. 역시 탈북민은 가만히 서 있다. 여기에 어떤 일이 벌어질까? 탈북자는 무엇인가 잘못되었다는 생각이 스며들기 시작한다. 그리고 남한 사람은 탈북자가 할 줄도 모르면서 자신에게 할 줄 안다고 거짓말을 했다는 생각을 하게 된다. 탈북민은 남한 사람이 자신을 무시한다고 인식했고 그로부터 모멸감을 느끼게 된다. 이 두 사람의 가장 큰 차이는 어디에 있을까? 바로 "나는 할 수 있다."라는 말에 대한 해석이다.

탈북민은 '불굴의 의지'였고 남한 사람은 그것을 할 수 있는 경험을 했거나, 할 수 있는 능력을 갖추었다고 해석한 것이다. 여기에 서로에 대한 민족 정체성의 이해가 부족한 만남이 경험되는 순간이다. 그런데 그다음에 어떤 결과가 나올까? 업무를 가르쳐 주는 남한 직원이 탈북민이 할 수 있다고 해 놓고, 할 수 없다는 것을 인식하는 순간, 남한 직원의 인식 안에는 이 탈북민이 "빨갱이", "거짓말쟁이"로 인식하게 되는 것이다. 이것은 남한 사람의 인식 안에서 자동판처럼 돌아간다. 그만큼 남한 사람은 반공교육도 받았고 반공의 환경에서 성장하였던 결과이다. 탈북민은 첫 출근부터 남한 직원이 자신을 무시하고 자신을 깔보는 남한 직원의 눈빛을 감지하게 되었다. 탈북민은 속에서 불이 올라왔다. 그 탈북민은 그 직장을 떠나고 싶어졌다. 여기에 배타가 형성된다.

남북한 사람들이 서로에 대한 민족 정체성(Ethnic Identity)을 서로 이해하지 않고 만나는 것은 타자를 배제의 대상으로 보게 된다. 갈등과 분쟁이 발생한다.

남북한 사람들 간의 민족의 정체성이 서로 다르게 나타나는 것에 대해서 서로 이해하지 못하는 영역이 있을 수 있다. 스티븐 룩스(Steven Lukes)가 저술한 『Power A Radical View』에서 "제3차원적 권력"을 설명한다.22)

1차원적 권력은 명령이다. 군대에서 "이거 해!" 명령을 내리면 그것을 해야 한다. 그러나 간혹 반항할 수 있다. 2차원적 권력은 저 사람이 이것을 하기 싫어하는 것을 알고 어떻게든 주변 환경을 조성해서 그것을 그 사람이 할 수밖에 없도록 만드는 것이다. 3차원적 권력은 그 일을 해야만 욕구가 충족되게 만드는 것이다. 3차원적 권력(Three dimensional power)은 다른 사람들이 원하지 않는 것을 하도록 권력을 행사하는 보통의 권력 행사가 아니라, 권력 행사자가 하고자 하는 것을 다른 사람들이 원하도록 하는 것이며, 그들의 사상과 욕망을 효과적으로 통제하며 그들의 승낙을 얻어냄으로써 행하는 최고의 권력 행사이다. (3차원적 권력 행사는) 사람들이 현존 질서에서 그들의 역할을 받아들이는 방식으로, 사람들이 그들의 역할에 대안에 없음을 보거나 상상할 수 있기에, 또는 그들이 그들의 역할이 본질적이고 변화할 수 없는 것으로 여길 수 있기에, 그들이 자신들의 역할이 신으로부터 부여되었거나 유익하다고 생각할 수 있기에, 사람들이 자신들의 자각, 인식, 그리고 선호함을 형성함으로써 불만을 가지는 것을 막는 것이다.

예를 들어서 아주 쉽게 설명하면, 영국 사람 앤드류가 있다. 나는

---

22) Steven Luckes, 『Power A Radical View』(London: The British Sociologigical Association, 2005).

한국 사람이다. 앤드류는 영국에서 태어났고, 나는 한국에서 태어났다. 그런데 내가 스코틀랜드 에든버러대학교에서 공부할 때, 블랙캐토 어비뉴라는 가족기숙사에서 살았다. 대부분 영국 사람들이 살고 있는 아파트였다. 아내가 김치찌개를 끓여주면 시큼한 김치찌개를 먹는 순간, 속이 시원하고 갈증이 해소되었다. 잊을 수가 없다. 만약 그곳에 앤드류가 살고 있다고 상상해 본다. 앤드류에게 그 김치찌개를 주면서 "이거 먹어봐. 속이 시원할 거야"라고 말했다면 앤드류가 그것을 먹고 내가 느꼈던 것처럼 속이 시원한 것을 느낄 수 없었을 것이다. 그는 내가 느끼는 그것을 정확히 느끼지 못한다. 왜 그럴까? 나는 어려서부터 김치찌개를 먹고 자랐기 때문이다. 그래서 김치찌개를 먹으면 속이 시원함을 느낀다. 그러나 앤드류는 영국에서 태어나고 영국에서 자랐기 때문에, 어려서부터 김치찌개를 먹고 자라지는 않았다. 그래서 이것을 느끼지 못하는 것이다. 제3차원적 권력을 극단적으로 설명하면, 그 권력은 나에게 김치찌개를 먹고 싶도록 욕구를 생성해 낸 것을 말하는 것이다. 김치찌개를 먹어야 속이 시원한 욕구가 충족된다.

마찬가지로 북한 미녀 응원단이 한국을 처음 방문하여 대구로 갈 때, 김대중 대통령과 김정일 국방위원장이 서로 껴안는 현수막이 걸려 있었다. 그런데 그 현수막이 비를 맞고 있었다. 북한 미녀 응원단은 그 현수막을 보고 차에서 내리면서 우리의 지도자이신 장군님이 비를 맞고 있다고 눈물을 흘렸다. 한국에서는 어떻게 이것을 해석했는가? 한마디로 "쇼"다. 또는 그렇게 하지 않으면 북한에 가서 문책을 당하기 때문에 어쩔 수 없이 그렇게 한 것이다. 또 다른 해석은 그것은 그들에게 자연스러운 행동으로 해석하는 것이다. 물론 그렇게 하지 않으면 안 된다는 강압감도 있었을 것이다. 그런데 그들은 어려서부터 유치원

다닐 때부터 정성사업을 했다. 지도자의 초상화를 깨끗이 닦고, 혁명 사적관을 깨끗이 닦는 정성사업을 했다. 그들에게 있어서 그 지도자가 현수막 안에 사진일지라도 비 맞고 있는 것은 상상하기 힘든 것이다. 속에서 여러 감정이 일어나는 것은 그들에게 당연한 현상이다. 내가 김치찌개를 먹으면 속이 시원한 것처럼, 자신들의 지도자의 사진이 현수막에 붙어서 비를 맞는 것은 그들의 감정적 판이 움직이는 것과 같은 제3차원적 권력의 작동이다. 그걸 해야만 욕구가 충족되게 만들어 진 것이다.

볼프가 "우리 세계의 미래가 정체성과 차이의 문제를 어떻게 다루 는가에 달려 있다는 주장도 지나친 말은 아닐 것이다."[23]라고 한 말은 같은 의미를 나타낸다. 문화적, 민족적 정체성을 이해하지 않으면 서로 가 충돌할 수밖에 없다. 배제될 수밖에 없다. 갈등이 일어날 수밖에 없다. 정체성과 타자성을 이해하기 위해서는 1) 바르트, 코헨, 앤더슨이 말하는 민족 정체성의 개념, 2) 룩스가 말한 제3차원적 권력, 3) 기어츠가 말한 심층기술을 학문적 툴로 사용하여 타자의 정체성을 이해하고 해석하는 과정이 필요하다.

문화에 대한 헌신이 무엇인가? 문화에는 이데올로기도 있고, 여러 가지의 민족적 경계를 짓는 독특성이 있다. 남과 북이 분리되고, 1948년 남과 북에서 각각 정부가 생겼다. 분단의 정부가 시작되었고, 남북은 각각의 이데올로기가 발전하게 되었다. 각각 다른 경험과 환경에서 살았던 남북한 사람들은 각각의 민족 정체성이 형성되었다. 남한 사람은 분단국가에서 살면서 안보의 중요성을 인식하면서, 반공은 남한 사람의 민족 정체성 형성에 영향을 줬다. 이것은 남북한 한민족통일공동체가

---

23) 볼프, 위의 책, 27.

합법적으로 성취되었을 때, 그 공동체 안에서도 통일 후유증으로 나타날 수 있다. 다시 말해서, 서로에 대하여 더 이상 주적이 아니고 핵무기가 해체되고 미사일이 더 이상 위협이 되지 않는 통일공동체가 되었음에도 불구하고 위에서 말한 현상은 여전히 사회의 후유증으로 나타날 수 있다.

6.25 전쟁은 공산당이 남침을 했고 전쟁 중에는 각 진영의 신념과 이념을 수호하기 위해 자신들을 '거룩한' 살인자(the 'holy' murderers)로 스스로 몰아간 경향이 있다. 남한은 공산당을 없애야 한다는 사명감을 기초로 자신들을 용맹한 수호자(the valiant defenders)라고 생각한 경향이 있다. 북한은 미제국주의자를 타도해야 한다는 이념 안에서 자신들을 '거룩한 살인자'로 정당화 해왔다.

4. 정체성의 재조정

볼프에 의하면, 신종족주의는 "오늘날 우리 사회를 분열시키고 사람들과 문화 집단을 갈라놓고 악의적 갈등을 조장하는 것"이라 말한다.[24] 문화의 포로로 되어 있을 때 자신이 지닌 신념과 이념에 스스로 포로가 되어 있는 것이다. 자신의 신념인데 자신의 신념이 정말 이 국가를 사랑하는 애국자로서의 신념이라고 생각하지만, 자신의 자존심과 결부된 신념, 맹목적인 자기 의와 결합된 경우가 많이 있다는 것이다. 그 신념에 자신이 포로가 된 것이다. 자신의 죄성의 포로가 되어 있는 것이다. 이럴 때 볼프의 해답은 다음과 같다. 볼프의 해답은 문화로부터의 거리두기(distance)와 문화에 소속되기(belonging) 사이의 올바른

---

24) 위의 책, 55.

관계를 만들어 감으로써 찾을 수 있다고 주장한다.[25] 어느 문화로부터 거리를 두고 어느 문화에 소속하는 것으로써 이 문제를 풀 수 있다. 포스트 모던 사상가 질 드뢰즈는 유목민처럼, 다른 시냇물과 합쳐지기도 하고 방향이 바뀌기도 하며, 다른 시냇물을 탈영토화하기도 하고 (deterritorializing), 다른 시냇물에 의해 탈영토화 되기도(deterritori -alized) 한다.[26]

자신의 문화를 버리지 않은 채 문화로부터 떠날 수 있다. 분단국 가의 정체성은 반공이 통섭(anti-Communist ideology)되어 있어서 반공이라는 문화를 버리지 않은 채 반공의 그림자로부터 떠날 수 있다는 것이다. 이것은 반공의 "탈신성화"(de-sacralized)를 할 수 있다는 것이다.[27]

거리두기를 하면 우리가 스스로 우리 자신의 문화로부터 떠나고 (departing), 분리하기(separating)를 하게 되면 거기에는 공간이 만들 어진다(creating space). 그러면 그 공간에 타자를 받아들일(receive) 수 있게 된다. 자폐적 세상들(the self-enclosed worlds)을 깨뜨린다.

Ⅲ. 나가는 말

갈등과 분쟁의 상황에서 평화의 중개자가 아니라 전쟁의 공모자가

---

25) 위의 책, 55. "The answer lies, I propose, in cultivating the proper relation between distance from the culture and belonging to it."

26) 위의 책, 60.

27) 위의 책, 74.

되는 경우가 많음을 경험했을 수 있다. 우리는 전선 너머로 손을 뻗어 반대편에 있는 우리의 형제자매들과 손을 맞잡을 필요가 있다. 남북한 사람의 갈등 요인인 반공사상의 그림자로부터 분리하기를 통한 정체성의 재조정이 필요함을 기술하였다.

우리 자신의 정체성을 재조정하는 일이 없이는 타자를 배제하는 것을 막을 방법이 없다. 다시 말해서 남한 사람들이 정체성이 이질화, 타자화 되어 있는 북한 사람들을 남한 사람화 하는 것이 아니라 진정한 한민족 통일공동체를 형성하기 위한 노력을 해야 한다는 것이다. 북한의 동포들을 받아들이기 위해서 남한 사람들이 통일을 앞두고 우선적으로 해야 할 과제는 정체성의 재조정이다. 그것이 통일을 선물로 받았을 때 남한 사람들이 성공적인 공동체를 이룰 준비이기도 하다.

참고문헌

김병로, 『북한, 조선으로 다시 읽다』, 서울: 서울대학교출판문화원, 2016.

볼프, 미로슬라브., 박세혁 역, 『배제와 포용』, IVP, 2012.

Andreson, Benedict. 『Imagined Communities』, London, New York: Verso, 1991.

Barth, Frederick. 『Ethnic Groups and Boundaries; The Social of Culture Difference』, London: George Allen & Unwin, Bergen-Oslo: Universitets Forlaget, 1969.

Erikson, Thomas H. 『Ethnicity and Nationalism. Anthropological Perspectives』, London: Pluto Press, 1993.

Geertz, Clifford, 『The Interpretation of Culture』, London: Hutchinson of London, 1975.

Luckes, Steven, 『Power A Radical View』, London: The British Sociologigical Association, 2005.

Solutions for Conflicts between North and South Koreans
—Focusing on the readjustment of identity by Volf

Dr. Chung-Yoube Ha

|| Professor of Soongsil University

I. Introduction

This paper describes that one of the causes of conflict between North and South Korean people is the difference in identity formed by North and South Korean people while living in different environments. This mainly describes the content that seeks to understand North Korean people, and furthermore deals with the content that is understood through North Korean defectors. As a way to resolve that conflict, this paper proposes the readjustment of identity argued by Miroslove Volf.

Miroslav Volf[1] mentions various conflict areas around the world. According to him, the root cause of the conflict is "racial prejudice and oppression"[2] The result is "outbursts of receding barbarism," such as the Nazis' plan to mass murder the Jews. Volf points out that "the tribal hatreds"[3] in the post-Cold War era is the most serious problem. Volf saw the problem of ethnic and cultural conflicts as part of the larger problem of identity and otherness.[4]

North Korea's ultimate goal is a revolutionary task to liberate South Korea from the US imperialism. North Korea became a space for ideological revolution, cultural revolution, educational revolution, and revolutionary tasks. People with a bad foundation and people with a bad composition cannot mix together. "Sung -boon" (or composition) also has a huge impact on one's chance of going to the college. In other words, the impure foundation and hostile elements become sources of pollution. To achieve the revolutionary task, those things must be separated. This shows that North Korea has become a land of exclusion.

In South Korea, which faces North Korea as the main enemy, there is a tendency to sanctify anti-communist ideology. Anti-communism is playing a sufficient role in strengthening security.

---

1) Miroslav Volf, translated by Park Se-hyuk, 「Exclusion and Inclusion」, (Seoul: IVP, 2012)

2) Ibid., 20.

3) Ibid., 21.

4) Ibid., 22.

This is because there is a main enemy called North Korea. Even now, South Korea's security is important in a situation where South and North Korea confront each other with nuclear weapons and missiles. This is important for no other reason.

On the other hand, the shadow behind the light also exists. The shadow is an automatic version (third-dimensional power) that traps others who weaken even the slightest bit of anti-communism into the pro-North Korea frame. This phenomenon causes conflict between generations within families. If we look closely at this phenomenon, we find that it sanctifies cultural identity and provides justification for cruel acts.

During the period of division, the North and South Korean communities created otherness in-between themselves by forming different environments, ideologies, and systems. This gave rise to different identities. In this respect, based on what Volf said, the division of North and South Korea and the conflicts within South Korea can be considered in the categories of identity and otherness.

Because South Korea and North Korea have lived in a state of division for over 70 years, although they are said to be compatriots by blood, they have different ethnicities. Different cultures have been uniquely formed. And above all, there are sentiments of serious prejudice and hatred toward each other. This causes conflict between North and South Korea.

Approximately 34,000 North Korean defectors come to South Korean society and experience this conflict. South Koreans look down on North Korean defectors because they are North Korean, and when North Korean culture is expressed in the North Korean defectors' speech and lifestyle, South Koreans find it strange and consider them inferior. Recognizing this, North Korean defectors lament having come to South Korea and become angry. 34,000 North Korean defectors experience ethnic and cultural conflicts. After unification, when the South Korean community of 50 million and the North Korean community of 25 million come to live together as a community of about 80 million, if the personality formed in North Korea and the personality formed in South Korea do not suddenly change in an instant after unification, ethnic and cultural conflicts will occur. It will appear as a major social problem.

II. Main body

1. Exclusion Done in Good Conscience

In South Korea, which has gone through modernization and industrialization, all people have equal rights in political decision-making, equalized education, and career choice. South Korea continues to advance and expand its history by accepting new things. These South Koreans tend to have an attitude of excluding North Korean defectors who immigrated to South Korea referring to them as 'people from the poor country.' Because of this, we see the destructive nature of relationship breakdown between South and North Koreans. The distance between 'them', who are North Korean defectors, and 'us', who were born and raised in South Korea, is seen as something that 'we' feel is moral and civilized, but 'they' are uncomfortable, strange, inferior, unsophisticated, violent and barbaric. According to Volf, "exclusion is barbarism within civilization, evil among good things, a crime against the other within the walls of the self."[5]

On the other hand, exclusion is also found among North Korean defectors who came to the free Republic of Korea. The researcher met with North Korean defectors who came to South Korea for several years. A North Korean defector from Pyongyang, along with several people from Hamgyong Province, said the following to the researcher in a private meeting. He said, "If it were like North Korea, those people wouldn't even be able to come to me." North Korean society is divided by sung-boon and the boundaries are fossilized. From another perspective, the outcome of the fossilized perception is that North Korean defectors do not perceive such division as evil. This is how the identity formed in the North is expressed even when it comes to South Korean society. And they feel it natural.

---

5) Ibid., 91.

Even though people from North Korea have actually lived in economic hardship in North Korea, they are people with a social concept of equality. When they lived in North Korea, they lived in a system where they criticized each other twice a week.

South Koreans who grew up in liberal democracy and North Koreans who were born and raised in North Korea, which has a rigid, monolithic ideological system with a dichotomous structure, have different identities. However, only a small number of North Korean defectors have come to South Korea. This minority group lives among the 50 million South Koreans. Among the 50 million people, quite a few people feel that North Korean defectors are inferior and unsophisticated, that they may become spies at any time, and that North Korean defectors have the potential to engage in violence along with the so-called leftists. And this is passed on directly to North Korean defectors. And although North Korean defectors feel this, most of them live as minorities and do not reveal their feelings. Looking at this, the phenomenon of exclusion is also occurring between South Koreans living in South Korea and North Korean defectors. If that is the case, do South Koreans really regard these perceptions and attitudes as wrong? Not likely. That is the problem. If you feel that your attitude towards the 34,000 North Korean defectors is wrong and that you need to change this, then education can help you in that regard. But the problem is that the South Koreans do not feel the need to change.

The Republic of Korea, a liberal democracy, is more civilized by modern standards than North Korea. However, within this civilization, there is a barbarism that excludes North Korean defectors. And there is a tendency to think that 'South Korea is good and North Korea is evil', so North Korean defectors are excluded. This is how evil exists among good people. Volf says, 'Exclusion is a crime', and defines it as 'barbarism within civilization, evil among good things, and a crime against others within the walls of the self.'[6]

Nietzsche argues that those who think of themselves as good have no choice but to become hypocrites because they must realize the absence of evil. Like insects with poisonous stings, "they sting men," and they do so entirely "with a pure heart."[7]

Exclusion may be a sin caused by an 'evil heart,' but it can also be a sin committed by a 'good conscience.' Nietzsche's warning that "no matter what harm the world's villains cause, it will not be as harmful as the harm done by good people" does not seem to be completely wrong.[8]

We have to use this as a mirror and look at ourselves in the mirror. Because one regards one's beliefs and ideology as good, one regards others who threaten these as evil, and one's

---

6) Ibid., 91.

7) Ibid., 91. as cited in Nietzsche 1969, p. 204.

8) Ibid., 91. as cited in Nietzsche 1979, p. 100.

attitude toward others may be 'an attitude of exclusion.'

2. The Self of Juche Ideology

North Korea formalized the Juche ideology in 1955. Subsequently, Kim Jong-il, who graduated from Kim Il-sung University in the 1960s, established the Juche ideology centered on the leader theory from the late 1960s to the 1970s while he was at the party center at that time. Furthermore, from the 70s to the 80s, Kim Jong-il reorganized North Korea's cities from a leader-centered Juche ideology perspective. The city was formed around the statue of Kim Il-sung and the Kim Il-sung Revolutionary Historic Site. As they lived together in that space, they came to have the same identity. As a result, it became a society in which only a leader-centered political life system with no others remained. Anyone else was a source of pollution to the society and became a target of exclusion.

North Korea understand imperialism as an enemy and a barbaric other. In other words, when living in North Korea, a subjectivized self is formed, and once this subjectivized self is formed, the United States, that is, American imperialism, becomes barbaric. So in North Korea, the Sinchon Museum is a very important museum for education. The Sinchon Museum is a place to educate people about the massacre of civilians by the U.S. military during the Korean War. And if you look at the pictures at the Sinchon Museum, you can see American soldiers carrying crosses around their necks and holding Bibles in their hands, and they are being used as educational pictures to show them committing such atrocities. In order to achieve the revolutionary task, the subjectivized self that went through the process of human transformation theory 'othered' the United States as an imperialist and barbaric country. Of course North Korea must exclude the United States. This system is North Korea's system.

For example, in North Korea, jeans are a symbol of American imperialism. In North Korea, jeans cannot be worn. In South Korea, sunflowers are just flowers. In North Korea, sunflowers symbolize the people who look up to their leader according to revolutionary elements. Sunflowers only look at the sun because their angle changes according to the sun. In North Korea, the sun is Kim Il-sung. In North Korea, April 15, the day Kim Il-sung was born, is the Day of the Sun. To South Koreans, it's just a sunflower, but in North Korea it has revolutionary elements. If you look at the novels in North Korea, the plays in North Korea, and all the performances performed in North Korea, there are revolutionary elements. It is called seed theory. Whether it is a novel, a drama, a musical, or a play, everything done in North Korea must have a seed theory within it. In other words, there must be a revolutionary element. That's why North Korea has created a composition structure based on people's 'revolutionary elements'.

As Michael Welker says, creation means "forming and

maintaining a network of interdependence."[9]

This is the claim that identity involves connection, difference, and heterogeneity. "We are who we are not because we are separate from the other beside us, but because we are simultaneously separate and connected, distinct and related. "The boundaries that mark our identity are both barriers and bridges."[10]

"Identity is the result of distinguishing from others and at the same time the result of internalizing relationships with others. It appears as a complex history of 'differentiation' in which both self and other negotiate their identities through interaction."[11] 'Distinction' refers to the creative act of 'separating-and-binding' that creates patterns of interdependence.

Professor Byeong-ro Kim explains the collective trauma caused by war in "Re-reading North Korea as Joseon." He said, "The state causes war, and war creates the state."[12] From this perspective, North Korea argues that the obsession of 'Joseon' by building the underground facilities after the Korean War is akin to collective autism. It is said that the phenomenon of autism, which does not open one's heart to others in order to protect oneself, has

---

9) Ibid., 91, as cited in Welker 1995, p.24.

10) Ibid., 100.

11) Ibid., 100.

12) Kim Byeong-ro, 「Re-reading North Korea as Joseon」, (Seoul: Seoul National University Press, 2016), 6.

formed a 'self-closed society', a 'society with autism', such as digging tunnels/stubborn Juche ideology/military-first politics/nuclear strategy after the war. Autism is derived from the Greek word 'autos', meaning 'self', and is used as a psychiatric term to refer to the behavior of a person who is overly withdrawn and paranoid towards him or herself.[13]

In other words, it is a term that expresses the phenomenon of schizophrenia, in which people are unable to form social relationships and are immersed in their own world.[14]

One of the characteristics of autism is social isolation and behavioral disorders which follow as result. If you receive a big shock during your first contact with the outside world, you may develop anxiety about the disintegration and loss of your ego, and you may engage in obsessive behavior to escape this anxiety. The external world that threatens oneself appears as a 'scary super-ego', and individuals soothe their anxiety by projecting hatred towards this object. The subject is overcome with fear that its fate is in the hands of malicious assailants, and, viewing the world as the source of aggression, the subject launches a preemptive attack to protect itself. However, as the fear grows, anxiety and fear become excessive, the outside world turns into an object of fear, the targets turn into enemies, and the individual perceives

---

13) Ibid., 7-8.
14) Ibid., 8-9.

him or herself as being threatened with persecution from the enemies of the outside world.[15]

Suspicion and distrust of others gradually deepen, and as they become immersed in their own world, they pursue unity and order within their world, seeking wholeness and identity.[16]

North Korea has established a regional self-reliance system, a sung-boon class structure centered on war victims, and Juche as a religion. In 1967, the main tenets of national policy were Juche ideology, independent diplomacy, self-reliant economy, and self-defense, and is pursuing a nuclear strategy with a hedgehog strategy. In this way, it is necessary for North Korea to break away from the closed ego-like national system (de-centering) and create a space that can accept the world nation, thereby re-centering a new relationship with the world nation. South Koreans need to apply separation to understand North Korea as it is rather than seeing, perceiving, and interpreting North Korea as South Korea wishes.

On the other hand, North Korea used revolutionary nature as its standard and formed a component society (forced deployment), resulting in a dichotomous structure of enemies and allies. From 1954 to 1972, North Korea formed a sung-boon-structured society under the name of 'foundation project.' In North Korea, otherness

---

15) Ibid., 9-10.

16) Ibid., 10.

that is not good is an impure object that must be washed away from the monolithic ideology system. Such others became a source of pollution in the North Korean space where revolutionary tasks were being accomplished.

In North Korea, it has become a space where only the pure 'Baekdu bloodline' and those who protect the Baekdu bloodline live. The community of socio-political organisms centered on the leader and living according to the leadership of the party rearranged the space on North Korean land according to their plan. As a result, only a leader-centered socio-political organism without various others remained. In the monolithic ideological system created by North Korea, others with different identities must be separated and become unclean objects as hostile elements.

North Korea used the power exercised within its forced deployment mechanisms to transform its people into human beings who were docile, obedient, and useful to power, making them productive for achieving the revolutionary tasks standardized by the leader. In this process, it dominates all of North Korea's institutions — state apparatus, educational institutions, military organization, media, and academics. Through all of this, a subject-type person tailored to the revolutionary task is created and the abnormal others are assimilated or expelled. If you think that you have deviated from the subjective type of person they are talking about, you will be criticized. And if you take criticism, you either assimilate it, turn it into a subjective person, or, if you think that this person can't become like that, it gets expelled. North Korea has become a territory of exclusion, a land of exclusion, and a place of exclusion. The self of Suryong-centered Juche ideology is constructed by excluding others. This is a system that destroys elements that exist inside and outside North Korea. They depend on a system that excludes the subjectivized self from understanding itself as an 'imperialist' and 'barbaric' other. Behind the history of inclusion is the history of exclusion. In other words, socio-political organisms can exclude the pollutants they define with their own good conscience.

3. Identity and Otherness

Volf said, "The various cultural 'cleansings' that are taking place everywhere require us to make identity and otherness the core topic of theological reflection on social reality."[17]

Because identities are diverse, otherness is bound to be diverse. Humans have a natural desire to standardize diversity. Those in power have standardized diversity, and we express this as 'cleaning.' When we try to standardize diversity, the phenomenon of social conflict is amplified. An important theme of biblical reflection on the social reality of identity and otherness is to create a society

---

17) Miroslav Volf, Op.Cip., 25.

in which various cultural elements are understood, respected, embraced, and coexist. Of course, it does not embrace all diverse cultures. In it, good and evil must be discerned. Good must be accepted and evil must be eliminated or replaced. This is different from standardizing various cultural elements. First, what is identity?

First, in dictionary terms, the word 'ethnic' comes from Greek. Ethnikas means nation. Ethos is a Greek word meaning custom, temperament, or character. Therefore, ethnic, a compound word of ethnikas and ethos, means a group of people (nation) who live together by sharing and recognizing common customs. The word identity comes from the Latin word identitas. This word is formed from idem, meaning 'same'. So this word expresses the concepts of sameness, similarity, and agreement. Strictly speaking, identity means "the sameness of a person or thing in all circumstances and at all times constituting the fact that it is the person or thing itself and not something else." Second, according to Thomas H. Erikson, conflating ethnicity and identity, ethnic identity is "culturally unique and concerned with relationships among groups as viewed by themselves and by others." It is a product of deep-rooted values and nationalism.[18]

Third, according to Frederick Barth, ethnic identity is "susceptible to influence, and the main characteristic of an ethnic group is that

---

18) Thomas H. Erikson, 『Ethnicity and Nationalism. Anthropological Perspectives』 (London: Pluto Press, 1993), 4.

it is a category attributed to others and recognized by the members themselves." According to Barth, from an anthropological perspective, ethnic groups in general "(1) largely continues biologically on its own. (2) shares the fundamental cultural values realized by explicit integration in cultural forms. (3) reaches the area of communication and interaction. (4) has members that are identified in themselves, and is identified by others by constituting a category distinct from other categories of the same order."[19]

Based on what has been said above, the concept of compatriots as expressed by North and South Koreans is that they have an identity as a Korean race that is biologically and naturally continued as descendants of 'Dangun.'

On one hand, the people of North and South Korea not only have a national identity that is tied to one bloodline, but on the other hand, the people of North and South Korea can change their national identity in the area of cultural and communication interaction during the period of division. In other words, ethnic identity is not fixed but changes through interaction like a living organism. The main argument is that the reality of a community lies in its members' perception of the community's character and vitality. People mainly form communities symbolically. Therefore,

---

19) Frederick Barth, 『Ethnic Groups and Boundaries; The Social of Culture Difference』 (London: George Allen & Unwin, Bergen-Oslo: Universitets Forlaget, 1969), 17.

the sense of community is strictly related to the recognition of these boundaries. The community symbolically constitutes the boundary of national identity.

These examples are as follows: Looking at medieval Christianity, for the sake of ordinary citizens who could not read, the church shared their faith with ordinary citizens through sacred paintings. The church's stained glass can be seen depicting various icons. Through the icon, Christians recognize the person leaning their head in Jesus' arms as John. When Christians see the disciple holding a bag of money in the Holy Communion icon, they recognize him as Judas Iscariot. Through these icons, Christians in the Middle Ages recognized themselves as Christians. Whether Christians were in Italy, Greece, England, France, Germany, or any other country, the icons worked to form a Christian community through symbolic work. Symbolically, the Christian identity could be tied to a community and had boundaries with people of other religions.

North Korea places great importance on symbols. In North Korea, azalea flowers have special meaning. Since azalea is a flower that blooms in spring, North Korean people interpret the liberation of the nation as welcoming spring, escaping from the Japanese colonial era, which corresponds to winter, and the azalea flower symbolizes the leader of North Korea, who symbolizes the liberator of the nation. A bronze statue of a girl holding a forsythia is attached to the Arc de Triomphe in Pyongyang, North Korea. In North

Korea, the azalea flower is a flower that symbolizes the leader who achieved the liberation of the nation, while in South Korea, there is no interpretation like North Korea, and the azalea flower is just an azalea flower and is a flower that announces spring. North Korea has symbolized objects. What this means is that South Koreans and North Koreans interpret azalea flowers differently when they see them. In addition to azaleas, North Korea has Kim Il-sung flowers, Kim Jong-il flowers, and Kim Jong-un flowers, and magnolias and sunflowers are all interpreted with different meanings to South Korea. North Korea placed flowers symbolizing its leader so that they could be seen frequently. When a person whose symbolism has become a personification sees the flower, recognition occurs according to the intended interpretation.

When the same flower is perceived differently, the lines of what Barth called ethnic boundaries are discovered. In this way, understanding national identity is correlated with understanding otherness. The occurrence of conflict can be determined depending on how the boundaries of national identity are understood.

People in North and South Korea generally recognize that they have the same ethnic identity. The reasons for strongly believing that the people of North and South Korea are one people are that firstly, they share the same blood, basic language, and traditional culture; secondly, they have the same sentiments; and thirdly, they still maintain a strong sense of unity. Fourthly, because they are still a close family relationship of fathers, sons, daughters, brothers and sisters, separated families who are ready to shed tears when they meet each other.

However, looking at the definition and interpretation of national identity as stated by Barth and Cohen, based on the fact that national identity is not absolute and immutable but can change through interaction, the national identity of the people of North and South Korea is based on the mutual relationship between the people of North and South Korea over more than 70 years of division. Because contact between the two countries was limited, people in North and South Korea had no choice but to have different ethnic identities. The difficulties experienced by North Korean defectors who entered South Korea were also a clash and conflict of national identity.

Now let's go into some more details. One of the reasons why North and South Koreans find it difficult to admit that North and South Koreans have different ethnic identities may be the "imagined community." Benedict Andreson uses the term 'nationness' instead of 'ethnicity' and defines a nation as 'an imagined political community that is inherently limited and autonomously imagined.' In other words, because the members of an ethnic group do not know most of their fellows, they imagine that they are of the same ethnic group. However, an image of their interaction remains in each person's mind. Anderson bluntly asserts that "nationalism is a cultural artifact."[20]

Conflicts and disputes arising from the heterogeneity of the national identities of the people of North and South Korea and thereby creating otherness between the two must be avoided. The way to avoid it is to understand each other's heterogeneous ethnic identities. To be precise, it is necessary to interpret it accurately.

In understanding national identity, Clifford Geertz refers to "thick description" in the his book of "The Interpretation of Culture."[21]

The two groups, socialized by conflicting ideologies, have different material, linguistic, and behavioral symbols. If the symbols are not interpreted, one result of these different symbols is to create mutual exclusion. A "thick description" of human behavior is to describe not only the behavior but also the context of the behavior. Through this analysis, the appearance, language, and behavioral symbols of North and South Korean people become meaningful to each other.

Ethnic boundaries between North and South Korean people are created when the perception of appearance, the meaning of language, and the symbols of behavior are interpreted differently by each other. For example, an in-depth description is a description

---

20) Benedict Andreson, 『Imagined Communities』 (London, New York: Verso, 1991), 6.

21) Clifford Geertz, 『The Interpretation of Culture』 (London: Hutchinson of London, 1975), p. 207, pp. 208-212.

of how this one sentence, "I can." is interpreted in the North and how it is interpreted in the South. This helps in understanding identity and otherness, and ultimately becomes a research tool that provides a clue to resolving conflicts.

In North Korea, "I can do it." is an expression of indomitable will. North Korean children are given wooden pistols in their hands, and a squad of American imperialists soldiers in front of them. You are alone with nothing but a pistol. Can you fight and win against this branch of American imperialism? When asked, the young child has naturally been trained to shout, "Yes, I can do it." This does not mean that the child has learned the tactics or is capable of defeating a squad of adults with a single pistol. It is an education that instills an indomitable will. In North Korea, there is a slogan: "If the party decides, we will do it." It is an indomitable will.

North Koreans who were born and raised in this society and defect from North Korea, enter the Republic of Korea, pass through Hanawon, and come out to South Korean society. They find a job after a lot of difficulties. The first thing you learn when you come to work is the content of the job. South Koreans ask this question. Since they are North Korean defector, they become even more curious and ask the question. The question is "Can you do this?" The employed North Korean defector would answer "yes". Then, South Koreans presume North Korean defectors can do this job because they had the same experience from North Korea. A South Korean employer would simply hand over the job instead of teaching North Korean defectors how to do the jobs.

The South Korean employer would be probably curious about whether what North Korea was doing was the same as what South Korea was doing, or whether it was wrong. However, North Korean defectors did not do the job and just stood there. The South Korean thought he didn't hear what he was saying, so he would tell him again to do the job. As expected, North Korean defectors just stayed standing still. What happened here? The North Korean defector began to feel that something was wrong. South Koreans came to think that the North Korean defector had lied when he said he knew how to do the job, even though he did not know how to do it. North Korean defectors perceived that South Koreans were ignoring them and felt a sense of humiliation. What is the biggest difference between these two people? This is the interpretation of the words "I can do it."

The interpretation in the North Korean defector's mind was that he had 'undaunted will' to do the job, but to South Koreans it meant either he had the experience to do it or had the ability to do it. This is the moment when an encounter is experienced where there is a lack of understanding of each other's national identity. Then, what would happen next? The moment the South Korean co-worker teaching the North Korean defector realized that he could not do it after saying he could do it, the North Korean defector came to be recognized as a "communist" and a "liar" in the South Korean's mind. This process takes place automatically in the perception of South Koreans. This is the result of South Koreans receiving anti-communism education and growing up in an anti-communist environment. From the first day of work, North Korean defectors felt that South Korean employees were ignoring them and looking down on them. North Korean defectors had an anger burning inside them. The North Korean defector wanted to leave that job. This is how an exclusion is formed.

When North and South Koreans meet without understanding each other's ethnic identity, the other becomes the target of exclusion. Conflicts and disputes arise.

There may be areas where people in North and South Korea do not understand each other's differences in national identity. The book "Power A Radical View" written by Steven Lukes explains "the third dimension of power."[22]

One-dimensional power is command. In the military, if you get a command like "Do this!", you must do it. However, sometimes people can rebel. Two-dimensional power is knowing that the other person does not want to do this and somehow creating an environment around it so that he has no choice but to do

---

22) Steven Luckes, 『Power A Radical View』 (London: The British Sociological Association, 2005).

it. Third-dimensional power is making a desire that can be satisfied only by doing the job. Three-dimensional power is not the ordinary exercise of power to make others do what they do not want, but to make others want what the power holder wants to do, and to effectively control their thoughts and desires. It is the highest exercise of power by obtaining their consent. The exercise of power in the third dimension is the way in which people accept their roles in the existing order, either because they can see or imagine that there are no alternatives to their roles, or because they see their roles as essential and unchangeable. This prevents people from becoming dissatisfied by shaping their self-awareness, perceptions, and preferences because they may think their roles are God-given or beneficial.

To explain it very easily with an example, there is Andrew, a British man. I am Korean. Andrew was born in England, and I was born in Korea. However, when I was studying at the University of Edinburgh in Scotland, I lived in a family dormitory called Black Cato Avenue. It was an apartment where mostly British people lived. When my wife made kimchi stew, the moment I ate the sour kimchi stew, my stomach felt refreshed and my thirst was quenched. I can't forget it. Imagine if Andrew lived there. I gave the kimchi stew to Andrew and said, "Try this and it will make your stomach feel better!" That said, Andrew wouldn't have been able to eat it and feel the relief I felt. He does not feel exactly what I feel. Why? This is because I grew up eating kimchi stew since I was young. So, when I eat kimchi stew, I feel refreshed. However, because Andrew was born and raised in England, he did not grow up eating kimchi stew from a young age. That's why he doesn't feel this. To explain third-dimensional power in an extreme way, it means that the power created a desire in me to want to eat kimchi stew. Eating kimchi stew will satisfy your desire to feel refreshed.

Likewise, when the North Korean beauty cheering squad visited South Korea for the first time and went to Daegu, a banner was hung showing President Kim Dae-jung and National Defense Chairman Kim Jong-il hugging each other. But the banner was getting rained on. When the beautiful North Korean cheerleaders saw the wet banner, they got out of the car and shed tears saying that our leader, the General, was being rained on. How was this interpreted in South Korea? South Koreans would simply say it is a "show." Or, they had no choice but to do so because if they did not do so, they would be reprimanded in North Korea. Another interpretation is that it is a natural behavior for them. Of course, there would have been a feeling of compulsion to do so. However, they have been doing sincere work since they were young, when they were in kindergarten. A sincere work was carried out to clean the portraits of leaders and revolutionary historic sites. For them, it is difficult to imagine the leader being caught in the rain, even if his photo is on a banner. It is natural for them to have various emotions arising within them. Just as I feel refreshed when I eat kimchi stew, when they see the leader's picture on a banner and get rained on, it is an operation of third-dimensional power that is like moving an emotional plate for them. Only by doing that act can the desire be satisfied.

Volf said, "It would not be too much to say that the future of our world depends on how we deal with issues of identity and difference."[23] These words express the same meaning. If cultural and ethnic identities are not understood, they are bound to clash with each other. There is no choice but to be excluded. Conflict is bound to arise. In order to understand identity and otherness, we must use 1) the concept of national identity as discussed by Barth, Cohen, and Anderson, 2) the third dimensional power as mentioned by Lux, and 3) the deep technology as mentioned by Geertz as academic tools to understand the identity of others. A process of understanding and interpretation is necessary.

What is commitment to culture? Culture has ideology and uniqueness that creates various ethnic boundaries. The South and North Korea were separated, and in 1948, governments were formed in the South and North respectively. A divided government began, and each North and South developed their own ideologies. The people of North and South Korea, who lived in different experiences

---

23) Miroslav Volf, Op.Cip., 27.

and environments, formed their own national identities. As South Koreans recognized the importance of security while living in a divided country, anti-communism influenced the formation of their national identity. This can appear as an aftereffect of unification even within the community when the Korean unification community of North and South Korea is legally achieved. In other words, even though the two countries are no longer the main enemies of each other, nuclear weapons have been dismantled, and missiles are no longer a threat, and we have become a unified community, the above-mentioned phenomenon can still appear as an aftereffect within the society.

During the Korean War, the Communist Party invaded the South, and during the war, there was a tendency to frame themselves as 'holy' murderers to protect the beliefs and ideologies of each faction. South Korea tends to think of itself as the valiant defenders, based on a sense of mission to eliminate the Communist Party. North Korea has justified itself as a 'holy murderer' within the ideology that the US imperialists must be overthrown.

4. Readjustment of Identity

According to Volf, neo-tribalism "is what divides our society, divides people and cultural groups, and promotes malicious conflict today."[24]

When you are a prisoner of culture, you are a prisoner of your own beliefs and ideologies. It is his own belief, and although he believes that his belief is the belief of a patriot who truly loves this country, there are many cases where it is flawed by beliefs tied to one's pride and blind self-righteousness. He became a prisoner of that belief. It is a prisoner of one's own sinful nature. In this case, Volf's answer is as follows. He argues that the answer can be found by creating the right relationship between distancing from culture and belonging to culture.[25] This problem can be solved by distancing yourself from a certain culture at the same time as belonging to a certain culture. Post-modernist thinker Gilles Dereuz is like a nomad, merging with other streams, changing direction, deterritorializing other streams, and being deterritorialized by other streams.[26]

You can leave a culture without abandoning your culture. The identity of a divided nation is that anti-communism is a consilience (anti-Communist ideology), so it can leave the shadow of anti-communism without abandoning the culture of anti-communism. This could "de-sacralize" anti-communism.[27]

When we distance ourselves from culture, when we separate

---

24) Ibid., 55.
25) Ibid., 55. "The answer lies, I propose, in cultivating the proper relationship between distance from the culture and belonging to it"
26) Ibid., 60.
27) Ibid., 74.

from our own culture, we create space. Then, you will be able to receive others in that space, breaking the self-enclosed worlds.

III. Conclusion

In situations of conflict and disagreement, you may have experienced that you often become an accomplice of war rather than a mediator of peace. We need to reach across the lines and join hands with our brothers and sisters on the other side. This paper described the need for readjustment of identity through separation from the shadow of anti-communist ideology, which is a cause of conflict between North and South Koreans.

There is no way to prevent the exclusion of others without redefining our own identity. In other words, South Koreans should readjust their identity ahead of unification in order to accept their North Korean compatriots in order to form a true Korean unification community rather than converting North Koreans, whose identity is heterogeneous and othered, into South Koreans. This is the ultimate task. It is also a preparation for South Koreans to form a successful community when they receive unification as a gift.

References

Kim Byeong-ro, 「North Korea, Rereading Joseon」, Seoul: Seoul National University Press, 2016.

Volf, Miroslav., translated by Park Se-hyuk, 「Exclusion and Inclusion」, IVP, 2012.

Andreson, Benedict. 「Imagined Communities」, London, New York: Verso, 1991.

Barth, Frederick. 「Ethnic Groups and Boundaries; The Social of Culture Difference, London: George Allen & Unwin, Bergen-Oslo: Universitets Forlaget, 1969.

Erikson, Thomas H. 「Ethnicity and Nationalism. Anthropological Perspectives」, London: Pluto Press, 1993.

Geertz, Clifford, 「The Interpretation of Culture」, London: Hutchinson of London, 1975.

Luckes, Steven, 「Power A Radical View」, London: The British Sociological View Association, 2005.

국제 관계의 관점에서 본 양안* 관계
—그리고 그것이 세상에 미치는 영향

랴오, 빈주
‖ 대만민간지원홍콩협회(台灣民間支援香港協會)

양안 관계와 글로벌 지정학적 재편

2021년 5월 「이코노미스트」지는 "지구상에서 가장 위험한 곳"이라는 제목으로 대만 해협을 세계에서 전쟁이 발발할 가능성이 가장 높은 지역으로 선정했다. 이 기사는 러시아-우크라이나 전쟁이 발발하기 전에 보도되었다. 이 기사에서는 오늘날 이 지역이 세계에서 잠재적 분쟁지역이 된 두 가지 주요 이유를 밝혔다. 첫 번째 이유는 대만이 세계 반도체 산업의 중심에 있기 때문이다. 두 번째 이유는 최근 몇 년 동안 미국과 중국 간의 군사적 대립이 격화되고 있다는 점이다.

---

* 역자 주: 중국과 대만은 서로가 국가로 인정하지 못하는 상황에서 해협의 양쪽 편이라는 뜻으로 양안이라는 용어를 사용한다. 학자들이 먼저 사용하기 시작했지만 양안관계(Cross-Strait relations)라는 말은 중국과 대만을 지칭하는 공식 용어가 되었다.

2022년 2월 러시아의 우크라이나 침공은 전 세계에 대만 해협에서 군사적 충돌이 발생할 가능성을 경고했다. 한편 미국의 바이든 행정부는 트럼프 행정부가 채택한 대중국 강화 정책을 재확인했다. 반면 러시아에 대항하는 우크라이나의 의지와 능력은 임기 중 대만 통일을 완성하려던 시진핑 행정부가 대만에 대한 군사적 침공 가능성을 재평가하게 했다.

확실한 것은 러시아-우크라이나 전쟁과 (시진핑) 집권 이후 중국의 팽창주의 정책이 세계의 지정학적 지형을 서서히 바꾸고 있다는 것이다. 미국과 중국 사이에 위치한 작은 나라 대만은 국제정치에서 갈등 해결의 중요한 사례 연구 대상이 될 것이다.

이 강연에서 저는 국제 관계와 국내 정치를 분석 요소로 삼고 제2차 세계대전 이후 시기의 여러 단계를 타임라인으로 삼아 양안 관계, 즉 대만과 중국의 관계를 분석하고자 한다.

다음 다섯 가지 요소로 시대별 양안 관계를 분석해 볼 것이다. 대만의 국내 정치, 국제 관계 속의 대만, 중국의 국내 정치, 국제 관계 속의 중국, 양안 관계. 그런 다음 양안 관계의 단계를 크게 7가지 시기로 구분하여 살펴보겠다. 첫째 시기는, 1949년부터 1971년까지 중국 국공 내전의 지속과 양안 분할의 초기 단계; 둘째, 1971년부터 1979년까지 국제 정세의 급격한 변화와 유엔에서 중국의 대표권 국가 변경; 셋째, 1979년부터 1989년까지 양안 상호 작용의 재개; 넷째, 1989년부터 2000년까지 대만의 민주화와 양안 갈등의 심화; 다섯째, 2000년부터 2008년까지 중국의 부상과 대만 친독립 진영의 집권; 여섯째, 2008년부터 2016년까지 양안 경제 통합과 대만 내 반중 여론의 고조; 일곱째, 2016년부터 2023년까지 지정학적 재편과 양안 관계의 대립이 그것이다.

1. 1949~1971년: 중국 국공 내전의 지속과 양안 분할의 초기 단계

현대 중국은 1912년에 건국되었지만 대만 해협 양안이 분리된 것은 1949년이 되어서였다. 제2차 세계대전이 끝난 1945년부터 1949년까지 국민당(KMT)과 중국공산당(CCP)은 중국 본토에서 국공 내전을 치렀다. 1949년 중국공산당이 정권을 수립하고 중국 본토를 통치했으며, 국민당은 국공 내전에서 패한 후 대만으로 정권을 옮겼다. 그 이후로 중국을 대표한다고 주장하는 두 개의 서로 다른 정권이 각각 중국 본토와 대만을 각각 통치하고 있으며, 이는 중국 국공 내전의 연속이라고 할 수 있다.

첫 번째 요소인 대만 국내 정치라는 관점에서 볼 때 국민당은 대만에서 정권을 재수립했다. 이 시기의 국민당 정권은 단일당 군사 독재주의 정권, 국민당의 당-국가 체제 재건, 후견-피후견주의 등 몇 가지 특징이 있었다 군인 출신의 장개석은 독재자로서 국민당을 이끌었고 당의 기구를 이용해 대만에서 우익 권위주의 독재를 확립했다. 국민당의 당 조직은 소련 공산당(CPSU)의 도움으로 구축되었다. 그러나 국민당이 중국을 통치하는 동안 이 시스템을 완전히 구현하지 못한 것이 국민당이 중국 공산당(CCP)에 패배한 주요 원인으로 꼽힌다. 따라서 국민당이 대만에서 권력을 재수립한 후 첫 번째 과제는 당 조직이 대만 사회에 침투하는 "준 레닌주의 당 국가 체제"를 보다 완벽하게 구현하는 것이었다. 또한 국민당은 대만 지역 정치 엘리트들의 정치적 지지를 대가로 경제적 특권을 제공하는 "후원자-피후원자주의"를 형성했다. 국민당의 권위주의 정권은 국제무대에서 미국의 지원을 받았다.

국제적인 관점에서 볼 때 당시 대만은 미국과 소련이 서로 대립하는 냉전 시대의 국제 체제 구조 아래 있었다. 소련이 주도하는 공산주의 진영의 영향력 확대를 막기 위해 미국은 대만을 통치하던 국민당 정권에 강력한 외교적 지원을 제공했다. 공산주의 진영을 방어하는 방어선으로서 첫 번째 사슬인 작은 섬 대만은 미 제7함대의 지원을 받아 방어에 나섰다. 미국과 그 영향력 아래 있던 서방 국가들은 대부분 중화민국을 국가로 인정했다. 이 단계에서 중화민국의 외교 동맹국 수가 점진적으로 증가했다. 그 결과 대만의 중화민국 정권은 정권 수준을 넘어 '우발적으로 생성된 국가'가 되었다. 중국인민공화국의 국내 정치 측면에서 볼 때 마오쩌둥(毛澤東) 치하의 중화인민공화국은 1957년 반우파운동과 1966년 문화대혁명을 10년간 지속하면서, 중화인민공화국 정치의 전체주의적 경향을 드러내며 극단주의의 길로 들어섰다. '사회주의 건설 총노선', '대약진운동', '인민공사'를 포함하는 이른바 '삼면홍기(三面紅旗)'는 중화인민공화국을 경제 및 사회 차원에서 완전한 사회주의 국가로 변화시키려고 시도했다.

미국과 소련 경쟁 구도의 냉전 구조에서 중화인민공화국은 처음에는 소련 및 비동맹 국가들과도 비교적 양호한 외교 관계를 유지했다. 반면 중국은 점차 소련 및 인도와 소원해졌다. 1956년 중화인민공화국 지도자 마오쩌둥과 소련 지도자 니키타 후르시초프 간의 공산주의 노선을 둘러싼 분쟁을 시작으로 1969년 젠바오섬 사건으로 인한 영토 분쟁이 이어지면서 양국 관계는 점차 악화했다. 또한 1962년 중화인민공화국과 인도 간의 심각한 국경 분쟁으로 인해 양국은 서로를 적대시하게 되었다.

양안 관계의 관점에서 볼 때 중화민국(ROC)과 중화인민공화국

(PRC)의 두 정권은 여전히 내전 상태에 있었다. 주된 이유는 두 정권이 서로 중국 주권의 유일한 합법적 대표라고 주장했기 때문이다. 그래서 두 정권은 이 단계에서 군사적 수단으로 상대 정권을 제거하려고 했다. 가장 대표적인 예는 1958년 대만의 외딴섬 진먼에서 발생한 제2차 대만 해협 위기이다.

2. 1971~1979: 국제 정세의 급격한 변화와 유엔에서 중국 대표권 교체

1970년대는 국제 정세가 극적으로 변화한 시기였다. 미국을 중심으로 한 서방 국가들이 중국과 연합하여 소련을 봉쇄하려는 전략의 변화로 인해 중화인민공화국의 국제적 위상이 급격히 높아졌고, 중화인민공화국에 대한 국제적 인지도는 점차 하락했다. 이 기간 동안 대만은 주로 중화민국 정권의 국제적 지위 변화에 영향을 받았다. 미국은 소련을 봉쇄하기 위해 중국과 동맹을 맺는 외교 정책 전략을 채택했다. 이후 발생한 사건은 다음과 같다: 첫째, 1971년 중화민국 대신 중화인민공화국이 중국을 대표하는 유엔대표권을 갖게 되었다. 둘째, 일본(1972년)과 미국(1979년)이 중화민국과의 외교 관계를 단절하고 중화인민공화국(이하 중국)과 외교 관계를 수립했다.

국제 환경의 변화는 이 기간 동안 대만 국내 정치의 발전에 큰 영향을 미쳤다. 이 기간 동안 대만은 1960년대에 급속한 경제성장을 경험하며 신흥공업국(NIES)이 되었다. '아시아의 네 마리 용'의 다른 국가(한국, 싱가포르, 홍콩)와 마찬가지로 대만의 경제 발전은 국가 주도의 경제 정책과 함께 정치적 권위주의에 기반을 두고 있었다. 이러한 정권은 종종 "개발 권위주의 정권"이라고 불리며, 이들이 채택한 경제 발전 방식을 "개발 도상 국가"라고 부르기도 한다. 정치-사회적 차원에서는 유엔에서 중화민국이 중국의 대표성을 상실하고 국제적 지위가 크게 하락하면서 국민당 정권의 '대외적 정당성'이 약화했다. 따라서 국민당 정부는 '내부 정당성'을 강화하기 위해 국내 정치에 대한 통제를 점차 완화했고, 이 기간 동안 대만에서 야당 운동이 크게 성장하여 1979년 '포모사 사건'[1]이 발생하여 정부에 의해 진압되었다.

국제정세로는 미국이 중국과의 적대 관계를 종식하고 중국과의 관계를 정상화하기 시작했다. 닉슨 대통령은 1971년 헨리 키신저를 비밀리에 중국에 파견했다. 1972년 닉슨 대통령은 베이징을 공식 방문하여 중국과 공동성명에 서명했는데, 이 성명은 미국이 중국의 '하나의 중국 원칙'을 "인정"하고 "그 입장에 도전하지 않는다."라는 내용을 담고 있어 향후 양국 수교를 위한 토대를 마련했다. 1979년 미국과 중국은 공식적으로 외교 관계를 수립하고 외교 관계 수립에 관한 미중 공동성명에 서명했다. 또한 냉전 시기 동아시아에서 미국의 가장 중요한 동맹국이었던 일본도 1972년 초에 중국과 정식 외교 관계를 수립했다. 국내 정치 수준에서는 1976년 중국 지도자 마오쩌둥이 사망하면서 중국 정치의 극좌 이데올로기적 지배가 종식되었다. 1978년 권력 투쟁에서 승리한 중국 지도자 덩샤오핑은 중국 경제의 '개혁 개방'을 시작했고, 이는 중국 경제의 발전으로 이어졌다.

이 시기의 양안 관계는 이전 시기의 대립에서 비소통 및 비교류 단계로 이동했다. 그 주된 이유는 국제 정세의 극적인 변화에 더해

---

1) 가오슝 사건은 대만사변, 아름다운 섬 사건, 포모사 잡지 사건으로도 알려져 있으며, 대만 계엄령 기간인 1979년 12월 10일 대만 가오슝에서 발생한 민주화 시위에 대한 정부의 억압 사건이다.

대만 해협 양안 정권이 내부적으로 큰 정치 및 사회 변화에 직면했기 때문이다. 당시 양안 관계에서 가장 중요한 점은 1971년 유엔이 결의안 2758호를 통과시켜 중국의 대표권을 중화민국(ROC)에서 중국(PRC)으로 교체한 것이다. 즉, 유엔 차원에서 중화민국이 아닌 중화인민공화국이 중국의 주권을 대표하게 된 것이다.

3. 1979~1989: 양안 교류 재개

이 시기는 중화인민공화국의 국제사회 복귀, 양안 통일 프로그램 재개, 양안 인적 교류 재개를 배경으로 양안 교류가 새로운 국면에 접어들었다.

이 시기에 대만은 '정치적 자유화' 과정을 시작했다. 집권 국민당이 사회에 어느 정도의 자유를 부여한다는 전제하에 노동, 환경, 여성 인권, 원주민 권리 등의 사회 문제가 점차 강조되었고, 동시에 사회 운동의 과정을 통해 이러한 문제가 정치적 의제로 등장했다. 이 시기에는 단일 집권 국민당의 정치 엘리트 집단 내부에 점진적인 분열이 있었지만, 이것이 집권 집단의 권위주의적 통치를 완화하는 조건이 되지는 못했다. 대만 국내 정치의 이러한 변화는 미국이 여전히 대만과 긴밀한 실질적 관계를 유지하고 있었다는 사실에 근거했다. 이 기간 동안 미국 의회는 1979년 대만에 대한 방위 공약을 담은 대만 관계법을 통과시켰고, 레이건 행정부도 대만에 '6가지 보장'을 제공했다.

1970년대 후반부터 시작된 '개혁 개방'은 중국의 계획 경제를 느슨하게 했을 뿐만 아니라 중국 사회에 지적 해방의 분위기를 불러일으켰다. 이러한 자유화 분위기는 중국 사회의 지식인 계층뿐만 아니라 중국공산당(CCP)의 지배 집단까지 확산되었다. 딩시 중국공산당의

개혁파에는 명목상 중국공산당의 최고 지도자였던 후야오방과 자오쯔
양이 포함되어 있었는데, 두 사람은 경제 개혁뿐만 아니라 정치 체제
개혁도 주장했다. 그러나 중국공산당 지배 엘리트 내 자유주의 세력은
오래가지 못하고, 1989년 민주주의와 자유에 대한 요구를 억압하기
위한 천안문 사건으로 모두 제거되었다. 중국의 경제 개혁은 정치
체제의 개혁을 기반으로 하지 않았기 때문에 경제 발전 과정에는 관료들
의 지대 추구 행위2)로 인한 부패가 수반되었다.

이러한 부패는 시민과 지식 계층의 반발로 이어져 1989년 천안문
광장 민주화 운동으로 이어졌다. 중국의 국내 정치 변화와는 대조적으로
이 시기 중국의 국제적 지위는 안정화되었다. 1982년 미국과 중국은
8월 17일 공동성명에 서명했는데, 이 공동성명은 미국이 대만에 대한
무기 판매를 줄이겠다고 중국에 약속하는 것에 초점을 맞춘 것이다.

양안 관계 측면에서는 중화인민공화국은 국제무대로 복귀하고
경제 개혁을 시작한 후 마침내 대만 재통일이라는 의제에 다시 관심을
집중했다. 1979년 중화인민공화국 전국인민대표대회(전인대) 상무위
원회는 미중 국교 수립일에 '대만 동포에게 보내는 메시지'를 발표하여
양안 재통일이라는 궁극적 요구를 공개적으로 제시하는 동시에 양안
교류 확대 정책을 제시했다. 대만의 국민당(국민당) 정권도 1980년대에
양안 교류를 점진적으로 재개했고, 1987년에는 대만인들이 중국에
있는 친척을 방문할 수 있도록 문호를 개방했다. 이 기간 동안 대만
기업인들이 중국에 투자하기 시작했고 개혁 개방 정책에 따라 중국의

---

2) 지대: 地代 · rent · 부동산과 같이 생산요소의 공급이 제한되거나 가격에 대해
   탄력적이지 않아서 공급자가 기회비용보다 더 크게 얻는 수입으로 중국은 여전히
   규제 부재, 규제 이탈, 규제 부실, 규제 권력을 이용한 지대추구가 문제되어 왔다.

경제 발전에 가장 중요한 기여자가 되었다는 점도 언급해야 할 것
같다.

4. 1989~2000: 대만 민주화 및 양안 갈등 심화

1989년은 베를린 장벽의 붕괴가 이듬해 소련과 동유럽의 공산주의
정권이 붕괴되는 계기가 되었기 때문에 전 세계에 중요한 해였다.
반면 아시아 대륙에서는 중국이 천안문 민주화 운동을 억압하면서
권위주의 중국공산당 정권의 정치적 수명을 연장했다. 반면, 당시 대만
은 중국권 사회에서 최초의 민주주의 국가가 되기 위한 길을 걷고
있었다. 이처럼 한편으로는 대만 해협 양안 정권이 정치 및 경제 발전에
서 서로 다른 길을 걸어왔다고 보이고, 다른 한편으로는 양국 관계는
긴장 상태에 있었다고 할 수 있다.

이 시기는 대만의 정치 민주화를 위해 매우 중요한 시기였다.
집권당인 국민당 파벌 내에서 장칭궈의 뒤를 이어 총통이 된 뜻밖의
인물 리덩후이(李登輝)는 당시에도 확고한 정치력을 갖지 못했다. 그러
나 리덩후이는 1990년 야백합 학생운동, 대만 지역 파벌의 힘, 중국
공산당의 대만에 대한 압력을 이용하여 일련의 헌법 개정을 추진하고
국민당 내 반대 세력을 점진적으로 제거함으로써 자신의 총통 권력을
공고히 하고 대만의 민주화를 촉진하는 데 성공했다. 이러한 대만의
민주화 과정은 대만을 권위주의 체제에서 민주주의 체제로 전환시켰을
뿐만 아니라 중화민국 정치 체제의 성격을 바꾸어 중화민국의 정치
체제를 대만의 정치 체제로 만드는 것, 즉 '중화민국의 대만화'[3]를

---

3) 1992년 "국가통일위원회"는 「"하나의 중국"의 함의」라는 짧은 문건을 발표하여

가져왔다.

중화인민공화국(PRC)의 국제사회 복귀로 대만의 국제적 지위가 하락하고 있었음에도 불구하고 이 기간 동안 리덩후이 총통의 '실용주의 외교' 전략은 중화민국의 외교적 관계의 수를 증가시키는 결과를 가져왔다. (중화민국의 수교국 수는 1988년 24개국에서 1991년 30개국으로 늘었다가 2000년 29개국으로 감소했다). 리 총통은 중화민국 주석 재임 기간 동안 모교인 코넬대학교 방문을 명분으로 미국을 성공적으로 방문하여 중화민국에 대한 중국의 외교적 탄압을 돌파하기도 했다.

이 시기는 중국(PRC) 국내 정치에서 '정치적 권위주의와 경제적 자유화' 모델이 확립된 중요한 분수령이 된 기간이다. 1980년대 이후, 보다 개방적이었던 정치 분위기는 1989년 중국공산당 정권이 천안문 광장 민주화 운동을 탄압하면서 중단되었다. 천안문 사태 이후 중국의 경제 정책도 더욱 보수적인 모습을 보였다. 1992년 중국 지도자 덩샤오핑(鄧小平)의 중국 남부 순방 이후에야 비로소 중국이 개혁개방의 경제 노선을 계속 따를 것이라는 사실이 확인되었다.

이 기간 동안 중국은 미국을 필두로 서방 국가들 로부터 국제적인 지원을 계속 받았다. 중국에 대한 외국인 직접 투자는 극적으로 증가하여 중국 경제 발전의 중요한 원동력이 되었다. 미국은 천안문 사건 이후 중국에 대한 경제 제재 정책을 포기하고 무역과 인권을 분리하는 정책을 채택했다. 이러한 움직임은 주로 중국의 경제 발전을 촉진하는

대만의 "하나의 중국"에 대한 해석을 제시하였다. 즉, 양안은 모두 "하나의 중국"에 동의하지만, 대륙이 주장하는 "하나의 중국"은 "중화인민공화국"이고, 대만이 주장하는 "하나의 중국"은 1912년 건립한 "중화민국"이며 그 주권은 전 중국을 포함하지만, 현재 통치권은 대만지역에 한정된다. 대만과 대륙은 모두 중국의 일부분이다.

것이 사회적 다원주의와 그에 따른 정치적 민주화를 이루는 데 도움이 될 것이라는 가정에 기초한 것이다. 이런 시도는 나중에 완전히 잘못된 것으로 판명되었지만, 아마도 미국 외교정책계가 중국의 인권 문제와 무관하게 중국과의 무역 및 경제 관계를 유지할 수 있다고 스스로를 설득하기 위해 사용한 변명으로 볼 수 있다.

양안 관계의 관점에서 보자면 이 시기에 대만 해협 양측의 공식 대표가 회담을 시작했다. 정확히 말하면, 정치적 분쟁을 피하기 위해 대만 해협 양안 당국은 비공식 시민 단체와 대표들에게 양자 회담을 진행하도록 위임했다. 이른바 '1992년 공식'은 20년 넘게 양안 관계의 '긴고아'(緊箍兒)[4]를 구성했으며, 이 기간 동안 '하나의 중국'을 정의한 양자 간의 문서였다

1995년에는, 대만 해협 양안 지도자 간에 중요한 정치적 언어 교환이 있었다. 첫 번째로, 장쩌민(江澤民) 중화인민공화국 주석은 '하나의 중국' 원칙을 고수하고 대만 통일을 위한 무력 사용을 포기하지 않겠다는 '장 8개 항'을 발표했다. 이어서 리덩후이 총통은 상호 교류와 분쟁의 평화적 해결을 촉구하는 '리의 6개 항'으로 대응했다. 1995년 리덩후이는 모교인 코넬대학교에서 한 연설에서 "대만에 세워진 중화민국"이라는 말로 중화민국 정권과 대만의 관계를 정의했다. 이러한 양안 관계의 국면은 1996년에 절정에 달했다. 대만의 총통 선거 며칠 전, 인민해방군(PLA)은 대만 해협에서 군사 훈련을 집중적으로 실시하여 무력 위협을 통해 대만의 정치 상황에 영향을 미치려 했다.

1999년 도이체 벨레(Deutsche Welle)와의 인터뷰에서 대만 지도

---

4) 긴고아(緊箍兒): 서유기(西遊記)에서 삼장 법사(三藏法師)가 손오공(孫悟空)의 머리에 씌운 금테를 조일 때 사용하는 주문.

자 리덩후이는 중국의 주권을 대표한다고 주장하는 중화인민공화국
(PRC)과 중화민국(ROC)과의 관계를 '특별한 국가 대 국가 관계'로
정의했다.

5. 2000~2008: 중국의 부상과 대만의 친독립 진영의 득세

이 시기의 주요 축은 중국의 세력 부상과 친독립 성향의 민주진보당
(DPP)이 중화민국 정권에서 처음으로 권력을 장악한 것이었다. 그
이후로 대만의 정치 의제는 선거 정치가 지배적이었는데, 이는 주로
다원적 정치 경쟁과 정기 선거라는 민주주의 체제의 특성 때문이라는
점을 주목할 필요가 있다.

이 시기의 대만 국내 정치 상황은, 국민당 후보가 분열된 가운데
친독립 성향의 민진당 대선 후보 천수이볜(陳水扁)이 예상 밖의 승리를
거두며 양안 관계의 판도를 이미 다시 써 내려가고 있었다. 정치적
관점에서는 양안의 재통일을 지지하는 범청 진영과 대만 독립을 지지하
는 범녹색 진영의 대립이 심화되기 시작했다. 이처럼 대만의 양극화된
정치는 민주화와 "양안 통일이냐, 대만 독립이냐?"라는 난해한 국가
정체성 문제가 뒤섞인 결과 발생한 변화의 산물이라고 할 수 있다.
국제관계의 맥락에서 보면 이 시기에 대만은 경제의 세계화에 더 잘
참여하기 위해 2002년에 세계무역기구(WTO)에 가입했다. 국제정치의
관점에서는 이 시기에 천수이볜(陳水扁) 총통이 재임 기간에 대만 독립
을 지지하는 보다 급진적인 정치 담론을 표명하면서 미국 정부는 민진당
정권에 대해 의구심을 품게 되었다.

이 무렵 중국은 서구 기업들에게 저렴한 노동 시장의 매력으로
인해 세계의 공장이 되어가고 있었다. 대만과 마찬가지로 중국도 세계

경제에 통합되기 위해 2001년에 세계 무역 시스템에 가입했다. 미국 의회 또한 중국과의 "영구적인 정상 무역 관계"를 승인했다. 2008년에는 중국의 수도 베이징에서 올림픽이 개최되었는데, 중국 관리들은 이를 중국이 더 이상 억압자의 모습이 아닌 떠오르는 강대국으로 변모하고 있음을 보여주는 중요한 상징으로 여겼다. 같은 해, 중국의 민주주의를 지향하는 지식인 그룹은 입헌 민주주의 국가로서의 중국의 비전을 담은 '헌장 08'이라는 선언문을 발표했다.

양안 관계와 관련하여 중국은 대만에서 민진당 정부가 집권하는 동안 대만에 대해 상대적으로 강경한 입장을 취해 왔다. 이 기간 동안 대만과 중국 국민들 사이에 비즈니스 접촉은 있었지만 대만 해협 양안 간에는 공개적이고 빈번한 공식 접촉이 부족했다. 2000년 중화민국 총통으로 선출된 천수이볜은 대통령 취임 연설에서 언급한 양안 정책의 '4불 1무(四不一沒有)'를 실천에 옮겼다. 그러나 천수이볜의 온건한 노선도 중국이 민진당 정부에 대해 더 우호적인 태도를 취하도록 유도하지는 못했다. 이처럼 양안 문제에 대한 중도적 접근이 효과를 거두지 못하자 천수이볜은 친독립 진영의 지지를 회복하는 데 관심을 돌렸다. 이를 위해 그는 정치 담론에서 보다 뚜렷한 친독립 입장을 취했는데, 그중 가장 중요한 것이 2002년 '일국양제(一國兩制)'였다. 천수이볜이 '대만을 위한 228 인간띠 캠페인 (228 Hand in Hand for Taiwan: 02.28.2004)'과 주권에 대한 분명한 요구로 총통 재선에 성공한 후, 중화인민공화국(PRC)은 2005년 반국가분열법(反分裂國家法)을 제정하여 민진당 정부에 대만 독립을 위한 어떠한 정치적 움직임도 하지 말라고 경고하게 된다.

6. 2008~2016: 양안 경제 통합 및 대만 내 반중 여론의 고조

이 시기는 대만 국민당 정권의 총통인 마잉주(馬英九)가 주관했던 시기로, 양안 간 경제 통합 과정을 시작한 양안 협정 체결 및 교류 정책이 주를 이뤘다. 양안 교류의 문이 활짝 열리자 대만에서는 양안 통합에 대한 의구심이 제기되었고, 사회 운동과 지방 선거로 인해 국민당 정부는 중화인민공화국 정부와의 중요한 경제 협정 체결을 중단할 수밖에 없었다. 그 이후로 대만의 여론은 중화인민공화국에 대해 점점 더 경계심을 갖게 되었다.

민주주의 체제하의 정책은 주로 선거 정치에 의해 결정되며, 이는 서로 다른 정치적 성향을 가진 정권이 매우 다른 외교 정책으로 권력을 잡을 수 있도록 한다. 이 기간 동안 대만은 중화인민공화국에 더 우호적이었던 마잉주 국민당 정부가 국정을 운영했다.

첫째, 무엇보다 마 총통이 이끄는 국민당은 대만의 정치적 성향 면에서 '중국 민족주의'의 입장의 정권이었다. 중국 민족주의는 민족을 공통의 피, 언어, 문화적 뿌리를 가진 공동체로 정의하는 데 초점을 맞춘 '민족 민족주의'의 원형에 더 가깝다. 국민당의 민족주의에 대한 관점은 청나라 말기에 반(反)만주 한족을 '중화 민족' 건설의 기초로 삼았던 창시자 쑨원과 이론가 장타이옌의 영향을 받았다. 마잉주의 집권 동안 대만을 통치한 국민당은 쑨원이 주창한 민족주의적 관점을 계승했고, 대만해협 양안의 궁극적인 재통일을 현대 중국 혁명의 미완의 사명으로 여겼다.

둘째, 국민당의 권위주의적 대만 통치 기간 동안 국민당은 국가 주도의 경제 정책을 활용하고 뛰어난 경제 및 기술 관료들이 보완하여 대만의 경제 기적을 건설했다. 이후 경제 발전은 국민당 정권의 통치

능력을 강조하는 간판이 되었다. 그것들은 주총통의 정권을 각인시켰고, 또한 국민당은 신흥 경제 강국으로 부상한 대만과 중국 간 경제 및 무역 시장 통합을 가속화하여 경제 발전의 중요성을 강조했다. 국민당 정부는 2009년에 중화인민공화국과 양안 경제협력기본협정, 소위 'ECFA'라 부르는 협정을 체결할 것을 제안했다. 그리고 이듬해 첫 번째 협정에 서명했다. 이 협정의 주요 목적은 자유무역협정(FTA)의 형태로 대만해협 양안간 시장 접근 장벽을 낮추는 것이었다.

마잉주 총통의 두 번째 임기에 와서야 그의 임기 동안 양안 경제 통합을 가속화하기 위한 시도로 양안 서비스 무역 협정(CSSTA)이 2013년에 체결되었다. 이 조치는 다시 한번 대만 내 중국 회의론자들의 반대를 불러일으켰는데, 이들은 국민당 정부의 과도한 친중 밀착 정책이 대만의 경제적 자율성 상실과 더불어 정치적 자율성을 더욱 약화시킬 것이라는 이유로 반대했다. 마침내 2014년에는 '해바라기 운동'이 대만 의회를 점거하며 대만 사회의 이목을 집중시켰다. 이 운동은 집권 마잉주 정부의 인기를 심각하게 훼손했고, 그해 지방 선거에서 국민당이 대패하는 결과를 가져왔다. 2015년 마잉주 총통은 싱가포르에서 시진핑 중국 국가주석과의 회담을 주선하면서 국가원수로서의 정체성을 스스로 모호하게 만들기도 했다. 결국 이러한 정치적 행보는 실질적인 의미보다는 상징적인 의미가 더 컸다고 할 수 있는데, 마잉주 총통이 중국 현대사에서 자신의 역사적 입지를 다질 수 있었지만 국민당 정부의 낮은 국민 지지율 추세를 바꾸지 못했기 때문이다.

이 시기의 대만을 국제적인 관점에서 바라본다면, 마 총통의 중화인 민공화국에 더 가까워지려는 정책 방향은 미국과 중국 사이에서 대만의 균형을 유지하려는 시도로 해석할 수 있다. 이는 마 총통의 임기 동안 대만의 국제적 생존을 위해 대만의 지위와 국호를 중국에 양보했지만, 그 결과 국민당 정부와 미국과의 실질적인 교류가 줄어들지 않았다는 사실에서 알 수 있다. 미국은 이 기간 동안 대만에 대한 무기 판매를 계속해 왔으며, 2012년에는 대만을 비자 면제 회원국 목록에 추가했다. 당시 오바마 행정부는 '아시아 태평양 재균형' 정책을 통해 아시아 태평양 지역에서 중국의 군사력 확장을 억제하려 했지만, 대만에 대해서는 오랜 기간 유지해온 '하나의 중국 정책'과 '전략적 모호성'을 여전히 유지했다.

2001년 중국이 세계무역기구(WTO)에 가입한 후 중국 경제는 극적으로 성장하여 2010년에는 세계 2위의 경제 대국이 되었다. 2012년에는 시진핑이 중국의 지도자로 취임했다. 이 시기에 중국의 국내 정치는 시민 사회의 공간을 점차 제한하고 있었다. 2003년부터 시작된 인권 보호 운동(웨이취안 운동)은 탄압을 받았고 언론, 사상, 학문의 자유는 점점 더 엄격한 통제를 받게 되었다. 시진핑이 지도자로 취임한 후 중국의 외교 정책은 덩샤오핑의 '내향적' 접근 방식에서 '팽창주의적' 접근 방식으로 점차 전환되었다. 특히 중국 정부는 중앙아시아, 중부 및 동부 유럽, 동남아시아, 남아시아, 아프리카 전역에 걸쳐 글로벌 지리경제적 영향력을 확대하기 위해 2013년 '일대일로(一帶一路, One Belt, One Road) 구축안: Belt and Road Initiative(BRI)'을 출범시켰다. 또한 지정학적으로도 중국은 동남아시아, 아프리카, 라틴 아메리카의 국가들을 적극적으로 끌어들이고 있다. 요약하면, 놀라운 중국의 전 세계적인 영향력 확대는 미국의 패권에 도전했을 뿐만 아니라 세계 대부분의 국가가 중국의 강력한 영향력으로 대만의 국제적 생존 공간을 견제하도록 강요했다. 이는 양안 관계 악화의 주요 원인 중 하나이다.

7. 지정학적 재편과 양안 관계의 대립

이 시기의 양안 관계는 미국, 중국, 대만의 국내 정치 변화에 영향을 받아 구조적으로 변화했다. '전략적 삼각관계'의 관점에서 미-중-대만 삼각관계는 미-중 관계 악화, 미-대만 관계 개선, 중국-대만 관계(양안 관계) 악화의 구조를 나타냈다. 이 기간 동안 세 정당의 주요 외교 정책은 모두 크게 조정되었다. 미국은 중국의 팽창주의 군사, 외교, 경제 정책으로 인해 위협을 받았다. 미국의 공화당 행정부는 중국에 대해 더 강경한 정책을 채택했고, 이는 점차 초당적 합의로 발전했다. 대만의 민주진보당 정부가 다시 집권하면서 '친미, 반중' 정책을 채택했고, 대만의 주류 여론도 이 정책을 지지하는 경향이 있다.

이 기간 동안 대만은 마잉주 정권의 대만해협 집중 경제 통합 정책과 높은 수준의 대 중국 정치적 우호 경향으로 인해 '반중 의식'의 물결이 커졌다. 2016년 민진당의 차이잉원(蔡英文)이 총통으로 당선되었다. 차이 총통은 중국에 대한 태도가 이전 친독립 성향의 민진당 총통 천수이볜보다 온건했으며, 현상 유지를 선호하는 정치적 언어를 더 많이 사용하는 경향이 있었다. 차이 총통이 이끄는 민진당 정부의 대만의 국가적 입지에 대한 접근 방식은 일반적으로 대만 여론에 의해 대만 독립을 급진화하던 민진당의 이전 노선을 명목상 포기한 것으로 인식되고 있다. 또한 차이 총통은 "중화민국은 대만과 동등하다."라는 입장을 강조하는 정치적 수사를 자주 사용하며, 대만의 정치 성향 차원에서 "현상 유지" 입장의 대변인으로서 국민당을 점차 대체하고 있었다.

차이 총통의 첫 임기 2년 동안 대만 국내 정국을 위해 정부가 채택한 '불완전한 개혁'은 민진당 지지자와 반대자 모두의 불만을 불러일으켰고, 2018년 대만 지방 선거에서 민진당이 대패하는 결과를 초래했다. 그러나 이때의 선거 결과를 좀 더 합리적으로 분석해 보면 대만 국민들의 민진당에 대한 불만은 민진당의 양안 및 외교 정책보다는 국내 문제를 다루는 민진당 정책에 대한 불만이라는 것을 알 수 있다. 민진당에 대한 지지도가 낮은 상황에서 국민당의 떠오르는 카리스마 정치인 한궈위(韓國瑜)가 국민당을 대표해 차이잉원(蔡英文)에게 2020년 중화민국 총통 선거에 도전장을 내밀었다. 그렇지만 이 시기의 대외 환경 변화는 대만 내정에 영향을 미쳤다. 먼저, 2019년 설날에 시진핑 중국 국가주석은 대만을 대상으로 중요한 연설에서 대만 재통일을 위해 무력 사용도 배제하지 않겠다는 입장을 재확인했다. 차이잉원 대만 총통은 이날 더 강경하고 단호한 발언으로 응수했다. 이러한 움직임은 대만 국민들의 관심을 국내 문제에서 양안 및 국제 정치로 옮겨놓았다. 둘째, 2019년 6월 홍콩에서 대규모 '홍콩의 송환 방지법 개정안 운동'이 발생하여 홍콩 사회 전체에 영향을 미쳤다. 이 사건으로 인해 국제사회와 대만 국민은 중국의 권위주의 통치와 인권 문제에 높은 경각심을 갖게 되었다.

이 두 가지 요인으로 인해 2020년 대만 총통 선거의 초점이 양안 관계와 민주주의 수호로 옮겨졌다. 대만 정치 분위기에 '반중 심리'가 다시 확산되었고, 이는 차이잉원 총통이 2020년 총통 선거에서 한궈위를 앞서게 된 핵심 요인이 되었다.

2020년 초 전 세계적으로 코로나19 팬데믹이 발생했을 때 차이잉원 정부는 팬데믹 초기, 대만 내 높은 국민적 지지를 받으며 잘 대처했지만, 팬데믹이 장기간 지속되면서 민진당의 통제 및 백신 정책 관련하여 많은 회의론을 여전히 불러일으켰다. 2022년, 역사가 반복되듯 민진당은 대만 지방선거에서 다시 한번 대패했으며, 그 패배의 폭은 2018년보다 훨씬 더 컸다. 그 주요 원인은 민진당 정부의 '불완전한 개혁', 정치적 리더십 부족, 지난 6년간의 집권 기간 동안의 대응력 부족에 있다. 먼저, 이른바 '불완전의 개혁'은 진보와 개혁 노선을 표방하는 민진당이 2016년 집권하면서 유권자들에게 내세운 주요 공약이 사법개혁, 저임금 문제, 주택 문제, 분배 불평등 문제 등을 해결하겠다는 것이었으나 민진당 정부가 이러한 문제를 해결하기 위한 뚜렷한 개혁을 하지 않았다는 것이 대만 국민들의 주된 느낌이다. 둘째, 정부의 정치적 리더십과 대응력 부족에 대해서는 총통, 총리, 민진당 행정부 고위 관료들이 주요 정책 현안에 대해 국민 및 야당과 공개적이고 솔직하게 소통하는 경우가 드물다는 점을 지적한다. 2024년 총통 선거를 앞둔 2023년 8월 현재 대만에는 여야를 막론하고 최소 3~4명의 총통 후보가 출마할 가능성이 있다. 대만의 지정학적 중요성이 기하급수적으로 커짐에 따라 대만의 내정, 국제 관계, 양안 관계에 대한 이들 후보의 태도는 대만 사회뿐만 아니라 유럽과 미국 등 서방 국가들에게도 큰 관심사이다.

국제 관계 측면에서 대만의 수교국은 차이잉원 총통이 총통에 취임한 2016년 22개국에서 2023년 8월 13개국으로 급격히 감소했다. 그럼에도 불구하고 차이 행정부는 미국, 일본, 리투아니아, 체코 등 현재 대만과 수교하지 않은 여러 국가와 실질적인 관계를 강화했다. 이 기간 동안 가장 중요한 전환점은 중국의 위협에 대한 경각심이 높아짐에 따라 대만에 대한 미국의 정책이 점진적으로 조정된 것이다. 트럼프는 2017년 미국 대통령에 취임하기 전, 선거 운동 기간 동안 중국을 위협으로 간주한다고 거듭 선언했다. 트럼프는 미국 대통령이 된 후 2018년 초에 중국과 미중 무역 전쟁을 시작했다. 미국은 트럼프 대통령 재임 동안 인도 태평양 전략을 시작하여 인도 태평양 지역을 미국 외교 및 군사 문제의 핵심 초점으로 삼았으며, 이는 차기 바이든 행정부에서도 지속되고 강화된 전략적 접근 방식이다. 또한 트럼프 행정부는 중국을 '전략적 파트너'에서 '전략적 경쟁자'로 바꿨는데, 이는 미국이 중국의 부상에 따른 위협에 대해 크게 우려하고 있음을 시사했다. 국제사회도 미국과 중국 간의 군사적 충돌 가능성을 높게 보고 있으며, 양국 관계가 이른바 "투키디데스의 함정"[5]에 빠질 것을 우려하고 있다.

미국 정부는 한편으로는 대만이 중국의 부상을 억제하는 데 가장 중요한 방어선이라고 믿고 있으며, 다른 한편으로는 글로벌 첨단 기술 공급망에 대한 대만 칩 산업의 전략적 가치를 인식하고 있다. 그 결과 미국은 트럼프 행정부 출범 이후 대만에 대한 무기 판매의 빈도와 판매 무기의 성능을 높이고 있다. 또한 미국 의회는 대만 여행 법, 타이 베이 법, 대만 보증 법 등 대만에 우호적인 법안을 다수 통과시켰다. 미국과 대만 간 정부 고위급 교류 및 방문 빈도도 급격히 증가했으며, 2022년 8월 낸시 펠로시 미국 하원의장이 대만을 공식 방문했을 때는 중국의 가장 큰 반발이 있기도 했다. 2021년 민주당의 조 바이든이 트럼프의 뒤를 이어 미국 대통령에 당선된 후 중국과의 공식적인 교류가 계속되면서 미국과 중국 간의 긴장이 완화될 것으로 보이지만, 미국과 중국은 여전히 서로를 경계하고 있다. 2022년 러시아-우크라이나 전쟁으로 인해 미국 국가 안보 진영은 대만 해협을 미래 전쟁의 잠재적

---

5) 투키디데스의 함정(Thucydides Trap): 신흥 강국이 부상하면 기존 패권국가와는 충돌 또는 전쟁하게 되는 상황을 의미.

분쟁 지점으로 더욱 확고하게 인식하게 되었다. 이로써 미국은 경제적으로는 '미국-대만 21세기 무역 이니셔티브(U.S.-Taiwan Initiative on 21st Century Trade)를 출범하고 대만과의 경제 및 무역 교류를 심화시켰으며, 군사적으로는 대만에 대한 무기 판매를 지속적으로 늘리고, 정치적으로는 바이든 대통령이 공개 인터뷰에서 중국이 대만을 공격할 경우, 미국이 대만을 방어할 것이라고 발언하는 등 대만과의 관계를 지속적으로 강화해 나가고 있다.

이 기간 동안 시진핑이 이끄는 중국의 정치는 고도의 전체주의 단계에 접어들었다. 시진핑은 임기 초에 대대적인 반부패 캠페인을 통해 주요 정적을 제거하는 데 성공했다. 중국 내 인권 보호 운동에 대해서도 중국 정부는 인권 변호사를 대규모로 체포하여 이를 탄압하는 데 성공했다. 중국 정부는 현대 기술의 도움으로 정교한 감시 시스템을 구축하여 국민의 사회 및 경제생활을 종합적으로 모니터링하고 있다. 정적 숙청과 사회 통제를 위한 조건을 갖춘 시진핑은 2018년 헌법 개정을 통해 중국 지도자의 임기 제한을 없앴다. 2022년 제20차 중국 공산당전국대표대회에서 시진핑은 임기 제한 없이 세 번째로 중국의 지도자가 되는 데 성공했으며, 동시에 중국 공산당 엘리트 그룹 내 지도부를 시진핑의 측근으로 전면 교체했다. 이후 시진핑은 마오쩌둥을 제외하고 1949년 정권 수립 이후 중국공산당의 가장 강력한 지도자가 되었다. 정치, 경제, 사회 분야에서 시진핑의 행보는 마오쩌둥의 스타일과 유사하며, 이를 '마오화' 운동이라고 부를 수 있다.

이 단계에서 중국의 외교 정책은 여전히 '글로벌 사우스' 국가들과의 우호 관계가 지배적이었으며, 경제 협력 관계를 구축하거나 그 나라들에게 호의를 베풀어 이들의 정치적 지지를 얻었다. 또한 중국은 러시아와도 좋은 정치적 관계를 유지하고 있다. 가장 구체적인 예는 러시아-우크라이나 전쟁에 대한 중국의 태도로, 중국은 러시아에 대해 겉으로는 비협조적인 태도를 보였지만, 실질적으로는 러시아에 반대하지 않았다. 주요 유엔 결의안, 특히 인권과 관련된 결의안에 대한 중국의 입장은 일반적으로 러시아 및 비민주 국가와 유사하다. 그러나 중국의 군사력 확장은 경제 및 무역 관계가 좋은 일부 국가들에게도 반발을 불러일으켰다. 특히 남중국해에서 중국의 군사적 확장은 베트남, 필리핀, 인도네시아와 마찰을 일으켰다. 최근 몇 년 동안 중국 외교부는 미국과 다른 서방 국가들에 대해 정상적인 외교 관례를 위반하는 강력한 외교적 발언을 여러 차례 내놓았으며, 일부 국가의 정부와 국민들을 언짢게 만들었다. 중국 외교관들의 이러한 발언 스타일은 "전쟁 늑대 외교"로 알려지게 되었다. 많은 서방 국가들은 경제적으로 중국에 크게 의존하고 있지만, 중국이 전 세계에 권위주의적인 정치적 영향력을 확대하는 것을 경계하며 중국에 대해 다양한 수준의 예방 조치를 취하고 있다. 트럼프에서 바이든에 이르는 미국 행정부 기간 동안 중국의 영향력 확대를 막기 위한 초당적인 정치적 합의가 점차 미국 내에서 형성되었다.

중국의 국력과 글로벌 영향력이 커지면서 중국의 대만에 대한 정책은 점차 "중화민족의 위대한 부흥"에 종속된 "조국 통일의 위대한 대의 달성"으로 주요 축이 이동했다. 시진핑은 점차 정치권력을 공고히 하면서 대만 문제 해결에 관심을 집중하기 시작했다. 시진핑에게 대만과의 통일이라는 사명을 완수하는 것은 중국 현대사와 중국공산당 역사에서 자신의 위치를 확립하는 데 매우 중요하다. 따라서 시진핑은 2019년 설날에 다시 한번 "대만 동포에게 보내는 메시지"를 발표하여 평화통일 원칙을 재차 강조하고 대만을 "일국양제"로 통치하겠다고 약속했다. 이 시기의 중국의 대만에 대한 접근 방식은 대부분 전투기가 대만해협 중앙선을 넘어 대만에 대한 무력 침략 경고를 발령하는 형태이다.

결론

국내 정치와 국제 관계의 상호 작용이라는 관점에서 70년 이상의 양안 관계를 분석한 후 현재 세계에서 가장 위험한 분쟁지역으로 간주되는 대만 해협이 세계에 어떤 영감을 줄 수 있는지 묻지 않을 수 없다. 나는 국제 분쟁 해결에 대해 우선 세 가지 측면을 반영 해야 한다고 본다.

첫째, 글로벌 '신냉전'이 일어날까? 도널드 트럼프가 미국 대통령이 된 이후 미국 내에서 '중국 위협론'에 대한 공감대가 서서히 형성되고 있다. 민주당과 공화당의 주류 정치인들은 중국의 팽창주의 외교 정책과 함께 중국의 힘이 강해지는 것이 향후 미국의 패권에 위협이 될 것이라는 점을 인식하고 있다. 그 결과 일각에서는 1990년대에 붕괴된 냉전이 이제 새로운 형태, 이른바 "신냉전"이 될 것이라는 우려를 하기 시작했다. 이러한 주장은 미국의 패권을 중심으로 한 사고방식에 기반하고 있기 때문에 많은 비판을 받고 있다.

미국 중심 또는 서구 중심의 사고방식에서 벗어나 이 문제를 생각한다면, 중국의 글로벌 팽창이 인류 사회에 미치는 부정적인 영향은 무엇인가에 초점을 맞춰야 한다. 중국과 러시아와 같은 나라들이 세계에 가하는 위협은 권위주의 정권의 세계적 확산이라는 점에 주목할 필요가 있다고 생각한다. 최근 몇 년 동안 중국과 러시아와 같이 비개방적

국내 제도와 권위주의 체제를 통해 자유 사회에서 누리는 인간 자유의 가치에 반하는 가치와 영향력을 심어 놓은 국가를 설명하는 데 '날카로운 권력'이라는 용어가 널리 사용되었다. 최근 몇 년 동안 많은 국가에서 인권과 시민 사회에 대한 탄압이 빈번해지면서 전 세계적으로 자유가 크게 감소했다. 그 결과, 미래에는 민주주의 진영과 권위주의 진영 사이에 암묵적인 이분법이 존재할 가능성이 매우 높지만, 냉전 시대만큼 양극화되지는 않을 것이라고 생각한다.

둘째, 전 세계 분쟁지역을 비교 관점에서 어떻게 바라볼 수 있을까? 전 세계에는 더 많은 관심을 받는 분쟁지역들이 있으며, 각 분쟁지역의 구체적인 상황은 매우 다르다. 따라서 한 지역의 분쟁 해결 방식이 다른 지역의 분쟁 해결에는 동일하게 적용되지 않을 수도 있다. 비교적 관점에서 우리는 이러한 다양한 지역에서 발생하는 분쟁의 성격과 역학에 대해 더 깊고 포괄적으로 이해할 필요가 있다. 아일랜드의 분쟁은 종교 및 영국 식민 지배라는 역사적 배경과 밀접한 관련이 있다. 이스라엘과 팔레스타인 사이의 갈등은 본질적으로 민족적, 종교적 문제가 아니라 지역 및 국제 강대국 간의 지리 경제적, 지정학적 패권 문제이다. 남한과 북한 사이의 문제는 서로 다른 성격의 두 정치 체제가 경쟁하는 냉전 구조에 뿌리를 두고 있다. 러시아와 우크라이나 간의 갈등은 양국 간의 복잡한 역사적, 지정학적 문제를 숨기고 있다. 대만과 중국 사이의 오랜 대결 구도는 중국 국공내전이라는 해결되지 않은 상태와 그에 따른 국제적 인정 문제에 그 기원을 두고 있다.

셋째, 전쟁과 평화의 관계에 대해 어떻게 생각해야 할까? 양안 관계의 맥락에서 이 질문에 대해 생각해 보면 평화를 추구하는 것이 궁극적인 목표이지만 위협을 억제하기 위해서는 전쟁에 대한 대비가 필요하다고 말할 수 있다. 그 이유는 대만의 관점에서 볼 때 어떤 작은 나라든 강대국의 침략적 위협을 받게 되는 현실 때문이다. 중국은 자주 대만과의 평화적 재통일에 대한 열망을 표명했지만, 대만에 대한 무력 사용을 포기한 적이 없다. 이러한 입장이 대만에서 반중 의식이 높아지는 주된 이유이다. 더욱이 대만 국민은 평화와 재통일을 추구하기 위해서는 자유롭고 민주적인 체제하에서의 삶을 포기하지 않을 것이다. 민주적 선거와 자유 사회에 익숙한 사람들이 권위주의 체제 하에서 생활하는 데 적응하기 어렵다는 것을 모두가 알게 될 것이기 때문이다.

Cross-Strait Relations in the Perspective of International Relations

—And Its Implications for the World

Dr. Liao, Bin-Jou
‖ Taiwanese Civil Aid to HKers

Cross-Strait Relations and Global Geopolitical Realignment

In May 2021, The Economist magazine headlined "The most dangerous place on Earth," identifying the Taiwan Strait as the area of the world where war is most likely to break out. The article was published before the Russian-Ukrainian war. The article identified two major reasons that make this region a potential conflict zone in the world today. The first reason is that Taiwan lies in the center of the world's semiconductor industry. The second reason points to the escalation of military confrontation between the U.S. and China in recent years.

The Russian invasion of Ukraine in February 2022 alerted the world to the possibility of military conflict in the Taiwan Strait. On the one hand, the Biden administration in the US has reaffirmed the hardening policy towards China adopted by the Trump administration. On the other hand, Ukraine's will and ability to resist Russia has caused the Xi Jinping administration, which intends to complete the reunification of Taiwan during its term of office, to reevaluate the possibility of a military invasion of Taiwan.

What is certain is that the Russian-Ukrainian war and China's expansionist policies after its rise to power are gradually changing the world's geopolitical landscape. Taiwan, as a small country in the gap between the United States and China, will become an important case study of conflict resolution in international politics. This presentation will analyze the cross-strait relationship, that is, the relationship between Taiwan and China, by taking international relations and domestic politics as the elements of analysis, and by taking the different stages of the post-World War II period as the timeline.

I will analyze the cross-strait relations in different periods with the following five elements: Taiwan's domestic politics, Taiwan in international relations, China's domestic politics, China in international relations, and cross-strait relations. Then, I distinguish the stages of cross-strait relations into seven major periods: first, from 1949 to 1971, the continuation of the civil war and the early stage of the cross-strait partition; second, from 1971 to 1979, the drastic change of the international situation and the change of China's representation in the United Nations; third, from 1979 to1989, the resumption of cross-strait interactions; fourth, from 1989 to 2000, the democratization of Taiwan and the intensification of cross-strait conflicts; fifth, from 2000 to 2008, the rise of China and Taiwan's pro-independence camp gains power; sixth, from 2008 to 2016, cross-strait economic integration and the rising tide of anti-China public opinion in Taiwan; and seventh, from 2016 to 2023, geopolitical realignment and confrontation of cross-strait relationship.

1. 1949~1971: Continuation of the Civil War & Early Stage of Cross-Strait Partition

Modern China was founded in 1912, but it was not until 1949 that the two sides of the Taiwan Strait were separated. From 1945, the end of World War II, until 1949, the Kuomintang(KMT) and the Chinese Communist Party(CCP) fought a civil war in mainland China. In 1949, the Chinese Communist Party(CCP) established a regime and ruled mainland China, while the Kuomintang(KMT) moved its regime to Taiwan after losing the civil war. Since then, two different regimes claiming to represent China have ruled mainland China and Taiwan respectively, in what we might call a continuation of the Chinese Civil War.

From the perspective of Taiwan's domestic politics, the KMT re-established its rule in Taiwan. The KMT regime at this time was characterized by several features: one-party military authoritarian regime, reconstruction of KMT's party-state system, and patron-clientelism. The military-born Chiang Kai-shek led the Kuomintang as a strongman and used the party's apparatus to establish a right-wing authoritarian dictatorship in Taiwan. The KMT's party organization was built with the help of the Communist Party of the Soviet Union(CPSU). However, the KMT's failure to fully implement this system during its rule of China is seen as the main reason for the party's defeat to the Chinese Communist Party(CCP). Therefore, after the KMT re-established its power in Taiwan, its first task was to implement more fully the "quasi-Leninist party-state system," in which the party organization permeated the Taiwanese society. In addition, the KMT used economic concessions in exchange for political support from Taiwan's local political elites, creating an "patron-clientelism." The authoritarian regime of the Kuomintang(KMT) was supported by the United States in the international arena.

From an international perspective, Taiwan at this time was under the structure of the international system during the Cold War in which the U.S. and the Soviet Union were in opposition to each other. In order to prevent the communist camp led by the Soviet Union from expanding its scope of influence, the U.S.

gave strong diplomatic support to the Kuomintang (KMT) regime that ruled Taiwan. As the First Island Chain of defense against the communist camp, Taiwan was assisted in its defense by the U.S. Seventh Fleet. The United States and the Western countries under its influence generally recognized the ROC as a regime representing China, which led to a gradual increase in the number of diplomatic allies of the ROC at this stage. As a result, the ROC regime in Taiwan became an "accidental country."

In terms of China's domestic politics, China under Mao Zedong embarked on an extremist path, with the Anti-Rightist Campaign of 1957 and the Cultural Revolution of 1966, which lasted for ten years, manifesting the totalitarian tendency of Chinese politics. The so-called "Three Red Flags", which included the General Line of Socialist Construction, the Great Leap Forward, and the People's Commune, attempted to transform China into a fully socialist country at both the economic and social levels. In terms of China's domestic politics, China under Mao Zedong embarked on an extremist path. The Anti-Rightist Campaign of 1957 and the Cultural Revolution of 1966, which lasted for ten years, manifested the totalitarian tendency of Chinese politics. In addition, the so-called "Three Red Flags," which included the General Line of Socialist Construction, the Great Leap Forward, and the People's Commune, attempted to transform China into a full-scale socialist project at both the economic and social levels.

In the Cold War structure under the U.S.-Soviet rivalry, the People's Republic of China initially maintained relatively good diplomatic relations with the Soviet Union and the non-allied countries. However, China gradually fell out with the Soviet Union and India. Starting with the 1956 dispute over the communist line between Chinese leader Mao Zedong and Soviet leader Nikita Khrushchev, continuing with the 1969 territorial dispute over the Zhenbao Island Incident, relations between the two countries gradually deteriorated. In 1962, a serious border conflict between China and India resulted in the two countries turning against each other.

From the perspective of cross-strait relations, the two regimes, the Republic of China (ROC) and the People's Republic of China (PRC), were still in a state of civil war. The main reason was that both regimes claimed to be the only legitimate representative of Chinese sovereignty. Therefore, both regimes tried to eliminate the opposing regimes by military means at this stage. The most typical example is the Second Taiwan Strait Crisis, which took place in 1958 on Taiwan's outlying island of Kinmen.

2. 1971~1979: Drastic Change of the International Situation & Change of China's Representation in the United Nations

The 1970s were a time of dramatic changes in the international scene. The change in the strategy of the western countries, led by the United States, to unite with China to contain the Soviet Union led to a dramatic increase in the international status of the People's Republic of China and the gradual loss of international recognition of the ROC.

During this period, Taiwan was mainly subject to the changes in the international status of the ROC regime. The U.S. adopted a foreign policy strategy of making alliance with China in order to contain the Soviet Union. The ensuing events were the following: First, the ROC's representation in the United Nations was replaced by the PRC in 1971. Secondly, Japan(1972) and the United States (1979) broke off diplomatic relations with the ROC and established diplomatic relations with the PRC.

The changes in the international environment greatly affected the development of Taiwan's domestic politics during this period. During this period, Taiwan had experienced rapid economic growth in the 1960s and had become a Newly Industrialized Economies (NIES). Similar to the other countries of the "Four Asian Dragons" (South Korea, Singapore, and Hong Kong), Taiwan's economic development was based on political authoritarianism, with state-led economic policies. These regimes are often referred to as "developing authoritarian regimes," and the mode of economic development they have adopted is often referred to as a "developmental state." At the political-societal level, the loss of the ROC's representation in the United Nations and the significant decline in its international status weakened the "external legitimacy" of the KMT regime. Therefore, in order to strengthen its "internal legitimacy," the KMT government gradually loosened its control over domestic politics, which led to a significant growth of the opposition movement in Taiwan during this period of time, resulting in the "Formosa Incident" in 1979, which was suppressed by the government.

During this period, China also experienced tremendous changes in its domestic and international political and economic environment. Internationally, the U.S. ended its antagonistic relation -ship with China and began to normalize its relations with China. President Nixon sent Henry Kissinger to China in 1971 secretly. Later in 1972, President Nixon made an official visit to Beijing and signed the Shanghai Communiqué with China, which stated that the U.S. "acknowledged" and did "not challenge" China's "One China Principle," thus laying the groundwork for the establishment of diplomatic relations between the two countries in the future.

In 1979, the U.S. and China formally established diplomatic relations and signed the U.S.-China Joint Communiqué on the Establishment of Diplomatic Relations. In addition, Japan, which was the most important ally of the United States in East Asia during the Cold War, established formal diplomatic relations with China as early as 1972. At the domestic political level, the death of Chinese leader Mao Zedong in 1976 ended the far-left ideological dominance of Chinese politics. In 1978, Chinese leader Deng Xiaoping, who had won a power struggle, initiated the "Reform and Opening-up" of China's economy, which led to the development of China's economy.

Cross-Strait relations at this time have moved from the confrontation of the previous period to a stage of non-communication and non-interaction. The main reason for this was that, in addition to the dramatic changes in the international situation, the regimes on both sides of the Taiwan Strait were facing major internal political and social changes. The most important point in Cross-Strait relations at this time was that the United Nations passed Resolution 2758 in 1971, which confirmed the replacement of China's representation of the ROC with the PRC. That is to say, at the level of the United Nations, the PRC instead of the ROC represented China's sovereignty.

3. 1979~1989: Resumption of Cross-Strait Interactions

This period entered a new phase of renewed cross-strait interaction, against the backdrop of the People's Republic of China's return to the international community, the reopening of the cross-strait reunification program, and the resumption of cross-strait people-to-people exchanges.

Taiwan began a process of "political liberalization" during this period. Under the premise that the ruling KMT gave a certain degree of freedom to the society, social issues such as labor, environment, women's rights, and aboriginal rights were gradually emphasized, and at the same time, these issues appeared on the political agenda through the process of social movements. At this time, there was a gradual division within the political elite group of the single ruling Kuomintang(KMT), but it did not constitute a condition for the ruling group to loosen its authoritarian rule. These changes in Taiwan's domestic politics were based on the fact that the U.S. still maintained close substantive ties with Taiwan. During this period, the U.S. Congress passed the Taiwan Relations Act in 1979, which provided Taiwan with defensive commitments, and the Reagan administration also offered "six guarantees" to Taiwan.

The "reform and opening up" that began in the late 1970s not only loosened China's planned economy, but also led to an atmosphere of intellectual liberation in Chinese society. This atmosphere of liberalization spread not only to the intellectual class of Chinese society, but also to the ruling group of the Chinese Communist Party(CCP). The reformist wing of the CCP at that time included Hu Yaobang and Zhao Ziyang, who had been the nominal top leaders of the CCP, both of whom had advocated not only economic reforms, but also reforms in the political system. However, the liberal forces within the ruling elite of the CCP did not last long, and died after the Tiananmen Incident in 1989, which was aimed at suppressing calls for democracy and freedom. Since China's economic reforms were not based on the reform of the political system, the process of economic development was accompanied by corruption caused by the rent-seeking behavior of the bureaucrats. This corruption led to a civil and intellectual backlash, which led to the Tiananmen Square pro-democracy movement in 1989. In contrast to China's domestic political changes, China's international status at this time was to stabilize its interna -tional position. In 1982, the United States and China signed the August 17 Communiqué, which focused on the United States' promise to China that it would reduce its arms sales to Taiwan, with the aim of reassuring China of the United States' policy towards China.

In terms of cross-strait relations, after returning to the international arena and initiating economic reforms, the People's Republic of China finally refocused its attention on the agenda of reunifying Taiwan. In 1979, the Standing Committee of the National People's Congress(NPCSC) of the People's Republic of China (PRC) issued the "Message to Compatriots in Taiwan" on the day of the establishment of diplomatic relations between the U.S. and China, openly putting forward the ultimate demand for cross-strait unification, and at the same time putting forward the policy of expanding cross-strait exchanges. The Kuomintang(KMT) regime in Taiwan also gradually resumed cross-strait exchanges in the 1980s, and then in 1987 opened the door for Taiwanese to visit their relatives in China. It is worth mentioning that Taiwanese businessmen began to invest in China during this period and became the most important contributors to China's economic development under the policy of reform and opening up.

4. 1989~2000: Democratization of Taiwan & Intensification of Cross-Strait Conflicts

The year 1989 was an important year for the world, as the fall of the Berlin Wall precipitated the collapse of communist regimes in the Soviet Union and Eastern Europe in the following years. In contrast, China in Asia suppressed the Tiananmen Square democracy movement, extending the political life of the authoritarian Chinese Communist Party regime. However, Taiwan at this time was on its path to becoming the first democracy in Chinese society. On the one hand, the regimes on both sides of the Taiwan Strait have taken different paths in their political and economic development, while on the other hand, the bilateral relationship is in a state of tension.

This was a critical period for Taiwan's political democratization. Within the ruling KMT clique, Lee Teng-hui, who had unexpectedly succeeded Chiang Ching-kuo as president, still lacked solid political power at this time. However, by taking advantage of the Wild

Lily student movement in 1990, the power of local factions in Taiwan, and the pressure exerted by the Chinese Communist Party (CCP) on Taiwan, Li Teng-hui succeeded in consolidating his presidential power and promoting the democratization of Taiwan by pushing through a series of constitutional reforms and gradually eliminating the opposition forces within the KMT. This process of Taiwan's democratization not only accomplished the transition of Taiwan from an authoritarian to a democratic system, but also changed the nature of the ROC's political regime: to make the ROC's political regime equal to that of Taiwan, i.e., the "Taiwanization of the ROC."

Despite the fact that Taiwan's international status was being suppressed by the return of the People's Republic of China (PRC) to the international community, President Lee Teng-hui's strategy of "pragmatic diplomacy" during this period led to an increase in the number of ROC's diplomatic relations. (The number of ROC's diplomatic relations increased from 24 in 1988 to 30 in 1991, and then decreased to 29 in 2000). During Lee's presidency of the ROC, he even successfully visited the United States in the name of visiting his alma mater, Cornell University, and broke through the People's Republic of China (PRC)'s diplomatic suppression on the ROC.

This period was an important watershed in the establishment of the "political authoritarianism and economic liberalization" model in Chinese domestic politics. The more open political atmosphere since the 1980s came to a halt in 1989 when the Chinese Communist Party (CCP) regime suppressed the Tiananmen Square pro-demo -cracy movement. China's economic policy after the Tiananmen crackdown also appeared to be more conservative. It was not until 1992, after Chinese leader Deng Xiaoping's tour of southern China, that it was confirmed that China would continue to follow the economic path of reform and opening up.

During this period, China continued to receive international support from Western countries, led by the United States. Foreign direct investment in China increased dramatically and became an important driver of China's economic development. The United States abandoned its policy of economic sanctions against China as a result of the Tiananmen Incident and adopted a policy of decoupling trade and human rights. This move was largely based on the assumption that promoting economic development in China would help produce social pluralism and consequent political democratization. Although this proposition was later proven to be completely wrong, perhaps it can be seen as an excuse used by U.S. foreign policy circles to convince themselves that they can maintain trade and economic relations with China without regard to China's human rights problems.

From the perspective of cross-strait relations, official represen -tatives of both sides of the Taiwan Strait began their talks at this time. To be precise, in order to avoid political disputes, officials on both sides of the Taiwan Strait commissioned semi-official civil organizations and representatives to conduct bilateral talks. The so-called "1992 Consensus," which constituted the "tightening spell" on cross-strait relations for more than two decades, was a bilateral document on the definition of "one China" during this period. In 1995, there was an important exchange of political language between the leaders of the two sides of the Taiwan Strait. First, Jiang Zemin, the leader of the People's Republic of China (PRC), issued the "Jiang Eight Points," in which he adhered to the principle of "one China" and did not promise to give up the use of force to unify Taiwan. Next, ROC leader Lee Teng-hui responded with "Lee's Six Points," which called for reciprocal exchanges and a peaceful resolution of the dispute. In 1995, during a speech at his alma mater, Cornell University, Lee Teng-hui defined the relationship between the ROC regime and Taiwan by saying the "Republic of China on Taiwan."

This phase of cross-strait relations came to a climax in 1996. Taiwan held its first democratic presidential election in 1996. A few days before Taiwan's upcoming presidential election, the People's Liberation Army (PLA) intensively conducted military exercises in the Taiwan Strait in an attempt to influence the political situation in Taiwan by means of forceful intimidation. This is the "Taiwan Strait Missile Crisis." In an interview with Deutsche Welle in 1999, Lee Teng-hui, the leader of Taiwan, defined the relationship between the People's Republic of China (PRC) and the Republic of China (ROC), two regimes that both claim to represent Chinese sovereignty, in terms of a "special state-to-state relationship."

5. 2000~2008: Rise of China & Taiwan's Pro-Independence Camp gains power

The main axes of this period were the rise of China's power and the pro-independence Democratic Progressive Party (DPP) gaining power in the ROC regime for the first time. It is worth noting that electoral politics has dominated the political agenda in Taiwan ever since, mainly due to the democratic system's characteristics of pluralistic political competition and regular elections.

In terms of Taiwan's domestic politics, Chen Shui-bian, the pro-independence presidential candidate of the Democratic Progressive Party (DPP), unexpectedly won the presidential election in the midst of a split in the Kuomintang (KMT) candidates, thus rewriting the pattern of cross-strait relations in advance. On the political spectrum, the pan-blue camp, which is more inclined to support cross-strait reunification, and the pan-green camp, which is more inclined to support Taiwan's independence, have begun to witness a growing confrontation. Thus, the polarized politics in Taiwan is a product of the changes that have occurred as a result of the mixing of democratization and the intractable national identity issue of "cross-strait reunification or Taiwan independence." Internationally, Taiwan joined the World Trade Organization (WTO) in 2002 in order to better participate in the globalization of the economy. In international politics, President Chen Shui-bian's more radical political discourse in favor of Taiwan's independence, expressed during his second term in office, also caused the U.S. government to be suspicious of the DPP administration.

By this time, China was becoming the factory of the world due to the attractiveness of its cheaper labor market to Western companies. Like Taiwan, China joined the world trade system in 2001 in order to integrate into the world economy. The U.S. Congress also approved "permanent normal trade relations" with China. In 2008, the Olympic Games were held in Beijing, China's capital city, a move that Chinese officials viewed as an important symbol of the country's transformation from a position of oppression to that of a rising power. In the same year, a group of democracy-minded intellectuals in China issued a declaration document called "Charter 08," outlining a vision of China as a constitutional democracy.

In terms of cross-strait relations, China has taken a relatively hard-liner stance toward Taiwan during the DPP government's rule in Taiwan. During this period, there was a lack of open and frequent official contact between the two sides of the Taiwan Straits, even though there were still business contacts between the people of Taiwan and China. In 2000, when Chen Shui-bian was elected president of the ROC, he practiced the "four noes and one without" of the cross-strait policy that he mentioned in his presidential inaugural speech. However, Chen Shui-bian's milder line did not induce the PRC to adopt a more friendly attitude toward DPP government. Since adopting a middle-of-the-road approach to the cross-strait issue did not work, Chen Shui-bian turned his attention to regaining his support in the pro-independence camp. He did this by adopting a more pronounced pro-independence stance in his political discourse, the most important of which was the "One Country on Each Side" in 2002. After Chen Shui-bian was re-elected to a second term as president with his "228 Hand in Hand for Taiwan" campaign and his clear call for Taiwan's sovereignty, the People's Republic of China (PRC) enacted the Anti-Secession Law in 2005, which warned the DPP government not to make any political moves in favor of Taiwan's independence.

6. 2008~2016: Cross-Strait Economic Integration & Rising tide of anti-China Public Opinion in Taiwan

This period was covered by the presidency of Taiwan's Kuomintang(KMT) regime, Ma Ying-jeou, and was dominated by the signing of cross-strait agreements and exchange policies that began the process of cross-strait economic integration. At a time when the door to cross-strait exchanges was widely open, doubts about cross-strait integration arose on the island, and social movements and local elections forced the KMT government to suspend the signing of important economic agreements with the government of the People's Republic of China(PRC). Since then, public opinion in Taiwan has become increasingly wary of the People's Republic of China(PRC).

Policies under a democratic system are largely determined by electoral politics, which makes it possible for regimes with different political spectrums to come to power with very different foreign policies. During this period, Taiwan was ruled by the Kuomintang (KMT) government under Ma Ying-jeou, who was more friendly to the People's Republic of China.

First of all, the KMT led by Ma belonged to the position of "Chinese nationalism" in Taiwan's political spectrum. Chinese nationalism is closer to the prototype of "ethnic nationalism," which focuses on defining ethnicity as a common body with common blood, language and cultural roots. The KMT's view of nationalism was influenced by its founder Sun Yat-sen and the theorist Zhang Taiyan, who used the anti-Manchu Han ethnic group as the basis for building the "Chinese nation" at the end of the Qing Dynasty. During Ma Ying-jeou's presidency, the Kuomintang, which ruled Taiwan, continued the nationalist viewpoint advocated by Sun Yat-sen, and regarded the ultimate unification of the two sides of the Taiwan Strait as an unfinished mission of the modern Chinese revolution.

Secondly, during the KMT's authoritarian rule over Taiwan, the KMT used the state-led economic policy, supplemented by excellent economic technocrats, to build up Taiwan's economic miracle, making it one of the "The Four Asian Dragons." Since then, economic development has become the signboard of the KMT regime to emphasize its ruling ability. During Ma Ying-jeou's presidency, the KMT also emphasized the importance of economic development by accelerating the integration of economic and trade markets between Taiwan and China, which has become a rising economic power.

The KMT government proposed to sign the Cross-Straits Economic Cooperation Framework Agreement (ECFA) with the People's Republic of China (PRC) in 2009, and signed the first agreement in the following year. The main purpose of the agreement was to lower the market access barriers between the two sides of the Taiwan Strait in the form of a free trade agreement. Although the agreement was questioned by the opposition Democratic Progressive Party (DPP) at the time, it did not provoke much opposition from the Taiwanese people. It was not until Ma Ying-jeou's second term as president that the Cross-Strait Service Trade Agreement (CSSTA) was signed in 2013 in an attempt to accelerate cross-strait economic integration during his term of office.

This move once again aroused opposition from China-skeptics in Taiwan, who objected on the grounds that the KMT government's policy of excessive pro-China closeness would further erode Taiwan's political autonomy in addition to its loss of economic autonomy. Finally, in 2014, the "Sunflower Movement" drew the attention of Taiwan society by occupying Taiwan's parliament. The movement seriously undermined the popularity of the ruling Ma Ying-jeou government, resulting in the massive defeat of the Kuomintang(KMT) in the local elections that year. In 2015, President Ma Ying-jeou even arranged a meeting with Chinese leader Xi Jinping in Singapore while blurring his identity as head of state. However, this political maneuver has more symbolic than substantive meaning. On the one hand, Ma Ying-jeou was able to fulfill his own historical position in modern Chinese history; on the other hand, the move did not change the trend of the KMT government's low public support.

If we look at Taiwan at this time from an international perspective, Ma's policy orientation of being closer to the People's Republic of China can be interpreted as an attempt to maintain Taiwan's balance between the United States and China. This is evidenced by the fact that although Ma's term of office was characterized by concessions on Taiwan's status and name to the PRC for the sake of Taiwan's international viability, the KMT government's substantive interactions with the United States did not diminish as a result. The U.S. has continued its arms sales to Taiwan during this period, and in 2012 it added Taiwan to its list of visa-free member countries. At this time, the Obama administration, while attempting to curb China's military expansion in the Asia-Pacific region with the "Asia-Pacific Rebalance" policy, still maintained the long-standing "One China Policy" and "strategic ambiguity" toward Taiwan.

After China's accession to the World Trade Organization(WTO) in 2001, its economy grew dramatically until it became the world's second largest economy in 2010. In 2012, Xi Jinping took over as China's leader. At this stage, China's domestic politics were gradually restricting the space for civil society. The rights protection movement (Weiquan movement), which started in 2003, was suppressed, and freedom of speech, thought, and academia were subjected to increasingly stringent controls. After Xi Jinping took over as leader, China's foreign policy has gradually shifted from the "introverted" approach of Deng Xiaoping to an "expansionist" approach. Specifically, the Chinese government launched the "One Belt, One Road Initiative" in 2013 in an attempt to expand its global geo-economic influence across Central Asia, Central and Eastern Europe, Southeast Asia, South Asia, and Africa. In addition, geopolitically, China is also actively drawing in countries in Southeast Asia, Africa and Latin America. To summarize, China's significant global expansion of influence has not only challenged the hegemony of the United States, but has also forced most countries in the world to suppress Taiwan's international survival space with its strong influence. This also constitutes one of the major reasons for the poor cross-strait relations.

7. Geopolitical realignment & Confrontation of cross-strait relationship

Cross-Strait relations during this period were affected by domestic political changes in the United States, China, and Taiwan, and structurally changed. From the perspective of the "strategic triangle," the U.S.-China-Taiwan triangular relationship presented a structure of deteriorating U.S.-China relations, improving U.S.-Taiwan relations, and deteriorating China-Taiwan relations (cross-strait relations). During this period, the major foreign policies of all three parties were drastically adjusted. The United States was threatened by China's expansionist military, diplomatic, and economic policies. The Republican administration in the U.S. adopted a tougher policy toward China, which gradually became a bipartisan consensus. The Democratic Progressive Party(DPP) government in Taiwan is back in power and has adopted a "pro-US, anti-China" policy; moreover, the mainstream public opinion in Taiwan tends to support this policy.

During this period, Taiwan saw a growing wave of "anti-China consciousness" as a result of the Ma Ying-jeou administration's policy of intensive economic integration across the Taiwan Straits and a high degree of political amity. In 2016, Tsai Ing-wen of the Democratic Progressive Party(DPP) was elected president. Tsai's attitude toward China was more moderate than that of the previous pro-independence DPP president, Chen Shui-bian, and she tended to use more political language that favored maintaining the status quo. The DPP government's approach to national positioning under Tsai's leadership is generally perceived by Taiwanese public opinion as a nominal abandonment of the DPP's previous course of radicalizing Taiwan's independence. In addition, Tsai has gradually replaced the KMT as the spokesperson for "maintaining the status quo" in Taiwan's political spectrum, as her political rhetoric often emphasizes the position that "the Republic of China is equal to Taiwan." During the first two years of Tsai's first term in office, the "incomplete reforms" adopted by her government on internal affairs provoked dissatisfaction among both DPP supporters and its opponents, which led to the DPP's massive defeat in Taiwan's local elections in 2018. However, a more reasonable reading of the results of this election reveals that the dissatisfaction of Taiwan's public with the DPP is directed at the DPP government's policies in dealing with domestic issues, rather than at the DPP's cross-strait and foreign policies.

In an environment where support for the Democratic Progressive Party(DPP) is low, the rising charismatic political figure of the Kuomintang (KMT), Han Kuo-Yu, is challenging Tsai Ing-wen on behalf of the KMT to run for the presidency of the Republic of China (ROC) in 2020. However, changes in the external environment at this time have affected Taiwan's internal affairs. First, on New Year's Day in 2019, Chinese leader Xi Jinping made an important speech to Taiwan, reiterating his position that he would not rule out the use of force to reunify Taiwan. Taiwan's President Tsai Ing-wen responded that day with tougher and more assertive remarks. The move shifted the focus of the Taiwanese public from domestic affairs to cross-strait and international politics. Secondly, in June 2019, a large-scale "Anti-Extradition Law Amendment Bill Movement" broke out in Hong Kong, affecting the entire Hong Kong community. This incident has caused the international community and the Taiwanese people to be highly vigilant against China's authoritarian rule and human rights issues.

These two factors have shifted the focus of Taiwan's presidential election in 2020 to cross-strait relations and the defense of democracy. The "anti-China mentality" is spreading again in Taiwan's political atmosphere, and is a key factor in Tsai Ing-wen's surge ahead of Han Kuo-Yu in the 2020 presidential election.

The worldwide outbreak of the Covid-19 pandemic in early 2020 was once handled well by the Tsai Ing-wen government, which brought it a high level of public support in the early stages of the pandemic, but as the pandemic continued for a longer period of time, the DPP's policies on control and vaccines still attracted a lot of skepticism within Taiwan. However, as the pandemic continues, the DPP's policies on pandemic control and vaccines are still causing a lot of skepticism within Taiwan. In 2022, almost as if history repeats itself, the DPP has once again suffered a major defeat in Taiwan's local elections, and the extent of its defeat is even greater than that of 2018. The key reason for this is the DPP government's "incomplete reform," lack of political leadership, and responsiveness during its previous six years in power. First, Regarding the so-called "incomplete reform," it means that when the Democratic Progressive Party(DPP), which appeals to the line of progressivism and reform, came to power in 2016, the main promises given to the voters were to deal with the judicial reform, the issue of low wage, the housing issues, and the inequality of distribution. However, the main feeling of the Taiwanese people is that the DPP government has not made any obvious reforms to address these problems. Second, regarding the lack of political leadership and responsiveness of the government, it refers to the fact that the President, the Premier, and the senior administrative officials of the DPP's executive system seldom communicate openly and honestly with the public and the opposition parties on major policy issues.

At this time in August 2023, facing the 2024 presidential election, there are at least three to four possible presidential candidates from all sides of the aisle in Taiwan. The attitudes of these candidates toward Taiwan's internal affairs, international relations, and cross-strait relations are of great concern not only to the Taiwanese community, but also to Western countries, such as Europe and the United States, as Taiwan's geopolitical importance grows exponentially.

In terms of international relations, Taiwan's number of diplomatic relations has been drastically reduced from 22 in 2016, when Tsai Ing-wen became president, to 13 in August 2023. Nevertheless, the Tsai administration has strengthened substantive relations with a number of countries that do not have diplomatic relations with Taiwan at this time: the United States, Japan, Lithuania, and the Czech Republic. The most important turning point during this period was the gradual adjustment of U.S. policy toward Taiwan in light of its heightened vigilance against the Chinese threat. Before Trump was inaugurated as president of the United States in 2017, he had repeatedly declared during the campaign that he considered China a threat. After Trump became President of the United States, he initiated a US-China trade war with China in early 2018. The U.S. launched the Indo-Pacific Strategy during Trump's presidency, making the Indo-Pacific region a key focus of U.S. diplomacy and military affairs, a strategic approach that has been continued and strengthened by the incoming Biden administration. In addition, the Trump administration has changed China from a "strategic partner" to a "strategic competitor," indicating that the U.S. is highly concerned about the threat posed by China's rise. The international community also views military conflict between the U.S. and China as highly probable, and is concerned that relations between the two countries will fall into the so-called "Thucydides Trap."

The U.S. government believes that Taiwan is the most important line of defense in containing the rise of China on the one hand, and on the other hand, it also recognizes the strategic value of Taiwan's chip industry to the global high-end technology supply chain. As a result, the U.S. has increased the frequency and quality of arms sales to Taiwan since the Trump administration. In addition, the U.S. Congress has passed a number of Taiwan-friendly bills, including the Taiwan Travel Act, the Taipei Act, and the Taiwan Assurance Act. The frequency of high-level government interactions and visits between the U.S. and Taiwan has also increased dramatically, with the biggest backlash from China coming in August 2022 when U.S. House of Representatives Speaker Nancy Pelosi made an official visit to Taiwan. In 2021, when Democrat Joe Biden succeeds Trump as President of the United States, his continued official interactions with China are seen as easing tensions between the U.S. and China, but the U.S. and China are still on guard against each other. The Russian-Ukrainian war in 2022 has led the U.S. national security community to further recognize the Taiwan Strait as a potential conflict point for future wars. This has led the U.S. to continue to strengthen its relationship with Taiwan: economically, by launching the U.S.-Taiwan 21st Century Trade Initiative and deepening economic and trade interactions with Taiwan; militarily, by continuing to increase arms sales to Taiwan; and politically, by President Biden's statement in a public interview that the U.S. would defend Taiwan if China attacked it.

During this period, China's politics under the leadership of Xi Jinping entered a highly totalitarian phase. Through a massive anti-corruption campaign at the beginning of his term, Xi Jinping succeeded in eliminating his major political enemies. As for the rights protection movement in China, the Chinese government has also succeeded in suppressing it by arresting human rights lawyers on a large scale. With the help of modern technology, the Chinese government has established a sophisticated surveillance system to monitor the social and economic life of the people in a comprehensive manner. Having achieved the conditions for purging political enemies and controlling society, Xi Jinping went on to remove term limits for Chinese leaders through a constitutional amendment in 2018. In 2022, at the 20th National Congress of the Communist Party of China (CCP), Xi Jinping successfully became China's leader for the third time without term limits, and at the same time replaced the leadership within the elite group of the CCP with a full complement of Xi Jinping's close associates. Since then, Xi Jinping has become the most powerful leader of the Chinese

Communist Party since the establishment of the regime in 1949, apart from Mao Zedong. Xi Jinping's actions in the political, economic and social spheres resemble the style of Mao Zedong, which we can call the "re-Maoization" movement.

At this stage, China's foreign policy was still dominated by its friendship with the countries of the "Global South," winning their political support by establishing economic cooperation relations or extending favors to them. In addition, China also maintains good political relations with Russia. The most concrete example is China's attitude towards the Russian-Ukrainian War, which was characterized by a seemingly non-committal attitude towards Russia, but not opposed to it in substance. China's stance on major UN resolutions, especially those related to human rights, is usually similar to that of Russia and non-democratic countries. However, China's military expansion has also attracted backlash from some of the countries with which it has good economic and trade relations. Specifically, China's military expansion in the South China Sea has caused some friction with Vietnam, the Philippines and Indonesia. In recent years, China's foreign ministry has made a number of strong diplomatic statements to the United States and other Western countries that violate normal diplomatic protocol, and have caused offense to officials and the public in some of these countries. This style of speech by Chinese diplomats has come to be known as "war wolf diplomacy." While many

Western countries are highly dependent on China economically, they have also become wary of China spreading its authoritarian political influence around the globe, and have taken varying degrees of precautionary measures against China. During the U.S. admini -strations from Trump to Biden, a bipartisan political consensus has gradually emerged at home to prevent China's influence from expanding.

With the rise of China's national power and global influence, China's policy towards Taiwan has gradually shifted its main axis to "accomplishing the great cause of the unification of the motherland," which is subordinate to "the great rejuvenation of the Chinese nation." As Xi Jinping gradually consolidated his political power, he began to focus his attention on resolving the Taiwan issue. For Xi Jinping, fulfilling the mission of reunification with Taiwan is of great importance in establishing his place in modern Chinese history and the history of the Chinese Communist Party. Therefore, on New Year's Day 2019, Xi Jinping once again issued the "Message to Compatriots in Taiwan," reiterating the principle of peaceful reunification and promising to govern Taiwan under "one country, two systems." At this stage, China's approach to Taiwan is mostly in the form of warplanes crossing the center line of the Taiwan Strait, issuing warnings of forceful aggression against Taiwan.

Conclusion

After analyzing more than 70 years of cross-strait relations from the perspective of the interplay between domestic politics and international relations, we have to ask: What kind of inspiration can Taiwan Strait, which is currently considered by the world as the "most dangerous place" or "potential conflict zone," offer to international conflict resolution? In my opinion, there are three aspects that are worth reflecting on.

Firstly, will there be a global "New Cold War"? Ever since Donald Trump became president of the United States, a consensus on the "China threat theory" has gradually emerged within the United States. Mainstream politicians from both the Democratic and Republican parties realize that China's rise in power, along with its expansionist foreign policy, will pose a threat to U.S. hegemony in the future. As a result, some people have begun to worry that the Cold War, which collapsed in the 1990s, will now take on a new form, the so-called "New Cold War." Such a statement has attracted much criticism because it is based on a mindset centered on American hegemony.

If we think about this issue outside of a U.S.-centered or Western-centered mindset, the focus should be on: what are the negative effects of China's global expansion on human society? I think it is worth noting that the threat to the world from countries like China and Russia is the global spread of authoritarian regimes.

In recent years, the term "sharp power" has been widely used to describe countries such as China and Russia that have embedded values and influence that are contrary to the values of human freedom into free societies through their domestic institutions that are not open to society and authoritarian regimes. The frequent suppression of human rights and civil society in many countries in recent years has led to a significant reduction in freedom around the world. As a result, it is highly likely that in the future there will be an implicit dichotomy between the democratic and authoritarian camps, albeit one that will not be as polarized as it was during the Cold War.

Secondly, how can we look at conflict zones around the world from a comparative perspective? There are a number of conflict zones around the world that have received more attention, and their specific contexts are very different. Therefore, the way of resolving conflicts in one region may not necessarily be applicable to resolving conflicts in another region. From a comparative point of view, we need to have a deeper and more comprehensive understanding of the nature and dynamics of conflicts in these different regions. The conflict in Ireland is closely related to religion and the historical background of British colonization. The conflict between Israel and Palestine is not essentially an ethnic or religious issue, but a geo-economic and geo-political hegemony between regional and international powers. The problem between South

Korea and North Korea has its roots in the Cold War structure of the rivalry between two different political regimes of different natures. The conflict between Russia and Ukraine hides complex historical and geopolitical issues between the two countries. As for the long-standing rivalry between Taiwan and China, it has its origins in the unresolved state of the Chinese Civil War and the ensuing problem of international recognition.

Thirdly, how do we think about the relationship between war and peace? If we think about this question in the context of cross-strait relations, we can say that the pursuit of peace is the ultimate goal, but the preparation for war is necessary to contain the threat. The reason for this is that from Taiwan's point of view, any small country is only destined to be threatened by the aggression of a great power. Although China has often expressed its desire for the peaceful reunification of Taiwan, it has never given up using force against Taiwan. This stance is the main reason for the rising anti-China consciousness in Taiwan. Moreover, the people of Taiwan will not give up their life under a free and democratic system in order to pursue peace and unification. The reason is that people who are used to democratic elections and a free society will find it difficult to adapt to living under an authoritarian system.

평화·통일에 대한 북한의 시각: 분석과 제언
―김정은 정권의 '우리국가제일주의' 이념을 중심으로

최경희
‖ 사단법인 SAND연구소 대표

Ⅰ. 서론

1. 연구의 필요성

2023년은 분단 이후 남북한 정권 수립 75주년과 '정전협정' 체결 70주년이 되는 해이다. 기나긴 역사를 함께 해온 한민족이 70여 년 동안 휴전상태에서 서로 다른 체제를 주장하며 살아왔다. 그동안 남과 북은 단절된 분단 상황 속에서 각자의 발전과 번영을 향해 같은 시간을 달려왔지만, 전혀 다른 결과를 만들어 냈다.

대한민국(이하, 한국)은 세계에서 가장 짧은 기간 내에 풍요로움을 이루어 선진국반열에 들어선 유례없는 국가가 되었고, 조선민주주의 인민공화국(이하, 북한)은 경제와 외교를 희생하면서까지 핵미사일을 개발했지만, 생존의 가장 초보적인 조건인 먹는 문제조차 해결하지

평화·통일에 대한 북한의 시각: 분석과 제언 ‖ 최경희   273

못해 극심한 생활난이 만성화된 최빈국으로 전락했다. 이러한 심각한 격차는 한국과 북한이 분단체제가 낳은 '미완의 국가'임을 새삼 느끼게 한다.

따라서 '남북한의 국가 완성은 통일 국가다'라는 가설이 제기된다. 우리의 최대의 과제는 평화통일이다. 하지만 남북한 주민들의 통일 인식은 시대와 환경, 경제와 문화 수준의 발전에 따라 변화하고 있다. 한국의 통일론은 민족의 당위성에서 필요성으로, 북한 통일론은 혁명의 지속성, 공격성에서 현상 유지론으로 점차 변하고 있다. 양측 모두 통일의식의 근간인 국가관, 민족관의 변화가 그 원인으로 작용한다.

게다가 북한은 체제 생존과 독재 권력의 유지를 위해 평화는 미국 (1974년부터), 통일은 한국으로 두 개념의 상대를 분리하며 논리적 지속성을 유지하고 있다. 반면 한국은 1987년 이후 단임제 정권의 지향성에 따라 평화냐, 통일이냐의 선택적 우선순위가 바뀌면서 평화와 통일의 다른 두 개념을 점차 동일시하는 현상이 나타나기도 한다.

2. 선행연구 검토

그동안 학계에서는 남북한의 평화통일에 관한 연구들이 광범하게 진행되었으며 유의미한 업적들을 도출했다. 첫째, 평화적 통일의 방법론에 관한 연구들이다. 대표적으로 정경환 '한반도 평화체제 구축문제와 평화협정문제의 상관성'(통일전략/2021), 남완우 '남북한 통일이 아닌 평화공존에 대한 연구'(한국공안행정학회보/2021), 신중섭 '통일에서 평화공존으로'(대동철학/2021), 홍석훈 '문재인 정부의 평화·통일정책: 북한 문제와 미·중 관계를 중심으로' 등이 있다.

이 연구들은 주로 "항구적 평화체제 구축"을 지향하던 문재인 정권 시기에 남북한의 평화적 공존에 초점을 맞추거나 북미 평화협정에 관한 연구들이다. 흥미로운 점은 남완우와 신중섭의 연구처럼 남북한의 평화적 통일이 아닌 평화공존을 구축할 것을 강조하는데, 이는 분단 현상 유지 및 남북관계 개선을 주장하는 것으로 평가된다. 신중섭은 한반도에서 평화와 통일은 서로 모순이기 때문에 평화통일론 대신에 평화공존론을 추구해야 한다고 주장한다. 그는 남북한이 서로 자신의 입지가 유리할 때 상대방에게 교류와 협력을 요구해 왔다며 북한의 개혁개방이 불가능한 상황에서 평화공존이 필요하다고 한다. 주로 문재인 대통령이 2018년 1월 10일 신년 기자회견에서 한반도 평화의 새로운 원년을 강조한 후의 연구들이다.

둘째, 북한의 평화·통일에 관한 인식 또는 북한의 시각을 분석한 연구들이다. 오태호 '북한 잡지에 나타난 한반도 평화체제에 대한 기대 양상 고찰'(한민족문화연구/2021), 강채연 '김정은 정권에서 평화번영 정책 부활과 남북한 시각차'(평화학연구/2021), 오일환 '북한 신정정치 체제 분석과 복음적 평화통일의 길 모색'(기독교와 통일/2020), 구본학 '북한의 딜레마와 한반도 통일 2030'(신아세아/2019) 등이다. 이 연구들 은 북한의 내재적 인식과 시도에 주목하여 분석했다.

오태호는 『조선문학』과 『천리마』의 대중잡지에서 나타난 북한 사회의 전쟁과 평화에 대한 인식을 설명하고 있으나, 2년 분량의 자료를 분석 대상으로 선택한 점에서 지속과 변화를 유추하는 데 아쉬움이 있다. 강채연은 김정은 정권이 주변국에 의한 유불리에 따라 평화통일과 평화번영 담론의 우선순위가 바뀌고 이 교차 비중은 한국의 언론매체들 에 비해 훨씬 높은 편이라고 평가한다. 북한의 평화번영 개념을 정책 키워드로 새롭게 다룬다는 점에서 다소 한국적 현상 대입이란 평도 있지만, 나름 유의미한 연구로 평가된다. 하지만 새로운 노력에도 불구하고 시기별 유형별 개념의 통계적 의미 분석에 머물러 있어 평화통일과 평화번영에 대한 변화의 이유를 설명하는 데 다소 한계를 갖고 있다. 오일환은 진정한 통일의 속성은 체제의 본질을 먼저 파악하는 것이 중요하다고 강조하며 북한을 전체주의적 신정정치 체제로 규명한다. 한국의 자유민주주의 체제와 북한의 신정정치 체제는 단기간 내에 정상적인 평화통일을 이루기 어렵기 때문에 진정한 통일을 위해 북한의 체제변화가 필수적이라고 강조한다. 이 외에도 북한의 평화통일을 주제로 연구한 다양한 논문들이 다수 존재한다.

하지만 선행연구의 이와 같은 다양한 업적에도 불구하고 북한의 평화·통일 관련 연구들은 대체로 측면적, 부분적으로 진행되고 있어 전체적 맥락에서 북한의 평화·통일에 대한 국가 전략과 방향성을 이해하는 데 한계가 있다. 평화통일정책을 비롯한 대외정책은 대내정치의 연장선인 만큼 북한의 내부적 현실과 평화·통일정책의 전략적 상관성을 설명할 수 있는 연구가 절실히 필요하다. 남북한의 격차가 심화하고 있는 실정에서 평화의 동반자, 통일의 대상인 북한의 효율적 관리를 위해 국가 전략 방향성과 시도를 잘 파악해야 한다.

따라서 본 연구에서는 김정은 시대 들어 새롭게 제창한 '우리국가제일주의' 이념을 중심으로 평화·통일의 전략적 방향성을 탐구하고 북한의 국가관, 민족관의 변화, 그리고 우리 정부의 대응 방안을 분석하고자 한다. 본 연구가 필요한 이유는 첫째, 북한이 과거와 달리 전략자산인 대륙간탄도미사일(ICBM: Inter Continental Ballistic Missile), 잠수함탄도미사일(SLBM: Submarine Launched Ballistic Missile)을 확보하고 방어적 수단을 넘어 공격성을 내포한 핵교리법을 성문화, 둘째,

김정은 정권 10년은 혈통국가 제도화 집중한 것으로 평가, 셋째, 최근 들어 한국을 '남조선'으로 호칭하던 과거와 달리 '대한민국' 정식 국호를 사용하는 등 새로운 정치행태들이 나타나고 있어 구체적인 분석과 대응방안이 필요하기 때문이다. 즉, 김정은 정권의 10년은 향후의 10년 방향성을 시사한다고 볼 수 있다. 따라서 본 연구의 주제인 평화·통일에 대한 북한의 시각을 분석하는 것은, 향후 우리의 대북 및 통일정책과 평화적 유리한 환경을 만드는 데 매우 필요한 연구라 하겠다. 본 연구의 분석 결과를 토대로 북한 연구에 학문적으로 이론적 시사점과 대북정책의 실무적 실천적 시사점을 제공할 것으로 기대한다.

II. 평화·통일 개념의 이론적 검토

1. 평화의 다의성과 정의

현재 러시아 우크라이나·전쟁, 이스라엘·하마스 전쟁으로 인해 사망자가 속출하고 있으며 생활 경제의 빈부격차로 기아에 의한 사망자 수는 증가하고 있다. 북한을 비롯한 세계 도처에서 핵미사일 개발 경쟁이 심화하고 있으며 강대국 간의 군비경쟁은 전쟁을 위한 화약고를 증대하고 있다. 이러한 '전쟁과 핵'의 시대에 평화의 정의는 휴전상태에 사는 한반도인에게 절박하게 다가온다. 돌이켜보면 평화를 보다 체계적, 학문적으로 정의하려는 노력은 정치, 문화, 종교의 전반 분야에서 오랫동안 시도되었다. 하지만 현실적으로 평화 개념은 시대와 역사적 배경, 가치관, 이해관계에 따라 각기 다른 의미로 사용되고 있는 것도 현실이다.

대표적 평화론자 케네스 볼딩(Kenneth E.boulding)은 "평화라는 말은 너무나 다양한 의미"를 가지고 있어 접근이 어렵다고 지적하면서 평화를 광범위하고 다양한 의미에서 '안정적인 평화' 구축의 필요성을 제시했다. 그의 안정적인 평화는 체제가 전쟁으로 재발위험을 최소화하는 지속적이고 회복력 있는 평화를 의미한다. 갈퉁은 소극적 평화와 적극적 평화의 두 측면을 제시했는데, 소극적 평화는 현실주의 평화로 볼 수 있으며 이는 정치, 경제, 사회, 문화적 이해관계와 불가분의 관계에 있다. 따라서 전쟁의 부재, 세력의 균형 상태를 의미하며 강자가 폭력으로 약자를 억눌러 유지되는, 이른바 '긴장 속의 평화'로 정의된다. 반면 적극적 평화는 사랑과 원칙, 선악이 분명하고 경쟁보다 협력, 조화를 중시하며 긴장이 없는 상태를 포함해 정의가 실현되는 이상주의적 평화, '완전한 평화'로 정의된다.

요한 갈퉁(Johan Galtung)은 "평화적 수단에 의한 평화"라는 저서에서 "가장 직접적인 방법은 국가간 체제를 민주화하는 것"이라고 조언했다. 갈퉁 역시 평화를 두 가지로 구분했다. 첫째, 전쟁과 같은 직접적인 폭력이 존재하지 않는 상태인 '소극적 평화(negative peace)'와 둘째, 인도주의에 기초를 둔 사회적 조화, 갈등과 분쟁을 소통으로 타협하는 긴장 없는 상태, 즉, 정의가 실현되는 상태인 '적극적 평화(positive peace)'로 구분했다. 결국 소극적 평화는 물리적인 방법과 폭력으로 전쟁을 억제하거나 공격당하지 않기 위해 전쟁 억지력 개발을 정당화하는 논리이다.

케네스 볼딩과 요한 갈퉁의 소극적 평화는 전쟁 발발의 억제 상태를 말한다면 이는 1953년 이후 휴전상태에 있는 한반도의 현주소를 설명하는 듯한 대목이다. 또한 북한이 장시간에 걸쳐 추진해왔던 핵미사일

개발에 대한 정당화 논리가 소극적 평화를 의식한 주장이라고 볼 수 있다. 이러한 소극적 평화를 향해 비폭력주의 교회 장로인 요한 크리스토르 아놀드(Johann Cristoph Arnold)는 약자의 목을 조르면서 "조용히 해. 평화를!"이라고 윽박지르는 가짜평화라고 비판한다.1)

한편 마르틴 루터 킹(Martin Luther King Jr), 인도의 철학자 마하트마 간디(Mahatma Gandhi)는 적극적 평화를 주장하는데, 이는 긴장이 없는 상태를 포함한 정의가 구현되는 상황이라고 본다. 적극적 평화는 바람직한 이상사회의 실현이지만, 현대를 살아가는 우리에게 적극적 평화를 달성하기 위해 분쟁과 갈등 해결에 적극적 태도를 요청한다는 점에서 시사하는 바가 크다. 따라서 대표적인 소극적 평화와 적극적 평화론은 현실적인 문제 해결과 미래지향적 태도에서 참고할 만한 가치가 있다. 소극적 평화가 분단된 상태나, 휴전상태, 그리고 갈등과 분쟁들을 해결하기보다 회피하는 데 중점을 둔다면 적극적 평화는 본질적 문제 해결에 집중하여 상황의 개선을 끌어내려고 한다. 이러한 맥락에서 소극적 평화는 단면적, 단기적, 물리적 방법에 의존한다면 적극적 평화는 중장기적, 전략적, 사회문화적 방법을 선택한다.

북한이 생각하는 평화 개념도 이와 다르지 않다. 평양에서 출판한 『조선말대사전』에 따르면 평화는 전쟁이나 무장 충돌 같은 것이 없는 상태, 분쟁이나 반목이 없는 화목한 상태를 말한다.2) 하지만 평화주의는 제국주의에 아부 굴종하면서 정의의 전쟁도 포함한 전쟁 일반을 반대하고 무원칙한 평화를 주장하는 반동적인 사상이나 태도라고 말한다. 따라서 한반도의 휴전상태에서 북한이 적용하고 있는 평화는 소극적

---

1) 요한 크리스토프 아놀드, 이진권 역, 《평화주의자 예수》, 샨티.

2) 『조선말대사전(2)』(평양: 사회과학출판사, 1992), p.802.

평화이다. 북한은 "강력한 총대우에 존엄과 행복, 평화가 있다."(노동신문/2018.1.19.)라고 하면서, 평화의 상대를 미국으로 설정하고 북미 '평화협정'(1974년 이래) 체결을 독촉하고 있다. 한국에는 소극적 평화와 적극적 평화의 좌우 논쟁이 이루어지고 있다.[3] 반면 북한은 '평화적 공존은 계급투쟁을 배제하는 것이 아닌 계급투쟁의 한 형태'로 정의하며 '핵과 총창 위에 평화가 있다'라는 의지의 소극적 평화를 정당화하고 있다.

2. 통일국가의 개념적 논의

국제법상 분단국가를 하나의 제도로 통일하거나 통합하는 데 대체로 단일적 통합모델과 복합적 통합모델로 구분한다. 단일적 통합모델에는 병합(Annexation)과 합병(Amalgamation)이 있고, 복합적 통일모델에는 국가연합(Confederation)과 연방(Federation) 등이 있다. 병합은 강한 나라가 강제력을 동원해 상대국을 흡수하는 방법이고, 합병은 2개 이상의 국가들이 평화적인 합의에 의해 결합해 새로운 단일국을 형성하는 방법이다. 전자는 '흡수통일', 후자는 '합의통일'을 의미한다.

알려진 바와 같이 북한 김일성은 1960년 8월 14일 '연방제 통일방안'을 발표하면서 남북한 총선거에 의한 민주적 중앙정부를 구성하자고 제안했다. 이는 당시 한국의 후진 경제 문화 상황에 비추어 북한의 경제 문화 발전에 자신감을 가진 합병(합의통일)의 시도라고 볼 수

---

3) 북한에 비해 한국은 자유민주주의 체제이므로 다양한 가치관과 선택지에 의해 담론이 형성된다. 현재 한국의 대북 및 통일정책에서 평화론은 남북관계 개선과 남북한 경제교류를 주장하는 측은 소극적 평화, 북한의 핵·인권문제를 비롯한 본질적 변화를 주장하는 측는 적극적 평화를 추구한다고 볼 수 있다.

있다. 하지만 1972년 '7.4남북공동성명' 채택을 위한 서울·평양 고위급 회담을 목격한 북한은 조급해지기 시작했다. 1973년 한국의 '6.23특별 성명'에 북한은 '조국통일 5대 방침'으로 대응했다. 주요 내용으로 한국의 통일되기 이전이라도 남북한이 유엔 동시 가입을 추진하자는 제안에 북한은 '두 개의 조선 조작 책동'이라고 맞받아 비난했다. 그리고 그동안 한국에 '평화협정'을 체결하자고 제안하던 북한이 1974년부터 미국을 향해 '평화협정' 체결을 요구하기 시작했다.

이렇게 북한이 취해온 일련의 과정들은 자국의 유불리에 따라 개념의 의미와 상대가 얼마든지 변경 가능하다는 것을 보여준다. 1980 년에는 '고려민주연방공화국 통일방안'을 발표해 '두 개 제도 공존'을 강조했다. 한국의 경제발전과 중국의 개혁개방 선택은 북한에 세력 균열로 인식되었고, 김일성·김정일 후계체제 고착화를 위해 남북한 현상 유지가 필요했던 것이다. 1991년에는 '두 개 제도'와 '두 개 정부'가 공존하는 통일방안을 발표하기도 했다. 세계적으로 냉전이 종결되고 북한을 지원하던 공산주의 진영이 무너져 고립무원의 상태가 된 상황에서 남북한 간에 '두 개 정부'가 공존해야만 체제를 유지할 수 있었다. 이처럼 북한의 통일문제는 논리적으로 공격성을 띠고 있지만 시대적 환경과 변화에 대응하는 방식으로 수세적 후퇴 양상을 보여왔다.

북한의 『조선말대사전』에서 정의한 통일은 ① 갈라진 둘 이상의 것이 합쳐서 하나의 단일체로 되는 것, ② 서로 같거나 일치하게 맞추는 것, ③ 하나의 사상과 중심에 기초하여 뭉치는 것, ④ 두 가지 이상의 사물 현상이 서로 의존하고 제약하며 떨어질 수 없는 유기적 연관관계나 체제 속에 있는 것으로 설명하고 있다. 그리고 통일국가는 전국적 범위에서 단일한 주권이 행사되는 통일된 나라라고 서술하고 있다.[4]

이처럼 북한이 생각하는 통일은 두 제도가 하나로 결합되어 단일주권을 행사하는 국가로 인식한다고 볼 수 있다. 따라서 통일은 흡수하거나 흡수되는 결과, 즉 병합방식으로 인식하기 때문에 통일논의는 북한의 유불리에 따라 변화해 왔다.

본 연구는 북한의 통일논의를 인식과 실천의 두 가지로 구분한다. 첫째, '흡수하거나 흡수되는 통일'이다. 이는 국력이 강할 때 드러났다가 약할 때 강한 자기 정당화 방어기제로 사용한다. 둘째, '합의에 의한 통일'이다. 이는 정당성과 주도권의 확보 차원에서 논리적으로 지속성을 갖고 있으나 사실상 체제 생존을 위한 현상 유지에 전략적으로 적절히 활용된다. 이론적 정의를 정리하면 다음과 같다. 일반적으로 평화·통일은 상대적 개념이라는 공통점이 있으나 그 의미와 범위는 서로 다르다. 평화는 보편적 가치이며 특정 상대를 포함한 모든 국가와 집단, 지역의 넓은 범위에 적용하는 개념이다. 통일은 그 상대가 명확하고 통일의 상대에 한정되어 있다. 평화는 평온하고 조화로운 상태를 말하지만, 통일은 하나의 결과를 의미한다. 따라서 남북관계에서 평화는 특정한 상대국을 포함한 국제적 범위의 모든 국가가 대상이며 이는 대외정책의 범위에서 추진된다. 하지만 통일은 남북한이 하나의 국가, 또는 연방·연합국의 형태를 의미하므로 통일의 당사자는 북한과 한국이다.

볼딩을 비롯한 평화론자들이 조언했듯이 대상 사회의 시스템이 어떻게 변화했고, 그 사회의 어떤 제도와 구조가 안정적이거나 긍정적 평화에 유리하게 작용하고, 어느 구조가 반대 방향으로 작용하는지 분석하는 것은 매우 중요한 일이다. 본 연구에서는 평화론자들의 주문을

---

4) 『조선말대사전(2)』(평양: 사회과학출판사, 1992), p.738.

토대로 북한의 '우리국가제일주의'이념을 통해 시스템 변화와 내적 구성, 평화·통일에 대한 긍·부정적 작용과 질서 확립, 시간이 지남에 따라 변화하는 시스템의 방향성에 분석의 초점을 둔다.

III. 북한 평화·통일 방안의 역사적 전개 과정

1. 평화의 상대: 남조선에서 미국으로 변화

북한은 1954년 이래 '남북평화협정' 해결을 주장하다가 1974년부터 "북·미 평화협정" 체결을 제안했다. 1984년에는 "남북불가침 공동선언 및 북·미 평화협정 병행체결"을 요구하였고, 1992년 「남북기본합의서」에 '남북불가침' 합의 내용이 명시된 이후 북미평화협정 체결을 다시 주장했다. 1994년 4월 북미 평화협정 체결과 정전기구를 대체할 '새로운 평화보장체계 수립'을 제기한 이후, 5월 「조선인민군판문점대표부」를 설치하고 정전협정을 무력화하는 조치를 취함으로써 평화체제 체결을 위한 대화에 나서도록 미국을 압박했다.[5]

북한은 평화체제의 당사자를 기존에는 북한과 미국이라고 주장하였으나, 2007년 10월 제2차 남북정상회담에서 '종전선언' 관련 합의에서 "직접 관련된 3자 또는 4자"라는 표현을 사용하여 한국을 평화체제의 실질적인 당사자로 끌어들였다. 북한은 정전체제를 평화체제로 전환하게 되면 "핵문제의 발생 근원이 되고있는 미국의 대조선 적대시 정책과

---

5) 1993년 4월 중립국감독위원회에서 체코 대표단을 철수시킨 데 이어 1995년 2월 폴란드 대표를 철수시켰고, 1994년 12월 군사정전위원회로부터 중국군 대표를 철수시켰다.

핵 위협이 없어지는 것으로 되며, 그것은 자연히 비핵화 실현으로 이어지게 될 것이다."라고 하며, 먼저 평화체제를 수립하고, 그다음에 북·미 관계정상화를 이룩하며, 최종적으로 한반도 비핵화를 세계적 맥락에서 이루어나간다는 계획이다.

이처럼 북한은 비핵화 협상의 조건으로 미국의 대북 적대시 정책 포기, 즉 한미연합군사훈련 중단, 유엔 안보리 결의안과 경제제재 철회를 요구하고 있고, 북·미 평화협정 체결과 유엔사 해체 및 주한미군 철수도 단계적으로 이행할 것을 주장하고 있다.[6]

2. 평화적 수단: 이념에서 선군정치로

1980년 10월 10일 김일성은 6차 당대회 연설에서 북한의 대외정책 이념을 '자주, 친선, 평화'라고 선포했다. 여기서 ① 자주는 체제의 자주적 주권 행사를 의미한다. ② 친선은 가치를 공유하는 공산주의 국가들은 물론, 제국주의를 반대하는 비동맹국가들, 북한을 호의적으로 대하는 국가들과 친선관계를 유지 및 확대하겠다는 의미이다. ③ 평화는 공산주의와 제국주의, 사회주의와 자본주의의 투쟁에서 승리한 단계를 평화로운 시기로 보았다. 평화 구현이 공산주의가 실현되는 단계이므로 현실에서는 전략, 방향, 정당성 확보에 논리적으로 사용되었다.

당시 김일성은 노동당 국제부 산하 '주체사상국제연구소'(1978. 4. 9. 설립)를 도쿄를 시작으로 세계 각 지역에 설립해 친선국가들을 확대하고 세계인들과 연대를 강화하는 데 주력했다.[7] 그 일환으로

---

6) 김병로, "한반도 평화프로세스: 평화체제 자료 해제"에서 발췌.

7) 1979년 10월 조선노동당 중앙위원회에 '주체사상국제연구소' 소장에 황장엽이 임명되었다. 그리고 주체사상을 국제적으로 확대하는 역할을 뒷받침하기 위해

자주, 평화, 친선의 대외정책 이념을 주장하는 동시에 공산주의 진영이 활발하던 시기인 만큼 주체사상을 평화를 선호하는 3세계 국가들에 확산을 시도했다.

하지만 1980년대 중반 이후 소련의 고르바초프 등장과 '페레스트로이카' 정책으로 공산주의 진영이 자본주의 경제를 선택하면서 사회주의는 몰락의 길에 들어섰다. 게다가 서울에서 개최하는 '86아시안게임', '88올림픽' 등은 공산주의 국가들이 대거 참여하는 계기가 되었고, 한국의 국제적 위상이 상승하는 반면, 북한에 불리한 상황으로 전개되었다. 이러한 시기에 1986년 7월 북한은 황장엽 등이 정립한 '주체사상에서 제기되는 몇 가지 문제에 대하여'라는 논문을 김정일의 명의로 공개했다. 주요 요지는 '사회정치적 생명체'를 이루는 국가유기체론이다. (국가유기체의 시스템 변화 부분은 아래에서 설명하기로 한다.) 단 여기서는 이 이론이 등장한 이후 북한 체제의 성격과 대내외정책, 민족문제에 변화가 감지된 점에 주목한다.

이후 1988년 9월 9일 김일성은 공화국창건 40주년 기념 연설에서 공화국의 대외정책 이념이 '자주, 평화, 친선'이라고 선언했다. 여기서 두 가지 의미를 확인할 수 있다. ① 과거처럼 노동당의 대외정책 이념이 아닌 공화국의 대외정책이념이라고 언급한 부분인데, 이는 공산주의 진영의 몰락으로 국가 우선의 형태를 지향한다는 점이다. ② 공산주의 진영을 비롯한 우호적 국가들과의 친선을 중시했던 과거와 달리 평화를 우선순위로 변경했다. 이는 제국주의 미국과의 평화적 관계 개선에 집중하려는 시도이다. 이후 현재까지 북한의 자주, 평화, 친선의 대외정

11월 황장엽을 과학교육 비서로 파격 승진시켰고, 1980년 10월 6차 당대회에서 노동당의 국제 비서로 임명했다.

책 이념은 지속되고 있다.

1994년 7월 김일성이 사망 이후 자연재해와 만성적인 경제난으로 인해 아사자가 속출하고 대외적으로는 핵문제와 일본인 납치문제 등으로 국제적 고립무원의 상태에 놓인 김정일 정권은 체제의 생존과 평화를 위해 선군정치를 선택했다. 선군정치는 본질에 있어서 군사 선행으로 '선군후로'의 원칙을 내세워 군대로서 통치한다는 말이다. 1990년대 중반 이후 가장 어려운 '고난의 행군'을 겪으며 선택한 길이다. 군대가 정치의 수단이 아닌 정치를 주도해나가는 세력이라는 의미이다.8) 이로부터 북한은 정치는 일정한 힘을 기반하며 그 토대는 국력이고 국력에서 기본은 군사력이라고 역설한다.

3. '평화와 핵무기': 방어수단에서 억제력을 갖춘 공격수단으로

김정일은 선군정치 하에서 2006년 1차 핵실험, 2009년 2차 핵실험을 단행했다. 제1차 북한 핵 위기가 1994년 10월 미국과 북한 사이에 제네바합의9)에 의하여 '봉합'되면서 북한의 핵 활동은 외형상 중단되는 것처럼 보였다.10) 그러나 북한은 실제로는 본 동결과 무관하게 엄밀하게 계속 핵개발을 하고 있었다.11) 초기에 순조롭게 보였던 제네바합의

---

8) 림수림, "선군정치는 우리 식의 특유한 정치방식," 『학보(력사, 법학)』 평양: 김일성종합대학출판사, 2004년 제2호.

9) 1994년 6월 24부터 10월 21일까지의 혁상 끝에 미국과 북한간에 합의된 '제네바기본합의문(Agreed Framework)'의 중요내용은 "흑연감속로를 경수로로 대체하고(1,000MW급 경수로2기제공), 대체에너지로서 중류 50만 톤을 매년 북한에 제공하는 대신 북한은 비핵화 의무를 이행하며, 아울러 북-미관계를 개선하고, 한반도 비핵화를 실현하고, 남북대화를 개선한다."는 것임.

10) 북한은 1994년 11월 1일부로 핵 활동의 동결을 선언했다.

의 이행은 1998년 8월 31일 대포동 미사일 발사시험과 경수로 사업의 지연, 부시(George W. Bush) 행정부의 등장과 북미관계의 악화 등으로 인해 난항을 겪게 되었다. 경수로 건설이 지연되자 북한은 '제네바합의 파괴'를 운운하면서 미국을 협박하기 시작했다. 이에 대해 미국은 북한이 핵무기를 보유하고 있다고 맞서면서 갈등을 유지하다가 2002년 11월 KEDO의 대북 중유지원이 중단되었다. 북한은 재차 NPT를 탈퇴하고 모든 책임을 미국에게 전가하면서 영변 핵시설을 재가동하였다.

2005년 7월과 9월 "북한은 핵을 완전히 포기하고 미국은 관계정상화를 통해 북한을 국제사회의 일원으로 받아들이며 다자간 대화의 틀로 북핵문제를 해결한다."라는 내용의 "9·19선언"을 발표했다. 하지만 김정일 정권은 2006년 10월 9일 함경북도 길주군 풍계리 지하에서 처음으로 플루토늄 방식의 제1차 핵실험을 감행했다.[12] 2009년 5월 25년에는 같은 방식으로 제2차 핵실험을 감행하였다.[13] 북한은 한국과 미국이 북한 체제를 위협하기 때문에 방어적 수단을 갖추기 위해 핵을 개발한다고 주장했다. 이른바 '핵과 평화'를 등치시켜 핵은 체제를 지키는 수단, 평화는 체제 유지의 수단이 된 것이다.

2012년 4월 김정은 정권 출범 이후 1년 만인 2013년 2월 12일

---

11) 제네바 합의에 기초하여 1995년 1월 18~23일, 영변의 5MW 원자로 폐연료봉 처리를 위하여 북미회담이 개최되었다. 1995년 3월 9일에는 한반도 에너지 개발기구(KEDO)가 뉴욕에 설립되었다. 1995년 6월 20일에는 5MW급 원자로 폐연료봉 처리를 위한 미국 기술진이 북한에 도착하여 폐연료봉 8,000개를 확인하였으며, 이듬해 1996년 4월 27일 미국 NAC(Network Access Control) 인터내셔널사(International)가 5MW급 원자로 폐연료봉에 대한 밀봉작업을 개시했다.

12) 제1차 핵실험 폭발력은 1킬로톤(kt TNT 폭약 1천 톤 폭발력)이었음.

13) 제2차 핵실험의 폭발력은 2~6kt가량으로 추정됨.

3차 핵실험을 했고, 바로 4월 '자위적 핵보유국의 지위를 더욱 공고히 함에 대하여'라는 이른바 '핵보유국법'을 채택했다. 2016년 1월 6일 4차, 9월 9일 5차 핵실험으로 한해에 2차례의 핵실험을 강행해 유례없는 핵 폭주를 보여주었다. 2016년 9월 26일 자 노동신문은 "정의의 핵무력 우에 나라의 평화와 민족의 존엄이 있다"라는 기사를 게재하며 국제사회의 제재와 압박에 "초강경으로 다스릴 것이다."라는 입장을 표명했다.[14] 그리고 2017년 9월 3일 6차 핵실험을 강행, 핵무기 체계를 완성했다고 선포했으나 지금도 여전히 핵탄두의 소형화, 경량화, 운반수단의 기술력 배양을 위해 시도하고 있다. 북한의 핵실험과 미사일 개발에 국제사회는 위협으로 간주하며 강력한 경고와 경제제재 조치를 했고, 북한은 외교적 고립 상황에 놓이게 되었으나 필요할 때마다 거침없이 핵실험 및 미사일 시험발사를 강행했다.

2022년 9월 8일 최고인민회의 제14기 7차 회의에서 '조선민주주의인민공화국 핵무력정책에 대하여'라는 핵교리법을 채택했다. 2013년 '핵보유국법'은 "누구도 감히 건드릴수 없는 주체의 사회주의 강국으로 세상에 빛을 뿌리게 되었다."라는 방어적 성격과 존재감을 의식한 내용이었다면, '핵교리법'은 핵의 사용법과 관리, 통제에 대한 체계적인 구조가 특징적이다. 따라서 핵의 지위는 방어수단에서 공격성, 상징성, 그리고 정체(정치체제)로 변화되었음을 알 수 있다. 즉, 소극적 평화를 위한 핵개발론이라고 볼 수 있다.

---

14) "정의의 핵무력우에 나라의 평화와 민족의 존엄이 있다", "초강경으로 다스릴 것이다", 『로동신문』(2016.9.25. 6면).

Ⅳ. 김정은 정권의 '우리국가제일주의' 이념

1. 김정은 정권의 국가주의

2017년 11월 29일 ICBM '화성-15'형을 발사한 다음 날 30일 북한 노동신문 1면 '조국청사에 길이 빛날 민족의 대경사, 위대한 조선인민의 대승리'라는 제목의 사설에서 처음 '우리국가제일주의'를 언급했다.[15] 북한은 국가 핵무력 완성의 역사적 대업이 실현되었다며 김정은의 영도력을 극찬했다.

이후 우리국가제일주의는 체계화 개념화로 정립되면서 노출 빈도가 높아졌다. 특히 2018년 4월 20일 당중앙위원회 제7기 제3차 전원회의에서 '병진노선'의 승리가 선포된 이후 5월부터 우리국가제일주의는 논리적 체계를 갖춘 김정은의 통치담론으로 일반화되었다. 북한이 말하는 우리국가제일주의는 "세계가 공인하는 전략국가의 지위에 당당히 올라선 우리 조국의 자랑스러운 모습에서 인민은 이 세상에 둘도 없는 사회주의 강국의 실체를 보고 있다. 위대한 영도자를 높이 모시어 사회주의 우리 조국이 세상에서 제일 강대하고 우월하다는 바로 이것이 우리 인민의 마음속에 소중히 간직된 우리국가제일주의의 근본 핵이다."[16]라는 것이다.

특히 김정은이 우리국가제일주의를 신념으로 간직하자고 확약한

---

15) "조국청사에 길이 빛날 민족의 대경사, 위대한 조선인민의 대승리", 『로동신문』 2017.11.30. 1면.

16) 노동당기관지 『근로자』 2018년 5월호, 편집국 논설. 우리국가제일주의는 "국가를 정치사상강국, 세계적인 군사강국, 과학기술강국, 첨단기술산업이 경제성장에서 주도적 역할을 하는 경제강국, 문명강국으로 만드는 거창한 국가건설 목표" [『철학·사회정치학연구』 2018년 2호(5~8월)].

2019년 1월 1일 신년사에는 김정은과 국가를 동일시하는 무대장치가 연출되었고, 신년사 직후에는 조선중앙TV에서는 새로 나온 가요 '우리의 국기'를 방영하며 국가의 정통성을 확립에 집중했다. 2019년 1월 1일 김정은이 신년사에서 "정세와 환경이 어떻게 변하든 우리국가제일주의를 신념으로 간직"하자고 언급한 이후, 1월 8일 노동신문은 "우리 국가제일주의의 본질"이라는 기사에서 "세계가 공인하는 우리 공화국의 전략적 지위와 국력에 상응하면서도, 우리 인민의 강용한 기상과 지향에 부합되는 투쟁의 기치가 바로 우리 국가제일주의이다."라고 정의했다.[17] 국가주의를 이념의 기치로 내건 북한은 2019년 12월 28일부터 31일까지 조선노동당 중앙위원회 제7기 제5차 전원회의를 무려 4일간 개최하여 국가의 중장기적 전략과 방향을 제시하면서 국가주의에 입각한 시스템 재정비를 추진했다.

　　김정은 정권의 우리국가제일주의는 다음과 같은 구성을 이룬다. ① 공화국의 전략적 지위 확보[18](핵보유국 공식화), ② 조국의 위대성에 대한 긍지와 자부심 제고(영도자의 대한 절대적 숭배), ③ 업적에 대한 숭고한 사상감정(허위의식)을 고취시킨다. 북한은 이를 기반으로 '강력한 국가정치 체제가 편파없이 계승되고 있다'고 평가하고 있다. 이와 같이 우리국가제일주의의 중심에는 김정은의 존엄과 영도력이 존재한다. 김정은의 우리국가제일주의는 김일성 시대에 등장한 '우리민족제일

---

17) 북한은 "세계가 공인하는 우리 공화국의 전략적 지위와 국력에 상응하면서도 우리 인민의 강용한 기상과 지향에 부합되는 투쟁의 기치가 바로 우리 국가제일주의이다."라고 정의했다. "우리 국가제일주의의 본질," 『로동신문』 2019.1.8.

18) "핵을 보유한 자주적인 핵 강국으로서 우리 공화국이 세계정치 무대에서 전략적 문제들을 주도해나가는 확고한 지위를 말한다." "공화국의 전략적 지위," 『근로자』 2017년 제12호, p. 21.

주의'에 기반을 두고 있다.

2. 북한식 체제론의 구성과 국가관, 민족관

우리민족제일주의는 1986년 7월에 발표한 김정일의 논문 '사회정치적생명체론'에서 파생된 이념이다. 앞서 설명했듯이 북한은 구소련과 동유럽 국가들이 페레스트로이카(개방) 정책을 선택함에 따라 사회주의 이념이 변용되었다고 인식하던 시기에 국가 정체성의 근거를 마련하기 위해 우리민족제일주의를 제창했다. 민족을 등한시하던 공산주의 이념과 상반되는 태도이다. 따라서 당시에 등장한 우리민족제일주의가 몰락하는 공산주의 이념을 대신하는 수단형 개념이었다면, 현재의 우리국가제일주의는 정상국가를 표방하기 위한 목적지향형 개념이다.

연구자들은 사회정치적생명체론을 단지 주체사상의 변용으로 해석하고 있으나, 사실상 '수령 중심'의 공간과 '수령 영생'의 시간을 체계화한 북한식 시스템론이다.[19] 수령은 과거이면서, 현재이고, 미래인 영원한 존재로 규정한 것이다. 1987년 당시 우리민족제일주의가 등장하면서 북한의 용어사전과 교재들에는 '민족'개념에 '혈통'을 우선 위치에 추가하고 강조했다. 이른바 "민족이란 핏줄(추가), 언어, 지역의 공통성이며 이 가운데서도 핏줄(추가)과 언어의 공통성은 민족을 특징 짓은 가장 중요한 징표"[20]라고 정의한다. 같은 민족인 한국의 사전에도, 사회주의 공동의 이념을 추구하는 중국의 사전에도, 민족개념에 핏줄이 존재하지

---

19) 최경희, "북한 수령권력 체제의 생성과 메커니즘," 『한국과 국제정치』 제32권 제4호 2016년(겨울) 통권 95호.

20) 최세진, 『주체사상이 밝힌 조국에 대한 견해와 관점, 립장』 (평양: 과학백과사전출판사, 1987), p. 28.

않는다. 따라서 사회정치적 생명체론은 혈통을 시스템의 핵심으로 정비하기 논리로 등장한 것이다. 김일성 시대의 사회정치적생명체론은 종교성을 내포한 '혁명적수령관'과 혈통을 강조하는 '단일민족관'을 구성하여[21] 혁명전통의 국가관과 혈통의 민족관을 체계화했다.

같은 시기인 1987년 2월에는 '백두산 밀영'이 개영되었다. 1945년 이전에 백두산에서 활동했다고 하는 김일성 최고사령관을 항일전의 영웅으로 그리는 내용이다. 김일성의 기억으로 조선인민혁명군이 거주했다는 장소를 신화화한 곳이다. 1942년 2월 항일전이 한창인 가운데 백두산정 엄동설한에 김정일 아기가 태어났다는 탄생 신화도 묘사되었다. 이곳은 바로 북한 주민들에게 김일성이 나라를 찾았다고 하는 '혁명적 전통'과 그 과정에 김정일이 태어났다는 '혈통의 계승성'을 체험하는 교육장이자 국가관과 민족관의 발현지이다. 또한 이 시기 김일성은 동명왕릉, 단군릉, 왕건릉을 비롯한 민족의 역사를 재발굴 재해석하라고 지시했다. 그리고 발굴된 유적에 대해 수령의 영도업적과 위대성으로 빛나는 현대 조선의 주체적 해석을 강조했다. 결국 수령 권력에 맞춘 역사의 조작이라 할 수 있다. 현재의 전통과 혈통의 정통성 재정립과 함께 민족의 역사 날조도 함께 이루어졌다.

김정일 시대 1995년부터 '김일성민족' 개념을 사용하면서 "민족의 건국 시조는 단군이지만 사회주의 조선의 시조는 김일성"이라고 주장했고 1998년 개정헌법에 '김일성민족'을 성문화했다. 1997년 7월 8일 김일성 사망 3주기를 맞으며 김일성의 출생년도 1912년을 '주체원년'으로 산정하고 그의 생일을 '태양절'로 정했다. 김정은 시대에는 2015년

21) 최경희, "북한의 2체제 통일전략에 관한 연구," 『국제정치논총』 제56집 4호, 2016, p. 134.

8월 15일부터 분단 70주년이 되는 시점에서 북한의 표준시를 30분 늦추어 남한과 시차를 두었고 이를 '평양시간'이라 명명했다. 하지만 2018년 남북정상회담 당시 김정은은 평양시간을 철회하겠다고 언급한 후 원래 시간으로 다시 변경하여 사용하고 있다. 이렇게 북한은 국가 그 자체를 김일성민족으로 재정립하고 있으며, 그러면서도 남한에는 '우리민족끼리'를 제창하면서 양면적 전술적 태도를 보이고 있다.

김정은은 현재 주요 결정의 시기마다 백두산에 오른다. 백두산과 동일시되는 연출을 통해 전통과 혈통의 정통성 확립에 집중하고 있다. 그리고 그 정통성을 '백두혈통'이라고 부른다. 북한의 국가관도 민족관도 모두 백두혈통을 중심으로 작용한다. 정치체제의 국가관도 백두의 전통적 지위를 고수하는 데 있고, 민족관도 백두혈통의 계승성을 담보받는 데 있다. 국가를 이루는 3요소인 영토의 범위는 사회정치적 생명체 그 자체이며, 인민은 수령의 영도를 받고 따르는 존재이므로 '수령≥인민'이라는 힘의 관계가 성립된다. 또한 체제의 정점인 수령은 국가 이익을 대표하는 주권자로 인식되므로 대외관계, 남북관계, 통일문제 등은 수령의 이해관계에 따라 손익계산이 이루어지는 시스템이다.

3. 김정은의 '연방제 실현'과 두 체제 유지론

2016년 5월 6~8일 36년 만에 7차 노동당 대회를 개최했다. 김정은은 한국에 '연방제 실현'으로 통일의 방향 전환을 요구했다. 그는 "연방제 실현, 이것은 조국통일 3대 헌장을 관철하여 조국통일의 길을 열어나가기 위한 우리 당의 투쟁 방침"이라고 강조하면서 "민족대단결이 곧 조국통일"이라고 역설했다. 김정은이 연방제 실현을 단호하게 언급한 데서 소극적 평화관을 엿볼 수 있는 대목이다. 그리고 이 소극적 평화관의 내용도 김정은의 이해관계에 따라 변경, 가능하다. 앞서 북한의 사전적 의미에서 통일은 두 개 이상의 국가들의 단일제도를 만든 결과물이라고 했던 바와 같이, 국력이 회생 불가할 정도로 쇠퇴한 상황에서 김정은의 연방제 실현은 두 체제의 공존을 의미하며, 강한 언어사용으로 수세적 입장을 은폐하려 했던 것으로 분석된다.

김정은의 이와 같은 주장은 3대 세습체제의 지속성을 갖고 있으나 시대와 환경 변화, 체제의 생존 조건 변화, 국력의 쇠퇴에 따라 시기별 차이가 있다. 앞서 언급했듯이 김일성이 1960년에 제안한 '연방제' 안이 '통일의 완결성'을 지향했다면, 1980년 제시한 '두 제도'의 공존과 연방정부 수립은 '과도적 단계', 즉 통일의 시간 연장방안이다. 김정일은 김일성의 통일방안을 유훈정책으로 절대화하면서 그 명분을 앞세워 논리적 지속성을 보장했고 선군정치로 현상 유지에 주력했다. 이처럼 북한의 연방제 통일방안은 3세 세습체제와 맥을 같이 한다. 하지만 과거에는 연방제통일을 위한 미래 시나리오나, 또는 방향성 차원에서 제시되었으나, 현 체제하에서 연방제는 곧 두 체제의 공존, 즉 현상 유지라는 명확성과 현재성을 나타내고 있는 점이 특징적이다.

1991년 9월 남북한은 '유엔 동시 가입'을 실현했고, 12월 '남북기본합의서'를 체결했다. 현재 남북한은 유엔에 동시 가입한 각자의 다른 국가이며 통일을 지향하는 잠정적 특수관계로 규정한다. 이러한 인식을 토대로 한국의 통일방안은 노태우 정부의 '한민족공동체통일방안'(1989.9.11), 김영삼 정부의 '민족공동체통일방안'(1994.8.15.), 김대중 정부의 '느슨한 형태의 연합제 통일' 등의 '화해-협력의 단계-남북연합 단계'를 걸쳐 1개의 국가를 이룬다는 합병(합의통일)의 지향성을 갖고 있다.

V. 결론을 대신하여

이 상에서 "남북한의 국가 완성은 통일 국가이다."라는 가설을 제기하고 북한의 평화·통일에 대한 인식을 '우리국가제일주의'를 통해 살펴보았다. 우선 북한의 시스템에 의해 '백두혈통'의 국가관, 민족관임을 확인했다. 또한 북한이 지향하는 소극적 평화는 현상 유지에 방점을 찍고 있으며 연방제 통일방안은 통일의 시간을 연장하거나 당면하게 현상 유지를 의식한 제안이었다.

최근, 북한이 한국을 향해 과거 사용하던 '남조선'이라는 호칭 대신 '대한민국'이라는 정식 국호를 빈번히 언급하고 있다. 체제 유지를 목표로 대한민국과 조선민주주의 인민공화국이라는 별개 국가 구조를 고착화하려는 시도로 보인다. 그것은 경제와 내부 질서, 대외적 환경이 불리한 조건, 세습체제의 열악한 구성, 그리고 핵무기 완성과 핵보유국 공식화를 위해 현상 유지에 집중하고 있음을 시사한다.

본 연구가 도출한 이론적 시사점은 남북관계에서 평화는 특정한 상대국을 포함한 국제적 범위의 모든 국가가 대상이며 이는 대외정책의 범위에서 추진되지만, 통일은 남북한이 하나의 국가, 또는 연방·연합 국의 형태를 의미하므로 통일의 당사자는 북한과 한국이다. 따라서 정권의 가치관과 환경의 변화에 따라 평화냐, 통일이냐 하는 것은 국민적 사고의 혼란을 초래할 것으로 보인다. 평화가 곧 통일인양, 통일과 평화의 오버랩 현상이 지속되는 국민은 평화·통일에 피로함을 느낄 수 있다. 평화는 평화, 통일은 통일이라는 명확한 개념에 기초한 정책 수립이 필요하다.

한민족공동체통일방안이 발표되어 어언 35년이라는 시간이 흘렀고 북한은 3대 세습을 안정화하고 있으며 한국의 리더십도 몇 번이나 바뀌었다. 하지만 3단계 통일방안의 논리는 여전히 답습되고 있으며 새로운 담론을 내놓지 못하고 있다. 전환의 시대에 국제질서의 변화를 비롯한 한국의 국제적 위상, 북한 핵 문제, 탈북자 문제 등 새로운 주요 변수들이 속출하고 있다. 국가 전략에 의한 새로운 통일 담론이 필요하다. 본 연구를 토대로 새로운 환경과 선진국 한국의 위상, 그리고 핵을 보유하고 있는 북한의 상황에 맞게 통일 담론을 체계화하는 범국가적 프로젝트가 필요하다. 특히 대북정책에서 정권이 바뀌어도 지속적으로 추진할 수 있는 원칙적 기준과 상황의 변수에 따라 변화할 수 있는 유동성을 포괄하여 통일담론을 체계화하기를 기대한다.

본 연구는 선행연구들을 기초자료로 사용하면서 북한의 시스템 구조에 따른 평화·통일에 대한 인식을 분석했다. 좀 아쉬운 것은 남북한의 상호작용과 남한의 역대 정부의 대북정책과 평화·통일정책에 대한 북한의 반응 등을 함께 다루어야 하는데, 시간과 본 연구의 문제의식의 한계로 다음의 연구과제로 남기고자 한다.

Perspectives on Peace and Unification from North Korea: Analysis and Proposals
— Focusing on the Ideology of 'Our State First' under the Kim Jong-un Regime

Dr. Kyunghee Choi

‖ President of SAND Research Institute

I. Introduction

1. Necessity of Research

The year 2023 marks the 75th anniversary of the establishment of the governments of North and South Korea and the 70th anniversary of the Armistice Agreement. Despite sharing a long history, the Korean people have lived in a state of armistice for over 70 years, advocating for different systems. During this time, the two Koreas have pursued their own paths to development and prosperity, yielding vastly different results.

South Korea has become an unprecedentedly prosperous and advanced country in the shortest period of time, while North Korea, having sacrificed its economy and diplomacy to develop nuclear missiles, has become one of the poorest countries, unable to solve even basic survival issues such as food shortages. This significant disparity highlights the incomplete nature of the divided Korean states, suggesting that the ultimate completion of the Korean nation lies in unification.

The greatest task at hand is peaceful unification. However, the perception of unification among the residents of both Koreas is changing with the times, environment, and levels of economic and cultural development. South Korea's unification theory has shifted from a national imperative to a necessity, while North Korea's unification theory has gradually shifted from revolutionary continuity and aggression to a status quo stance. These changes in national and ethnic perspectives form the basis of the unification consciousness on both sides.

Furthermore, North Korea maintains logical consistency by separating peace as a concept involving the United States and unification as a concept involving South Korea to ensure regime survival and the continuation of dictatorial power. In contrast, South Korea, since 1987, has seen the priorities of peace and unification shift according to the orientation of its single-term governments, sometimes equating the two concepts.

2. Review of Previous Studies

Previous academic research on peace and unification between the two Koreas has yielded significant results. First, studies on methods for peaceful unification include Jung Kyung-hwan's "Establishing a Peace Regime on the Korean Peninsula and the Correlation with Peace Agreements" (Unification Strategy, 2021), Nam Wan-woo's "Research on Peaceful Coexistence Rather than Unification of North and South Korea" (Journal of Korean Public Safety Administration, 2021), and Shin Jung-seop's "From Unification to Peaceful Coexistence" (Philosophy of Daedong, 2021), among others.

These studies primarily focused on the peaceful coexistence of North and South Korea during the Moon Jae-in administration, which aimed at establishing a permanent peace regime. Notably, some studies, such as those by Nam Wan-woo and Shin Jung-seop, emphasize the establishment of peaceful coexistence rather than peaceful unification, suggesting a preference for maintaining the status quo and improving inter-Korean relations. Shin Jung-seop argues that peace and unification are contradictory on the Korean Peninsula and that peaceful coexistence should be pursued instead of peaceful unification.

Second, studies analyzing North Korea's perception of peace and unification include Oh Tae-ho's "Review of Expectations for a Peace Regime on the Korean Peninsula as Reflected in North

Korean Magazines" (Journal of Korean Culture, 2021), Kang Chae -yeon's "Revival of Peace and Prosperity Policies under the Kim Jong-un Regime and Differences in North and South Korean Perspectives" (Peace Studies, 2021), and Oh Il-hwan's "Analysis of North Korea's Theocratic Political System and the Search for a Path to Evangelical Peaceful Unification" (Christianity and Unification, 2020), among others.

These studies focus on analyzing North Korea's inherent perceptions and attempts regarding peace and unification. Oh Tae-ho explains North Korean society's perception of war and peace through popular magazines such as "Chosun Literature" and "Chollima," but his analysis is limited to data spanning two years, making it difficult to infer continuity and change. Kang Chae-yeon assesses that the priority of peace and prosperity discourses under the Kim Jong-un regime changes according to the advantages and disadvantages posed by neighboring countries, with much higher intersectionality compared to South Korean media. Oh Il-hwan emphasizes the importance of understanding the nature of the regime for true unification, identifying North Korea as a totalitarian theocratic state.

Despite the significant achievements of previous research, studies on North Korea's perspective on peace and unification have generally been conducted in a partial and segmented manner, limiting the understanding of North Korea's national strategy and direction on these issues. Comprehensive research that explains the strategic correlation between North Korea's internal realities and its peace and unification policies is urgently needed.

This study aims to explore the strategic direction of peace and unification based on the "Our State First" ideology newly proposed during the Kim Jong-un era, analyzing changes in North Korea's national and ethnic perspectives and proposing response measures for the South Korean government.

II. Theoretical Review of Peace and Unification Concepts

1. The Polysemy and Definition of Peace

The current era, marked by the ongoing Russia-Ukraine war and the Israel-Hamas conflict, has seen a surge in casualties and an increase in deaths due to hunger caused by economic disparities. The competition for nuclear missile development is intensifying worldwide, and the arms race among major powers is increasing the potential for war. In this context of "war and nuclear," the definition of peace becomes crucially relevant for the people living in the armistice state of the Korean Peninsula. Efforts to systematically and academically define peace have been ongoing in various fields such as politics, culture, and religion, although the concept of peace is used in different meanings depending on historical background, values, and interests.

Notable peace theorist Kenneth Boulding pointed out the difficulty of approaching peace due to its diverse meanings and emphasized the need for "stable peace" in a broad and varied sense. His stable peace refers to continuous and resilient peace that minimizes the risk of recurrence of war. Johan Galtung proposed two aspects of peace: negative peace, which can be seen as realist peace involving the absence of war and balance of power, and positive peace, which involves the realization of justice, love, and cooperation, emphasizing idealistic peace without tension.

Galtung advised in his book "Peace by Peaceful Means" that the most direct way to achieve peace is by democratizing the system between countries. He similarly distinguished between negative peace, characterized by the absence of direct violence like war, and positive peace, defined by social harmony based on humanitarianism and the resolution of conflicts through communication and compromise. Negative peace justifies the development of deterrent capabilities to suppress or avoid war, while positive peace requires an active approach to resolving conflicts and disputes to achieve a desirable and ideal society.

The concept of peace as understood by North Korea also aligns with this distinction. According to the "Great Korean Dictionary" published in Pyongyang, peace is defined as a state without war or armed conflict and a harmonious state without disputes or antagonism. However, peace is also described as an opportunistic ideology that opposes all wars, including just wars, while submitting to imperialism.

In this light, North Korea's application of peace in the armistice state is one of negative peace. North Korea justifies its strong armament and dignity, and the peace maintained through force and struggle, setting the United States as the counterpart for peace while advocating for a North Korea-US peace agreement since 1974. In South Korea, there are ongoing debates between negative peace, emphasizing inter-Korean economic exchanges and improvement of relations, and positive peace, advocating for fundamental changes in North Korea's nuclear and human rights issues.

2. Conceptual Discussions on a Unified State

In international law, the unification of divided countries into a single entity is generally classified into unitary integration models, such as annexation and amalgamation, and complex integration models, such as confederation and federation. Annexation involves the absorption of a weaker state by a stronger state using coercive power, while amalgamation refers to the peaceful agreement of two or more states to form a new single state, representing consensual unification.

Notably, Kim Il-sung proposed a federal unification plan on August 14, 1960, suggesting the formation of a democratic central government through inter-Korean general elections. This proposal was a confident attempt at amalgamation based on North Korea's economic and cultural advancements compared to South Korea's underdeveloped state at the time. However, by 1972, North Korea became impatient after witnessing high-level exchanges for the adoption of the July 4 South-North Joint Statement, and responded to South Korea's June 23, 1973, Special Statement with its Five-Point Plan for National Reunification.

The subsequent series of actions taken by North Korea, including proposing a federal plan for peaceful coexistence in 1980, reveals the flexibility of its unification concepts depending on its advantages and disadvantages. North Korea's definition of unification in the "Great Korean Dictionary" encompasses merging two or more divided entities into one, aligning and uniting them under a single idea and center, and establishing an inseparable organic relationship within a system.

This study divides North Korea's unification discourse into two categories: absorption or being absorbed, which is emphasized when national power is strong, and consensual unification, which logically maintains continuity for the sake of legitimacy and leadership but is strategically used for maintaining the status quo.

III. Historical Development of North Korea's Peace and Unification Measures

1. The Shift of Peace's Counterpart from South Korea to the United States

North Korea initially advocated for a "South-North Peace Agreement" from 1954 but began proposing a "North-US Peace Agreement" from 1974 onwards. By 1984, North Korea demanded a "North-South Non-Aggression Joint Declaration" and a parallel "North-US Peace Agreement," and after agreeing on non-aggression in the 1992 "South-North Basic Agreement," it once again pushed for a North-US peace agreement.

In 1994, North Korea proposed the establishment of a "new peace guarantee system" to replace the armistice agreement, pressuring the United States by taking actions to nullify the armistice, such as installing the Panmunjom representative office of the Korean People's Army.

The terminology used by North Korea evolved over time. Initially, it framed the peace process as involving the United States, but by the second inter-Korean summit in October 2007, it included South Korea as a practical party to the peace regime using the term "directly related three or four parties." North Korea's ultimate goal is to transform the armistice into a peace regime, which it claims would naturally lead to denuclearization by eliminating the

US's hostile policy towards North Korea.

2. Peaceful Means: From Ideology to Military-First Politics

In his speech at the 6th Party Congress in October 1980, Kim Il-sung proclaimed North Korea's foreign policy ideology of "independence, friendship, and peace." Here, independence meant the exercise of autonomous sovereignty, friendship referred to maintaining and expanding friendly relations with non-aligned countries opposing imperialism and countries favorable to North Korea, and peace was seen as a stage of victory in the struggle between communism and imperialism. This peace was strategically and directionally used to secure legitimacy.

However, the collapse of the communist bloc in the mid-1980s, coupled with the economic and cultural advancements in South Korea and China's opening and reform, led North Korea to shift its focus. In response, North Korea redefined its ideology, emphasizing the social-political organism theory, which introduced the concept of the state as an organic entity led by the supreme leader.

3. Peace and Nuclear Weapons: From Defensive Means to Deterrent Aggressive Means

Under Kim Jong-il's military-first politics, North Korea

conducted its first nuclear test in 2006 and its second in 2009, framing nuclear weapons as a means of defense against perceived threats from South Korea and the United States. This conflation of "nuclear and peace" meant that nuclear weapons were seen as a tool for regime survival and maintaining peace.

Kim Jong-un's regime intensified this stance, with North Korea conducting multiple nuclear tests and missile launches, leading to the adoption of the "Nuclear Doctrine Law" in September 2022, which codified the use, management, and control of nuclear weapons, transforming them from defensive to aggressive means.

IV. Kim Jong-un's Ideology of 'Our State First'

1. Kim Jong-un's Nationalism

On November 30, 2017, following the launch of the Hwasong-15 ICBM, North Korea's Rodong Sinmun introduced the term "Our State First" for the first time, praising Kim Jong-un's leadership. This ideology was further formalized and became a core element of Kim Jong-un's rule, emphasizing the superiority and pride of the North Korean state and its leader.

"Our State First" is based on the following components: securing the strategic position of the republic (formalizing North Korea as a nuclear state), enhancing pride and confidence in the greatness of the country(absolute reverence for the leader), and fostering a noble sense of accomplishment(false consciousness).

2. Structure of North Korean System and National and Ethnic Views

The concept of "Our State First" builds on the "Our Nation First" ideology introduced during Kim Jong-il's era, which empha -sized the unique and superior nature of the North Korean nation and its leader. This ideology integrates the political and ethnic dimensions of the state, centering on the supreme leader and the "Baekdu Bloodline," which is considered the core of North Korea's national and ethnic identity.

3. Kim Jong-un's Federal Realization and Two-System Maintenance Theory

From May 6 to 8, 2016, North Korea held the 7th Workers' Party Congress for the first time in 36 years. Kim Jong-un called for the realization of federalism in Korea, emphasizing that "federal realization is our Party's struggle policy to open the path to national reunification by implementing the three major charters of national reunification." He underscored that "great national unity is national reunification." This firm assertion of federal realization reflects a stance of negative peace that is subject to change based on Kim Jong-un's interests.

Kim Jong-un's proposal, while maintaining the continuity of the three-generation hereditary system, shows variations according to the times, environmental changes, and the conditions of regime survival. If Kim Il-sung's federal proposal in 1960 aimed at the completeness of unification, the proposal for the coexistence of two systems and the establishment of a federal government in 1980 aimed at extending the time for unification. Kim Jong-il justified his unification plan as an absolute policy while focusing on maintaining the status quo with military-first politics. Thus, North Korea's federal unification plan aligns with the hereditary system but now represents a clear and present maintenance of the status quo.

V. Conclusion

In conclusion, this study proposes the hypothesis that the completion of the Korean nation lies in a unified state and examines North Korea's perspective on peace and unification through the "Our State First" ideology. It confirms that North Korea's national and ethnic views are centered on the "Baekdu Bloodline" and that its approach to peace emphasizes maintaining the status quo. The federal unification plan is analyzed as an effort to extend the time for unification or maintain the current state of affairs.

Recently, North Korea has frequently referred to South Korea as "Republic of Korea" instead of "South Joseon," indicating an attempt to solidify the separate state structures of the Republic of Korea and the Democratic People's Republic of Korea. This suggests a focus on maintaining the status quo amid unfavorable economic and external conditions, a deteriorating hereditary system, and the formalization of North Korea's nuclear state status.

The theoretical implications of this study highlight the need for clear and distinct policies on peace and unification based on precise concepts. As the South Korean government prepares new unification discourse reflecting changes in the international order, the status of South Korea as an advanced country, and the nuclear-equipped state of North Korea, a comprehensive and adaptable national strategy is required. This study provides a foundation for developing such a strategy, addressing the need for continuous policy implementation regardless of regime changes.

Future research should further explore the interactions between North and South Korea and North Korea's responses to South Korean unification policies.

팔레스타인의 평화와 정의를 위한 길

조프비 알조프비

‖ 위암(Wi'am): 팔레스타인갈등변환센터 설립자 & 이사장

1. 오랜 갈등의 역사

모두 잘 아는 바와 같이 팔레스타인은 수리아 지역(중동의 옛 지명) 내에 위치하고 있다. 그리고 팔레스타인은 거의 500년 동안 오토만 제국의 지배를 받았다. 1897년 시온주의 운동은 스위스 바젤에서 컨퍼런스를 열었고, 여기서 팔레스타인 지역에 유대 국가를 세우기로 결의했다. 1915년 무렵에 1차 세계대전이 거의 종결되어가고 있었다. 1916년 영국과 프랑스는 비밀회합을 가졌고, 중동의 오토만 제국을 분할하기로 했다. 이 협정은 사이크스-피코 협정이라 불린다. 그리고 그때 이들은 베들레헴, 나사렛, 예루살렘 등의 성지를 국제기구의 관리 하에 둘 것을 논의했다. 1917년에 팔레스타인은 영국의 위임통치 하에 있었다. 그때 벨푸어 선언이 있었는데, 이 선언은 유대인들의 국가를 팔레스타인에 두는 것을 인정하는 것이었다. 또한 영국은 아랍인들에게 기존의 팔레스타인 지역에 아랍 국가를 세울 것을 약속했다. 그래서

그때로부터, 즉 19세기 말인 1870년부터 유대인들은 정착지와 유대 이민 기구(Jewish Agency)를 만들기 시작했다. 그리고 유대인들은 협동 농장을 시작했는데 이들은 현명하게 처신했다. 이들은 살기 좋지 않은 땅을 돈을 주고 구입했다. 그곳 거주민들을 통하기도 하고 쥬이시 에이전시를 통하기도 했다. 이러한 방식으로 영국 위임통치 기간 동안 많은 유대 이민자들이 팔레스타인으로 이주했다. 물론 이 과정에서 많은 일들과 저항이 있었다. 가장 주요한 사건은 팔레스타인인들이 6개월 동안 반영국 시위를 한 것이다. 물론 당시 시온주의 운동을 지지하는 강력한 동맹이 있었는데 영국, 그리고 나중에 미국이었다.

그러다 2차 세계대전이 발발했다. 이 전쟁은 유대인 집단이 전쟁에 참여하게 함으로써 잘 무장되고 풍부한 전쟁 경험을 하게 했다. 그리고 유대인들로 하여금 중동 지역에 자신들의 근거지를 삼게 했다. 그리고 유대인들은 홀로코스트를 겪었고 이들은 가장 큰 희생자로 여겨졌다. 1947년에 UN은 팔레스타인을 유대 국가와 아랍 국가로 분할하는 국제적 해법을 꺼내 들었다. 52퍼센트 이상의 팔레스타인 지역이 유대인들에게 넘어가게 될 터였다. 45퍼센트의 아랍인들(팔레스타인이라 부르지 않음)에게 주어진 땅과 3퍼센트 정도, 1퍼센트 내외의 격차가 있기는 하다. 우리는 (유대인들에게 주어진 땅을) 52퍼센트라 하지만 때로 유대인들은 54퍼센트라 하기도 한다. 아무튼 적어도 1퍼센트의 땅이 국제적인 점유지가 되었다. 누가 1948년에 전쟁을 일으켰는지에 대해 두 상반된 주장이 있다. 아무튼 이 전쟁으로 유대인들이 기존의 팔레스타인 땅의 77.7퍼센트 이상을 제어하게 되었다. 그 밖의 남은 지역은 요르단과 이집트하에 놓이게 되었다. 1948년부터 67년까지 서안지구는 요르단이, 가자는 이집트하에 놓이게 되었다. 물론 48년과

67년 사이에는 많은 충돌이 있었고 팔레스타인인들은 대부분 무장도 제대로 하지 못한 채 저항했다. 결국 이스라엘은 동예루살렘을 포함한 서안지구와 가자 등 남은 팔레스타인 지역을 통제했다.

그렇게 1967년까지 모든 영토가 이스라엘하에 놓이게 되었고 1965년에 우여곡절을 거쳐 PLO(팔레스타인 해방기구)가 결성되었다. 이 기구는 교육부, 정치부, 경제부 등을 가지고 있었고 팔레스타인인들을 PLO 정파에 가입하게 하여 점령 정책에 저항케 했다. 대부분의 저항 조직은 비무장 조직이었고, 일부만이 무장 조직이었다. 문제는 팔레스타인인들이 상대적으로 위력이 약한 공격을 가하기 전까지는 세상이 팔레스타인의 목소리에 귀를 기울이지 않는다는 것이었다. 요컨대 1967년에 시작된 이스라엘의 서안지구 점령으로 이스라엘은 보다 많은 땅을 차지하고 많은 정착지들을 만들기 시작했다. 팔레스타인 가족 연합 금지법은 서안지구와 가자의 팔레스타인인들과 그린라인(1967년까지 이스라엘 점령지역) 내의 팔레스타인인들을 분리시켰다.

1948년에 이스라엘은 군계엄 하에 있었고 이후 서안지구와 가자 점령지, 그리고 예루살렘에서도 계엄령을 선포했다. 그래서 점령지 내에 심각한 불만이 폭발하였는데 젊은이들이 거리를 점유하여 이스라엘의 정치와 정책에 반하는 시위를 했다. 실제 인권을 침해하고 국경 너머의 토지를 몰수하는 만행을 저지르고 젊은이들을 죽음에 이르게 하여 팔레스타인의 미래의 희망을 짓밟았다. 1987년에 시작된 봉기는 1993년까지 계속되었는데 93년에 평화와 협상을 위한 대화 채널이 생겨났다. 이러한 대화 채널은 노르웨이의 수도에서 시작되었는데, 한 편에서 평화 프로세스를 이끌었던 미국인들과 함께 오슬로 협정을 통해 시작되었다.

1995년에는 팔레스타인인들이 처음으로 자치권을 갖게 되는 과도기적인 시기를 맞이할 수 있을 것이라는 기대가 있었다. 여리고와 가자로부터 시작해서 이스라엘이 모든 점령지에서 물러나게 되기까지 점진적으로 말이다. 이는 수년 내에 이루어질 것으로 예상했지만 결국 실현되지 못했고 이는 2001년에 또 다른 봉기를 야기했다. 이로 인해 많은 집들이 파괴되었고 젊은이들이 희생되었으며 많은 이들이 살던 곳에서 쫓겨났다. 이것이 2001년까지의 상황이며 최근 우파 정부의 정책으로 인해 팔레스타인인들은 더욱 흩어졌고 더 많은 땅을 빼앗기게 되었으며 그 자리에 정착지들이 세워졌다. 그리고 인권 침해도 더 심화되었다. 그리고 대가족 단위의 연합은 거절되었고 지금 이 순간까지 상황은 매우 악화되어 왔다.

2. 두 국가 해법(Two State Solution)

1965년이 되어서야 팔레스타인 내의 민주적인 세속 국가에 대해 주장하기 시작했다. 민주적인 세속 국가라 함은 유대인, 무슬림, 기독교인들이 이 땅에 함께하는 것이고, 시민권과 법에 따라 평등하게 사는 것을 의미한다. 그러나 이러한 주장은 빛을 보지 못했다. 그리고 앞서 이야기했듯이 이스라엘은 1967년(6일 전쟁)에 팔레스타인의 남은 영토를 모두 점령했다. 따라서 두 국가론에 대한 과제는 여전히 남아 있다. 그러나 이를 어떻게 이루어야 하는가가 문제이다. 투쟁이나 협상, 혹은 연대나 네트워킹을 통해서? 팔레스타인은 민주 국가에 대한 꿈을 포기하지 않았다. 하지만 몇 가지 협상들이 있었고, 미국 정부는 팔레스타인이 세 가지 조건을 받아들이지 않는다면 국가를 이루는 것이 불가능하다고 말했다. 이 조건은 키신저의 조건들이다. 1) 테러리즘 비난, 2) 242, 338결의(UN 평화 결의안, 폭력 행위 금지) 수용, 3) 이스라엘 수용.

　팔레스타인인들은 모든 종류의 폭력을 종식하는 것을 받아들이는 데 아무런 문제가 없다고 답변했다. 나에게 있어 모든 종류의 폭력이란 단지 개인이나 집단의 폭동뿐만이 아니라 정착민 문제와 같은 국가 주도하에서 이루어지는 국가 폭력도 해당한다고 본다. 물론 환경과 상황을 고려해야 한다. 이런저런 많은 논의들이 있었는데, 그 전에 아랍인들이 수단의 카르툼에서 회동을 가졌고, 이들은 세 가지 조건이 협상의 대상이 되어서는 안 되고 인정할 수 없다면서 평화 프로세스를 거부했다. 그러나 그럼에도 1974년에 PLO는 이스라엘이 제공하는 이 땅의 어느 곳에서라도 스스로의 독립적인 지위와 통치권을 확립할 것이라고 말했다. 이렇게 PLO는 이스라엘이 이 땅에서 평화롭게 철수하도록 하고 독립된 나라를 시작하도록 하는 협상을 위한 좌측의 문을 열겠다는 것이다. 만일 이스라엘이 이렇게 하지 않는다면 무력으로 자유를 쟁취하기 시작할 수도 있을 것이라 했다. 그리고 이러한 평화 프로세스가 시작되었던 74년부터 95년 사이에 많은 일들이 있었다. 레바논 전쟁이 있었고, 여기저기 모든 곳에서 군사 공격과 인권침해가 있었다. 1982년에 이스라엘은 동예루살렘을 영원하고 하나된 이스라엘의 수도로 인정하는 것을 법제화하기로 결정했다. 그래서 이들은 동예루살렘을 이스라엘에 포함시켰고, 예루살렘을 이스라엘의 통합된 영원한 수도로 선포했다. 여기에는 팔레스타인을 위한 자리를 남겨두지 않았다. 그럼에도 팔레스타인인들은 비합리적인 합리주의자가 되었다. 이들은 계속해서 협상을 이어나갈 것이고 대화할 필요가 있다고 여겼다. 이것이 평화 프로세스가 시작된 과정이다.

팔레스타인인들은 다음과 같은 이들이 이 논의들과 관련하여 중동의 중재자가 되기를 원했다. 이들은 유럽연합, 러시아, UN, 미국 정부로서 4인조라 불리기도 한다. 그래서 팔레스타인인들은 서안지구에서의 항구적인 거주를 위해 많은 애를 썼고 이스라엘은 팔레스타인인들이 국제적인 우산 아래에서 여리고, 가자에서 먼저 자치권을 갖도록 허용했다. 이를 여리고—가자 협정이라 부른다. 이스라엘이 지속적으로 도시들로부터 철수하면서 팔레스타인 지역을 A, B, C 구역으로 분할했다. 나는 A지역에서 B지역으로, 그리고 C지역으로 이주하며 살았다. 이스라엘의 정책은 모든 해결방안을 연기시키고 질질 끌기 위한 것이었다. 이들은 더 많은 땅을 합병했고 규정을 위반하여 성소들을 공격했다. 안보라는 명목하에 땅을 점유하는 것을 정당화했다. 그들은 이 땅을 안보상의 이유로 차지하겠다는 것이다. 이스라엘은 안보라는 이름의 새로운 금송아지를 섬기고 있다. 무엇을 원하든지 간에 안보라는 이유를 대고 있다.

나의 경험을 예로 들자면, 1990년에 결혼을 했는데 33살이었다. 아내는 나와 함께 살 수 있는 권한이 없었다. 그녀는 관광 비자만 받을 수 있었다. 만약 그들에게 이에 대해 질문한다면 그들은 안보의 문제라고 답한다. 따라서 모든 행위와 땅을 탈취하는 일에는 안보라는 이유가 붙는다. 안보의 문제가 아니라면 공공의 사용을 위한 것이라 말할 것이다. 공공의 사용은 전적으로 유대인들을 위한 것임을 의미한다. 결국 무슨 일이 있었는가 하면, 이스라엘은 계속해서 땅을 점유하고 더 많은 정착촌을 지었다. 팔레스타인인들의 권리를 무시하면서 말이다. 이러한 권리에는 시민권과 정치 참여권, 경제와 사회적인 권한과 국가의 권한 등이 포함된다. 그래서 이러한 상태가 2001년까지 지속되었고, 팔레스타인 땅에서 철수해 달라고 요구하는 또 다른 봉기가 일어났다. 그러나 이 일은 많은 희생자를 내며 팔레스타인인들에게 어려움을 끼쳤다. 그러기에 이는 정말로 어려운 상황이었다. 집은 뼈대만 남았고, 헬리콥터와 전차들이 동원되었다. 도시 중심부의 재점령 과정은 위생상의 문제를 초래했다. 그렇기에 두 국가 해결책은 묘연하고 이루어지지 않았다. 팔레스타인인들은 계속해서 두 국가 해결책을 이루어야 할 사명이 있다고 말하고는 있지만, 점차 더 많은 팔레스타인 내의 그룹들은 두 국가 해결책에 대한 믿음이 없다고 말한다. 그들은 유대인들과 팔레스타인인들이 동등한 지위에서 함께 살아가는 단일한 민주 세속 국가를 이루기 위해 노력해야 함을 강조한다. 이것이 현재의 상황인데, 지도를 보면 팔레스타인인들의 땅이 잠식되어감을 볼 수 있다.

앞서 언급했듯이 1993년에 정착민이 수십만 명 정도의 수준이었다면 지금은 점령지에 백만이 넘는 정착민들이 있다. 그리고 이스라엘의 우파 정부는 추가로 50만 명을 남부에 더 이주시킬 계획을 세우고 있다. 그래서 내가 보기에 이스라엘은 우리와 함께하기도, 분리되기도 원치 않는 것 같다. 이들은 세 가지 수단으로 팔레스타인을 다루기를 원한다.

내부시장, 값싼 노동력, 그리고 쓰레기 처리

이들은 우리가 취약한 노동환경에서 부리는 종업원이 되기를 원하는 것 같다. 이스라엘은 전 세계로부터 노동력과 일꾼들을 데려오려고 시도하지만, 뜻대로 되지 않는다. 왜냐하면 팔레스타인인들이 열심히 일하기 때문이고, 추산하기로는 적어도 30만 명 정도가 이스라엘에서 출퇴근하며 일하고 있다. 물론 이들은 이중적인 기준으로 다루어지고 있으며 모든 권한을 보장받지 못하고 처우 또한 좋지는 않다. 이스라엘 입장에서의 두 국가 해결방안에 따르면 서안지구는 이스라엘에 포함된다. 여기서 거론하지는 않았지만 가자에서 일어났던 일에서 볼 수 있듯이 가자에서 일방적으로 철수한 이후 가자에는 8천 명의 이스라엘 정착민과 거의 20여 개의 정착촌이 남아 있었다. 철수는 가자에 권력의 공백을 남겨 놓음으로써 혼란과 어려움을 야기시켰다. 가자는 이스라엘과 어떤 협정도 체결하지 않았고, 그러하기에 혼란이 가중되었다. 이스라엘은 서안지구를 천천히 잠식해가고 있으며 바위 사원(예루살렘 성전산)을 분할하려 한다. 이들은 새로운 상황을 전개시키고 있는데, 동예루살렘에서 다리를 건설하고 정착촌을 건설함으로써 더 많은 땅을 빼앗고 집을 허물고 있다.

동예루살렘의 팔레스타인인들은 법적인 권리를 갖고 있지 못하다. 이러한 정책은 이스라엘 내에 있는 2백만 명 정도의 아랍인들에게도 동일하게 적용된다. 이스라엘은 심지어 두르즈인들을 포함하여 아랍인의 집들을 파괴하고 있다. 지극히 몇몇 경우에는 이스라엘군에 복무했음에도 복무를 마치고 집에 돌아갔을 때 집이 허물어질 수 있다는 경고를 받는다. 이들은 법적인 권한을 갖고 있지 못하기 때문이다. 자, 이것이 두 국가론에 대한 이야기이다. 현재까지 국제기구와 미국 정부는 여전히 두 국가 해결책에 대해서 말하고 있지만, 이 해결방안이 현실성이 있는 해결책이 되리라 생각하지 않는다. 왜냐하면 이스라엘은 땅을 계속 차지하고 있기 때문이다.

3. 팔레스타인의 대내외적 상황

팔레스타인의 정부 조직에 대해 말해 보고자 한다. PLO가 설립될 당시 13개 이상의 정치 정당으로 구성되어 있었다. 당시 대부분은 세속적이고, 범 아랍주의이며, 좌익의 성격을 갖고 있었다. 지금도 이러한 그룹들이 존재하지만, PLO 외부의 조직들도 있다. 이 가운데에는 이슬람 그룹이 있는데 1979년에 있었던 이란 혁명 이후 세력을 키워갔다. 이슬람 그룹의 주요 두 정당은 하마스와 지하드가 있다. 이들은 가자에서 매우 큰 영향력을 행사하고 있다.

그럼에도 불구하고 최근 하마스와 가자 정부에 저항하는 이들이 있다. 왜냐하면 이들이 전기나 물 공급, 그리고 안보와 안전, 민주주의 측면에서 제대로 일을 하지 못했기 때문이다. 삶의 질은 급격히 떨어졌으며, 큰 불만이 있다. 왜냐하면 이들은 PLO와 PLA가 이스라엘에 협조적이었으며 PA(Palestinian Authority)가 자신들의 요구에 부응하지 못했다는 점에서 비판적이다. 이스라엘은 그만의 방식으로 제어하려고 하는데, 이들은 모든 종류의 발전을 저해하고 있다. 도시들 간의 동의가 없으면 도로를 건설하지 못한다. 그래서 서안지구는 점차 섬이 되어가고 있고, 장소를 이동할 수도 없다.

PA는 A 구역만을 통제하고 있기 때문에 어떤 권한을 갖고 있느냐가 중요하다. A 구역 외에 서안지구의 70%를 이스라엘이 통제하고 있기에, 베들레헴에서 라말라로 가려고 하면 이스라엘이 통제하는 도로를 지나가야 하는데, 예루살렘 전 구역은 팔레스타인인들로부터 분리되어 버렸다. 이러한 일은 역사상 처음으로 있는 일이었다. 2000년도 이후로 베들레헴은 예루살렘으로 분리되었다. 베들레헴과 예루살렘은 줄곧 누가 이 땅을 지배하든지 쌍둥이 도시였다. 오토만 제국이나, 로마인들이나, 이집트인들이 지배하던 시대에도 말이다. 그러나 이번에는 베들레헴을 분리시켜 버렸고, 팔레스타인인들은 작은 섬에 살게 된 것이다. 이것이야말로 작은 감옥이라 생각한다. 서안 지구는 감옥이며, 가자 지구는 그 자체로 강제 수용소이다. 이는 우리에게 어려움으로 작용한다.

우리는 UN의 회원국이 되기를 시도하고 있고 UN 산하의 맴버십에 등록되길 원한다. 하지만 우리는 여전히 옵저버 국가 지위에 머물러 있다. 120여 개국이 우리를 인정하고 있음에도 말이다. 유엔에는 두 개의 결의기구가 있는데, 유엔총회와 안전보장이사회이다. 안전보장이사회는 언제나 엉클 샘, 즉 미국의 반대권에 묶여 있다. 그렇기 때문에 많은 국가들이 우리를 인정하나 개별적으로만 인정하고 집단적으로는 인정하지 않기 때문에 정식 국가를 이루지 못하는 것이다. 지금까지 우리는 UN의 결의를 통해 점령 문제를 해결하려고 요청하고 있다.

심지어 이스라엘과 시오니즘을 인종차별주의와 동일시하는 결의안도 있다. 그러나 팔레스타인 사람들은 이에 대해서는 별다른 말을 하고 있지는 않은 것 같다. 많은 집단들이 이 세계가 이스라엘을 차별주의자들로 부르도록 영향을 미치고 있지만 우리는 어떤 이름으로 불러야 하는가에 대해 관심은 없다. 우리는 자유에 관심이 있을 뿐이다. 우리는 해방되길 원하고 중동 지역의 다른 국가들과 대등하게 살 수 있기를 원한다. 지금 당장은 이 꿈의 실현이 요원하고, 또한 두 국가 해결책을 이룰 가능성이 점점 희미해질 수 있다는 점이 염려된다. 그리고 이 해결책이 우리를 어떤 미래로 이끌 수 있을지 장담할 수도 없다.

첫째로, 이스라엘은 두 마리의 토끼를 다 잡고 싶어하기 때문에 국제사회가 팔레스타인인들을 도와주도록 허용하지 않을 것이다. 오슬로 회담 이후 수년 동안 유럽인들은 팔레스타인인들이 도로를 정비하고, 보다 나은 삶을 살 수 있도록 도와주었다. 2001년 이후에는 수도시설과 도로 기반시설이 약화되었고, 그리고 공항이나 가자의 항구 등을 가질 기회도 박탈당했다. 그래서 현재가 최악의 상황인 것 같아 우려된다. 앞으로 어떻게 될지 예측하기 어려운 상황이다. 성지에 살고 있는 팔레스타인인들과 유대인들의 수는 동일하다. 그래서 이스라엘 입장에서도 인구에 관한 문제가 있다.

둘째로, 이스라엘이 추진하는 새로운 정부와 새로운 법의 결과로 많은 이스라엘인들이 나라를 떠나고 있다. 지식층이 떠나고 있으며, 이로 인해 중산층과 진보층의 사람들, 그리고 자본을 소유하는 이들이 사라져 버릴 수 있다. 동시에 서안지구에서의 이스라엘 정책은 팔레스타인으로 하여금 이 나라를 떠나게 하고 있다. 결국 종국에는 두 사회 모두 빈곤해지고 우경화될 수 있다. 실제 이스라엘의 우파가 힘을 점점더 얻고 있으며 종교적인 극단주의자들이 세력을 키워가고 있다. 그리고 또 다른 폭력의 악순환이 계속될 수 있다.

이것이 종교적인 폭력이 될지 무지의 폭력이 될지는 모르겠지만 지금 필요한 것은 점령지로부터 이스라엘이 물러나 우리의 경계를 인정하고 신뢰를 키워갈 수 있는 수단에 기초하여 상호 협정을 맺는 것이다. 그리고 팔레스타인인들이 존엄성과 평화 속에서 살도록 하고 중동의 모든 국가들과 함께 공존하며 살게 해야 한다. 하지만 현재의 우경화된 정부에게 있어 이는 무리인 것처럼 보인다.

4. 평화를 위한 길, 정의

이제 팔레스타인의 평화 정책에 대한 몇 가지 사항을 공유하고자한다. 먼저 나는 있는 그대로의 평화라는 단어를 좋아하지 않으며, 언제나 평화를 정의와 연관시킨다. 정의는 모든 평화 프로세스의 척추와도 같다. 이는 그 자체가 평화 프로세스이며, 마음과 정신의 평화를이루는 것이며, 평화를 숨 쉬게 하는 것이다. 이것이 우리가 정의에초점을 두어야 하는 이유이다.

우리가 팔레스타인의 평화 정책에 대해서 말할 때는 평화와 정의에관한 다양한 문제들을 염두에 두어야 한다. 팔레스타인인으로서 우리의투쟁은 협의를 위한 것이었지 거부하고자 하는 것이 아니었다. 우리가평화 프로세스에 관해 말할 때 우리는 스스로 행동하고, PLO가 대표성을갖고 평화 프로세스를 이뤄 나가는 주도권에 대해 말해야 한다. 하지만문제는 평화도 없고, 프로세스도 없다는 점이다. 대신에 우리는 식탁위의 먹잇감과 같은 존재가 되어 버렸다. 이는 우리가 투쟁을 포기한다거나 평화에 대한 우리의 생각을 저버린다는 것을 의미하지 않는다.왜냐하면 평화는 우리의 삶에 있어 필수적이며, 우리를 건전한 분위기와올바른 환경 가운데 살게 하는 것이고 우리의 안정과 비전, 그리고우리의 계획을 지켜주는 것이기 때문이다. 그러나 문제는 평화를 방해하는 이들이 지역적으로나 국제적으로 많이 있다는 사실이다. 우리를대표하는 PLO는 유럽과 미국, 그리고 국제사회의 도움하에서 이스라엘과 대화와 협상을 진행해 왔다. 그러나 그 결과는 미미했고 어떤 긍정적인 일도 일어나지 않았다. 1993년에 이스라엘 점령지에는 약 십만명 정도의 이스라엘 정착민이 있었다. 이제는 거의 백만 명의 사람들이살고 있고, 역사상 가장 우경화된 최근 이스라엘 정부는 자신의 뜻을 무조건 관철하려고 하는데 앞으로 150만 명의 이스라엘 정착민들이 베들레헴 남편과 서안지구 남쪽의 헤브론에 더 정착하게 될 것으로 보인다. 그렇기 때문에 우리가 논하고자 하는 평화는 회복적 정의에 기반한 평화여야 한다. 즉 평화를 새롭게 만들기보다는 잘못된 것을 바로잡아야 하는 차원에서 말이다. 이것이 우리가 평화에 관심을 보이는 이유이다.

일단 낭만적이고도 희망에 찬 생각에 대해 말해 보자. 과거에 우리는 역사적인 팔레스타인 땅에 세속적이고 민주적인 국가를 세울 것이라 생각했다. 1948년 당시 현재의 이스라엘 땅과 가자 지구, 그리고 동예루살렘에 말이다. 그러나 국제사회는 두 국가 해결책을 관철하기를 원했기 때문에 거부보다는 협상을 투쟁의 우선순위로 여겼던 우리는 이를 받아들였다.

우리는 난민들에 대한 공정한 해결책을 필요로 한다. 우리는 우리의 자원과 물과 땅을 관리하기를 원한다. 그리고 우리는 우리의 국경을 관리할 수 있기를 원한다. 우리는 예루살렘이 우리의 수도가 되기를 원하고 우리 지역에서 다른 국가들과 교류하는 생동감 있는 국가가 되길 원한다. 우리는 홀로 살기를 원치 않는다. 우리가 정의(Justice)에 대해 말할 때 오직 우리만(Just Us)을 말하려고 하는 것이 아니다. 말하고 싶은 것은 모두를 위한 정의이며, 죽음이 아닌 삶을 향유하는 정의여야 한다는 것이다. 그래서 우리는 정착촌들이 해산되어야 하고 팔레스타인 영토로 돌아가야 한다. 그리고 1948년에 쫓겨난 난민들을 위한 모든 문들이 활짝 열려야 한다. 1948년에 600개가 넘는 마을들이 파괴되었고 750만 명 이상의 난민들이 발생했다. 현재 팔레스타인인들이 1,400만 명인데 그중 절반이 난민이 된 셈이다. 서안지구와 가자지구에 60개의 난민캠프가 있고, 그리고 동예루살렘과 요르단과 레바논, 그리고 시리아 등지에도 난민캠프가 있다. 그리고 이 외에도 난민캠프에 있지 않고 다른 지역과 도시 등과 같이 디아스포라 지역에 있는 난민들도 있다. 그래서 우리는 협정에 따라 돌아올 권리를 위해 투쟁할 것이다. 팔레스타인 난민들은 돌아올 권리뿐만 아니라 그에 대한 보상을 받을 자격이 있다. 팔레스타인의 협상가들은 난민들에 대한 공정한 해결책과 이 문제에 대한 다양한 접근 방식에 대해서 이야기하고 있다. 따라서 적지 않은 협상의 여지가 있기는 하지만 중요한 것은 이스라엘이 일반적인 팔레스타인인들과 난민들의 곤경을 인정해야 한다는 것이다.

그리고 우리는 예루살렘에 대해 이야기해야 한다. 우리는 예루살렘을 이 땅의 수도일 뿐만 아니라 종교적인 수도로 인식한다. 이 도시는 무슬림들과 기독교인들, 그리고 유대교인들의 종교적인 수도이자 팔레스타인인들의 수도이기도 하다. 우리는 예루살렘에 대해 이런저런 말을 많이 하는데, 그렇기에 이 문제에는 협상의 여지가 많이 있다. 그 누구도 동예루살렘을 이스라엘에 합병하는 것을 인정하지 않았다.

따라서 예루살렘은 무슬림들, 기독교인들, 그리고 유대인들, 이 세상 모든 사람들이 함께 향유해야 하는 것이다. 우리는 교회들이나 모스크, 그리고 성스러운 곳들에 자유롭게 갈 수 있어야 한다. 이스라엘 군인들이나 정부의 어떤 제한도 없이 말이다. 예루살렘은 모든 이들의 평화, 특히 중동과 이 세상의 평화를 위해 중요한 장소이다. 그러나 현재 예루살렘에서 일어나고 있는 일은 우익주의 유대인들이 3차 성전을 지으려 하고 있고, 3차 성전을 짓기 위해서는 성지들을 파괴해야 하는데, 이는 평화나 정의를 위한 공존의 수단이 될 수 없다. 이는 종교 전쟁의 과정이 될 뿐이다. 나는 이 전쟁의 일부가 되길 원치 않는다. 나는 천국의 보좌를 차지하고 싶지도 않고 적들을 점령하길 원치 않는다. 다른 모든 이들과 함께 삶을 누리길 원한다. 다른 가치들을 누리고 싶은 것이다. 이것이 지향하는 방향성이고, 예루살렘 또한 우리 모두에 의해 향유되어야 한다. 물론 이는 쉽지 않은 일이고, 이를 이루기 위한 방법을 모색하는 것 또한 어려운 일이다. 그러나 국제사회가 정의와 평화를 위한 책임을 갖고 있으며, 국제사회는 이스라엘의 합병정책과 정착촌의 건물을 부수는 일, 그리고 기독교교회와 무슬림들의 성지를 공격하는 일을 멈추게 해야 한다. 그렇지 않으면 끔찍한 종교전쟁이 벌어질지 모르고, 모든 종류의 갈등을 야기시킬 국제적인 위기가 도래할 수 있다. 따라서 예루살렘은 평화 프로세스를 위한 주춧돌과 같다. 우리는 동등하게 서길 원하고, 어깨를 나란히 하여 평화와 정의를 이루고, 이 행성과 중동에서 공존하기를 원한다.

또 다른 문제는 물 공급 문제이다. 우리는 평화롭게 자원을 공유하길 원한다. 우리는 우리에게 필요한 양의 10%가 채 되지 않는 물을 갖고 있다. 물이 한번 공급되면 3주를 갈 수도 있고, 3달을 갈 수도 있다. 그리고 그 물탱크 안에 침전물들이 생긴다. 이러한 침전물은 우리 몸에 생기는 결석의 원인이 된다. 특히 신장 결석의 주된 원인이 된다. 이 때문에 우리 몸 안의 문제가 생기고, 건강상의 어려움을 야기한다. 이러한 문제로 인해 나무들이 말라가고 있고 식물들이 죽어가고 있다. 왜냐하면 우리에게 매일 물이 공급되고 있지 못하고 있기 때문이다. 우리 지역 주변에 있는 팔레스타인 영토 서안지구 내의 이스라엘의 정착촌을 방문하게 된다면 24시간 물이 공급되는 녹지와 수영장 등을 볼 수 있다. 우리는 그와 같은 사치를 누리지 못한다. 때로 우리는 설거지를 하기 위해 물을 재활용해야 한다. 바닥을 닦기 위해서는 물을 모아야 하고, 화장실을 위한 물도 모아놔야 한다. 만일 모아놓은 물에 화학약품이 들어가 있지 않다면, 이 물은 식물과 나무들에 사용한다. 우리는 우리의 이웃(이스라엘)이 지불하는 물 비용보다 2~3배를 더 지불한다. 물은 우리의 땅과 우리 땅 주변의 대수층에서 나오지만, 물은 저쪽에서 공급된다. 그렇기에 우리는 우리의 자원을 관리하고 공정하게 사용할 필요가 있다. 우리는 대수층까지 땅을 팔 수 있는 권리를 갖고 있지 못하다. 모든 것이 이스라엘의 통제하에 놓여 있다. 이스라엘의 통제 범위는 상상을 초월한다. 이스라엘은 땅과 하늘, 땅속, 강과 바다까지 통제한다. 나는 이스라엘인들이나 유대인들을 적대시하지 않는다. 우리는 식민화와 구속, 그리고 건강하지 못한 우리의 삶의 질에 대항할 뿐이다. 이것이 우리가 겪는 문제 상황이다.

땅에 대해 이야기해 보자. 이를테면 이스라엘은 전체 땅의 87%를 통제하고 있다. 우리에게는 13%가 주어졌지만, 이 13%는 연결된 땅이 아니라 분리된 땅이다. 우리 땅 주변에는 이스라엘 정착촌이 있다. 베들레헴 주변에는 25개의 정착촌들이 있고 20개 이상의 전초기지가 있다. 여기에는 거의 20만 명 이상의 (정착촌) 인구가 있다. 이스라엘은 땅뿐만이 아니라 더 많은 인구를 원하고 있다. 현재 이스라엘은 자신을 확장시키기 위해 더 넓은 지리적 영토를 편입시키려 하고 있다. 그리고 팔레스타인의 인구를 줄이거나 심지어 제거하고자 하는 것 같다. 그래서 우리는 우리의 땅을 관리하길 원한다. 이스라엘은 서안지구를 점령하였는데, 이 지역은 전체 땅의 22.7%에 달한다. 오늘날 이스라엘은 이 지역의 60%를 통제하고 있으며, 이를 통해 정착촌과 우회도로, 그리고 안전지대를 건설하려 한다. 이러한 방식은 정의와 공존, 그리고 화해 공동체를 이루기 위한 방편이 되지 못한다. 그럼에도 불구하고 팔레스타인 지도자들은 평화 협정과 협력을 위해 가시밭길을 가기로 결정했다. 그리고 이스라엘이 우리를 집어삼키고 있으며 우리가 자유롭게 숨쉬지 못할 정도로 모든 것을 통제하고 있다고 말해도 우리 지도자들은 계속해서 협상을 해야 한다고 주장한다. 이스라엘은 수백 년 동안, 수천 주나 수천 월 동안, 혹은 수백만의 날들 동안 협상하길 원한다고 할지 모른다. 그럼에도 그들은 우리에게 아무것도 주지 않을 것이다. 그러나 지금 이 순간까지 우리는 정의와 평화를 추구하는 데 포기하지 않았다. 그래서 우리는 우리가 관리할 수 없는 땅과 경계 등에 대해 말해야 하는 것이다. 팔레스타인 지역 주변에는 적어도 600개 이상의 검문소들이 있다. 내가 예루살렘에 가는 것보다 차라리 한국에 가서 하룻밤 묵는 것이 더 쉬울지 모른다.

지금까지 물과 땅, 그리고 난민들과 예루살렘에 대해서 이야기해 보았다. 이 모든 것들이 협상의 대상이 되지 못하고 있다. 무엇보다도 우리는 한 가족으로 사는 것이 허락되지 않는다. 나는 1990년부터 미국인 아내와 결혼생활을 하고 있다. 나를 좋지 않게 봐주지는 말기를 바란다. 이스라엘은 33년 동안 나에게 한 가족을 이루어 살 권리를 주지 않았다. 이스라엘 법에 귀환법이라는 법이 있는데, 이 법은 자신의 조상이 유대인이라 주장하는 모든 이들을 받아들이는 법이다. 하지만 이스라엘은 우리들로 하여금 여기에 같이 살도록 놔두지 않는다. 비록 우리가 이스라엘이 이곳에 기원했을 때보다 더 깊은 뿌리를 내리고 있음에도 말이다. 왜냐하면 우리는 여부스나 가나안의 뿌리를 갖고 있기 때문이다. 1990년 이래로 나는 아내와 자유롭게 같이 살 수 없었다. 아내는 관광 비자만 받을 수 있다. 비자를 매번 갱신하는데 얼마나 많은 비용이 들지 생각해 보라. 그리고 두세 번 비자를 갱신한 이후에 이스라엘은 요르단행 여행 티켓을 구입하여 호텔에 머물다 오라고 한다. 이는 재정적으로도 비용이 많이 들 뿐만 아니라 심리적, 정신적, 사회적으로도 소모적이다. 이렇게 이스라엘은 우리가 살아가는 데 어려운 환경을 조성하고 있다.

이와 같이 많은 사람들이 팔레스타인인들이라는 이유로 자유롭게 함께 살지 못하고 있다. 우리가 소위 이스라엘이나 서안지구, 혹은 가자에 살든지 상관없이 모두가 팔레스타인인들임에도 불구하고 이 지역들에서 자유롭게 남편이나 아내를 선택할 권리가 없다. 이스라엘은 먼 조상이 유대인이라는 이유로 랍비의 서명만 있으면 이 땅 어디에도 살아갈 수 있다. 이러한 문제가 땅을 나누고 있고 사람들을 분열시키고, 가족들을 흩어지게 하고 있다. 나아가 우리의 희망과 존엄을 파괴하고 있고, 함께 살아갈 수 있는 미래를 막고 있다. 이것은 우리가 현재 겪고 있는 어려움의 일부일 뿐이다. 물론 우리는 여전히 평화와 정의를 신뢰한다. 우리는 점령을 배제시키는 비폭력을 신뢰한다. 우리는 또한 비폭력을 위한 세 차원에서의 협력관계가 중요하다고 믿는다.

1) 팔레스타인인들은 점령을 종식하기 위한 비폭력 운동을 주도해야 한다.
2) 이스라엘의 평화 진영은 자신들의 정부가 점령지에서 물러나도록 예방적인 비폭력의 접근 방식을 취해야 한다.
3) 그리고 세 번째는 여러분과 같은 국제적인 평화진영의 단체들이 약자들에게 당장의 필요보다는 마음에 힘을 실어주어야 한다.

왜냐하면 우리는 회복적 정의를 원하기 때문이다. 물론 몇몇 사람들은 점차 우경화되는 이스라엘 사회에 대해서는 잊으라고 말한다. 그런데 (현대) 이스라엘은 다양한 집단 출신의 무신론적 공산주의자들과 자유주의자들에 의해 세워졌다. 하지만 이제는 이스라엘 대다수가 우경화되어가고 있고, 여기에서 평화 단체가 나타날 가능성은 없다고 말하기도 한다. 그러나 나는 아니라고 말한다. 이스라엘의 평화 단체가 적지만 이는 한 줄기 희망이 빛이라고 생각한다. 그리고 이들은 공존과 화해, 그리고 평화를 이루어나가기 위한 3개의 주체들 가운데 하나가 되어야 한다. 이것이 지금 우리가 직면하고 있는 또 다른 문제이다.

이스라엘은 자기가 원하는 대로 다 하려들 것이고 이스라엘은 강력한 힘이 있다. 그러나 절대적인 권력은 일을 망치게 마련이다. 이것이 현재의 상황이다. 하지만 힘의 부재 역시 문제이다. 왜냐하면 힘이 없다면 동등성과 존엄성에 기초한 관계가 되기 때문이다. 존엄성과 인간성은 힘의 공급에 기반한다. 우리는 권력의 압제, 그리고 우울과 좌절에서 해방되길 원한다. 그리고 우리는 자유로운 이들을 상대하길 원한다.

우리가 두 국가 해결책에 대해 말할 때, 팔레스타인 진영은 협상주의자들이었다. 나는 거절주의자가 아니다. 그리고 우리는 평화 프로세스가 도약의 형태로 시작된다고 생각했다. 질적인 도약을 야기하는 양자 비약(Quantum Leap)의 방식으로 말이다. 이는 팔레스타인인들이 동예루살렘을 포함하여 1967년에 점령된 땅에 나라를 세우게 될 것임을 의미한다. 영토교환과 난민들을 위한 공정한 해법과 보상, 그리고 예루살렘을 벽이 제거된 열린 공동의 수도로 삼음으로써 말이다. 팔레스타인인들은 예루살렘에 대한 권리가 있다. 모든 종교인들, 무슬림들과 기독교인들, 그리고 유대교인들과 전 세계의 모든 이들이 예루살렘에 갈

권리가 있다. 물론 우리는 분리된 땅의 상태를 바라보면서 통합되고 독자 생존이 가능한 나라를 만들기 원한다. 혹은 사람들이 두 국가 해결책을 원하지 않는다고 할지라도 세속적이고 민주적인 이중 국가 체제는 나에게 문제가 되지는 않는다. 팔레스타인인들과 유대인들이 함께 살아가는 체제 말이다. 왜냐하면 민주주의를 말할 때 성지에서 살아가는 이스라엘, 팔레스타인, 서안지구, 가자, 동예루살렘 등, 무어라 부르든지 간에 이곳의 팔레스타인인들과 유대인들이 동등하게 공존하는 것이다. 이 땅에는 8백만 명의 팔레스타인인들과 8백만 명의 이스라엘 유대인들이 살고 있고, 이들이 함께 공존하며 살고자 한다면 그리고 이들이 두 국가 해결책을 원하지 않는다면, 그 체제는 연방체제와 같은 모습이 될 것이다. 실제 이는 약간 먼 이야기인 것 같지만 이것이 우리가 생각했던 꿈이다. 뜻이 있는 곳에 길이 있기 마련이고, 이것이 동일한 위치에서 시민권을 인정받으며 살고자 하는 우리의 야망이다. 나의 종교나 국적 혹은 피부색이나 성별 때문에 나타나는 차별을 받지 않고 말이다. 이는 단순해 보이지만 여기에는 논의되어야 하고 해결되어야 할 많은 문제들이 산적해 있다. 이것이 바로 우리가 현재 상황 속에서 원하는 것이다.

우리는 우리의 아이들이 이 땅에서 자유롭고 존엄하며 인간다운 삶을 누리길 원한다. 그리고 증오를 갖지 않기를 원한다. 우리는 증오의 역사를 다룰 필요가 있다. 우리는 종교지도자들을 개혁해야 하는데, 종교가 갈등과 피로 얼룩진 증오의 근원으로 이용되는 것을 막아야 한다. 우리는 종교를 비폭력적으로 나누며 공존하는 삶을 이루기 위한 평화의 재료로 삼아야 한다. 이것이 우리가 어둠을 저주하기보다는 작은 촛불로 빛을 비추어야 하는 이유이다. 그리고 우리가 조성한

이 단체를 통해서 작은 초에 불을 붙이고자 한다. 이 단체는 '팔레스타인 갈등변환센터'이다. Wi'am이라 불리는 우리 단체는 다양한 부서들과 프로그램으로 구성되어 있다. 나는 우리 단체의 웹페이지에 수록되어 있는 'Wi'am에서 평화 이루기'라는 다큐멘터리 영상을 소개하고 싶다 (alaslah.org). 이 영상은 5분 길이의 영상인데 나에 대한 소개와 활동에 대해 설명하고 있다. 우리는 공동체 기반의 단체이고 사회경제적 단위로서 가정의 자립과 생존을 중요하게 생각한다. 우리는 비폭력 정신과 시민의식, 그리고 평등성에 기초하여 아이들과 청소년들, 그리고 가정의 여성들과 함께 일할 필요가 있다. 그리고 나아가 삼권분립, 아니 사권분립, 즉 행정, 사법, 입법, 그리고 미디어의 권력이 분산된 사회를 이루어야 한다. 그리고 함께 살아가기 위해 정치적, 사회적, 경제적, 그리고 교육적 배경을 존중해야 한다. 이 또한 평등성과 존엄성, 그리고 시민의식에 기초해서 말이다.

여성과 평화 안보에 관한 UN 안보리 결의안 1325호 정신에 의거, 난민캠프와 도시, 그리고 마을들 내에서 여성들과 함께 일한다. 이 말은 여성들에 대한 모든 종류의 차별을 제거하는 데 노력하고 있음을 의미한다. 그리고 우리는 권력에 영향을 행사함으로 가족들에게 가족보호법을 적용할 수 있도록 노력한다. 오늘날 우리는 보다 지엽적인 폭력에 시달리고 있다. 우리 내에는 많은 분노가 있는데, 이 분노는 지역적이다. 우리는 압력밥솥 내에서 살고 있는 것과 같은 상황이다. 우리는 서안지구라는 커다란 감옥, 그리고 베들레헴이라 불리는 작은 감옥 안에 살고 있다. 만일 마르틴 루터 킹 목사님이 살아 계신다면, 그분은 베들레헴 감옥과 헤브론 감옥, 그리고 가자 감옥에서 자유를 원하며, 죽음을 향유하길 원치 않는다는 편지를 쓰셨을 것이다. 이렇게 우리는 여성들과 함께 일하고 있으며, 갈등 상황에 24시간 대처하고 있고, 경제적, 사회적 심리적 상담을 지원하고 있다.

우리는 젊은이들과 함께 일한다. 젊은층 가운데 70%가량이 30세 이하이다. 50% 정도가 15세 이하이다. 우리는 젊은이들이 존중받고 정당하게 대우받고 있다고 느끼게 할 필요가 있다. 그렇지 않으면 이들은 저항의 도구가 될 것이다. 말은 태어나기 마련이고 인간은 만들어지기 마련이듯이, 책임감 있는 젊은이들과 아이들을 갖고자 한다면 우리는 진실한 마음으로 그들의 말을 들어주고 친근하게 다가가야 한다. 그리고 이들에게는 따뜻한 가정과 존중받고 있다는 느낌이 필요하다. 이들이 만약 부당한 취급을 당하고 검문소에서 모멸감을 느끼게 되고 억압받게 된다면 장차 평화의 일꾼으로 성장할 수 없을 것이다. 1967년 이래 팔레스타인 남성의 1/3이 투옥되었다. 1967년 이후 2만 명의 여성들이 감옥에 수감되었다.

우리는 대처할 수 있는 수준의 트라우마를 갖고 있다. 외상후 스트레스 장애와 같은 트라우마는 없다. 우리는 적어도 4가지 종류의 트라우마가 있는데 1948년의 집단적인 트라우마와 48년에서 67년에 이르는 기간 동안 생긴 세대 간의 트라우마가 있고 가족의 트라우마와 개인적인 트라우마가 있다. 아이들 또한 트라우마를 안고 있다. 이렇게 우리는 아이들이 스트레스에서 벗어나 숨을 편하게 쉬고 긍정적으로 생각할 수 있게 하기 위해 노력하고 있다. 이를 위해 우리는 공연이나 춤, 그리고 이야기와 글쓰기, 노래와 음악 스포츠 등을 활용하여 매우 훌륭한 공동체를 만들고자 한다. 물론 우리는 남성들과도 함께 일한다. 남성들은 언제나 점령지에서의 폭력에 노출되어 있다. 그리고 이들은 자신들의 분노를 여성들이나 아이들, 그리고 이웃들에게 풀어 버리려

한다. 그래서 우리는 이러한 폭력의 순환을 끊어내고자 한다. 이는 변혁과 공동의 책임감, 회복적 정의를 통해 이루어질 수 있을 것이다. 이러한 요소들만이 폭력의 악순환을 끊을 수 있는 방법이다. 그렇지 않으면 이를 막을 수 없을 것이다.

정의와 평화는 일종의 규칙이 지배하는 게임과도 같다. 증오하지 말고, 적대시하지 말고, 죽이지 말고, 보복하지 않아야 하는 규칙이다. 우리는 자기 결정권과 진술권을 지닌 인간이며, 존엄성이 존중되고 존경받아 마땅하다. 이것이 정의를 이룰 수 있는 유일한 방편이다. 이를 이루기 위해서는 문화 간의 대화와 종교 간의 대화가 필요하다. 그래서 우리 단체는 전 세계의 사람들과 교환 프로그램을 진행하고 있다. 이렇게 우리는 모든 곳의 남성들과 여성들과 함께 일하고 있다. 우리가 문화 간의 대화와 종교 간의 대화를 신뢰하는 이유는 이에 기반한 국가를 건설하기를 원하기 때문이다. 국제적인 가치와 지역적인 가치가 통용되는 국가 말이다.

그리고 우리는 허용의 문화를 이루어야 하고, 우리는 타자를, 그리고 다른 이들은 우리를 있는 그대로 받아들일 줄 알아야 한다. 이를 위해 우리 단체는 시민 외교 프로그램을 운영한다. 여기에서는 종교와 국적, 인종과 성별에 상관없이 소규모의 단체를 구성한다. 이들은 성지, 즉 성스러운 돌만을 방문하는 것이 아니라 살아 있는 돌, 즉 사람들을 만나게 된다. 그리고 사회경제적이며 정치적인 상황과 같은 굴러가는 돌에 대해 배우게 된다. 우리는 사람들이 다른 이들과 직접 만나고 이들로부터 지식을 얻게 되기를 원한다. 우리는 사람들이 불건전한 미디어가 초래하는 편향성의 희생양이 되기를 원치 않는다. 이것이 우리가 현재 하는 일이며 우리가 하고자 하는 일이다. 우리는 삶을 누리는 것을 보길 원하지 죽음을 보길 원치 않는다.

우리는 사회적 복음을 믿는다. 여러분이 우리의 형제와 자매들을 위해 하는 모든 일들은, 예수님이 말씀하셨듯이, 그분을 위해 하는 것이다. 우리는 모든 종교를 존중하고 종교 간의 대화를 하는 일에 전혀 거리낌이 없다. 그러나 단지 입에 발린 말이나 사진 찍기 위한 대화를 원하지 않는다. 여러분이 진실을 알게 되기를 원하고 그러면 진리가 여러분을 자유롭게 할 것이다. 그리고 아모스가 이야기했듯이 주님이 원하시는 것은 정의와 사랑과 자비를 행하며 하나님께 함께 겸손히 걷는 것이다. 우리가 다른 이들과 함께 평화를 이루지 않는다면 하나님과 화평할 수 없다. 우리 자신을 위해 다른 이들을 해친다면 삶을 향유할 수 없다. 우리의 적은 미래의 친구이다. 타자는 자매이자 형제이다. 우리는 국제사회 공동체의 일원이듯이 인류 안에서 우리는 형제이자 자매들이다. 우리의 종교를 존중해 주시고, 또한 모든 차이들을 존중해 주기 바란다. 우리는 다름을 기쁘게 받아들여야 한다.

이렇게 우리 단체는 사회를 기반으로 하여 음식을 제공하고, 아이들을 위한 보건 지원을 하고, 일자리 창출을 하고자 한다. 우리는 사람들을 존중하길 원지, 이슬람을 증오하길 원치 않는다. 우리는 건전한 환경을 조성하기 위한 어떤 새로운 방법이나 접근에 열려 있고, 마르틴 루터 킹 목사님이 말했던 더 나은 삶을 생각하고 있다. 나에게는 꿈이 있고, 우리에게는 꿈이 있다. 평화와 정의 가운데 함께 살아가며 화해를 이루어나가고자 하는 꿈이 있다. 그리고 우리는 죽음 가운데서 생명을 누리길 원한다.

The Path to Peace and Justice in Palestine

Zoughbi Alzoughbi

‖ Wi'am: The Palestine Conflict Transformation Center
Founder and Director

1. A Long History of Conflict

As many of you are aware, Palestine is located within the region historically known as Syria (an old term for the Middle East). For nearly 500 years, Palestine was under the rule of the Ottoman Empire. In 1897, the Zionist movement held a conference in Basel, Switzerland, and decided to establish a Jewish state in the region of Palestine. By 1915, World War I was nearing its end. In 1916, Britain and France held secret meetings and decided to divide the Ottoman Empire in the Middle East. This agreement is known as the Sykes-Picot Agreement. During these discussions, they decided to place holy sites such as Bethlehem, Nazareth, and Jerusalem under the administration of an international organization. In 1917, Palestine was under British mandate. During this time, the Balfour Declaration was issued, recognizing the establishment of a Jewish state in Palestine. Britain also promised the Arabs the creation of an Arab state in the existing region of Palestine. From the end of the 19th century, specifically from the 1870s, Jews began to establish settlements and the Jewish Agency (for Jewish immigration). They wisely purchased undesirable lands, sometimes through local residents and sometimes through the Jewish Agency. Thus, during the British mandate, many Jewish immigrants moved to Palestine. This process saw many events and resistance, most notably a six-month-long anti-British protest by Palestinians. The Zionist movement had strong allies, initially Britain and later the United States.

World War II then erupted, involving Jewish groups who gained extensive war experience and established a presence in the Middle East. The Holocaust occurred, casting Jews as major victims. In 1947, the UN proposed an international solution to partition Palestine into a Jewish state and an Arab state. Over 52% of Palestinian territory was to be allocated to Jews, with about 45% to the Arabs (referred to as Palestinians). There is a slight discrepancy of about 1%, as we say 52% was given to the Jews, but they sometimes claim 54%. In any case, at least 1% was designated as international territory. There are conflicting claims about who initiated the 1948 war, but this war resulted in Jews controlling more than 77.7% of the original Palestinian land. The remaining areas came under Jordanian and Egyptian control. From 1948 to 1967, the West Bank was under Jordan, and Gaza under Egypt. Numerous conflicts occurred during this period, with poorly armed Palestinians resisting. Ultimately, Israel controlled all remaining Palestinian territories, including East Jerusalem, the West Bank, and Gaza.

By 1967, all territories were under Israeli control, and the Palestine Liberation Organization (PLO) was established in 1965. The PLO, comprising various departments like education, politics, and economy, aimed to resist occupation. Most resistance organizations were non-armed, with only a few armed groups. The issue was that the world only paid attention to Palestinians when they engaged in comparatively weak attacks. The 1967 Israeli occupation of the West Bank allowed Israel to occupy more land and establish many settlements. The Palestinian Family Unification Law separated Palestinians in the West Bank and Gaza from those within the Green Line (pre-1967 Israeli territory).

In 1948, Israel was under military rule, later extending martial law to the West Bank, Gaza, and Jerusalem, leading to explosive discontent in the occupied territories. Young people took to the streets to protest against Israeli policies, suffering severe human rights violations, land confiscations, and youth deaths that crushed the future hopes of Palestinians. The uprising that began in 1987 continued until 1993 when peace and negotiation channels opened, starting with the Oslo Accords, driven by American efforts.

By 1995, there was hope that Palestinians could enter a transitional period of self-governance, starting with Jericho and Gaza and gradually expanding to all occupied territories. Although expected within a few years, this was never realized, leading to another uprising in 2001. Many homes were destroyed, youths were sacrificed, and people were displaced. The recent right-wing government policies have further scattered Palestinians, confiscated more land for settlements, and intensified human rights violations. Large family reunifications were denied, worsening the situation.

2. The Two-State Solution

It was only by 1965 that the idea of a democratic secular state within Palestine began to gain traction. A democratic secular state implies a coexistence of Jews, Muslims, and Christians with equal citizenship under the law. However, this vision did not come to fruition. As previously mentioned, Israel occupied all remaining Palestinian territories in the 1967 Six-Day War. The challenge of achieving a two-state solution remains. The question is how to accomplish this through struggle, negotiation, or solidarity and networking? Palestinians have not given up on the dream of a democratic state. However, several negotiations have taken place, with the US government stating that without accepting three conditions, Palestine cannot achieve statehood. These conditions, known as Kissinger's conditions, are: 1) condemning terrorism, 2) accepting UN Resolutions 242 and 338 (prohibiting violence), and 3) recognizing Israel.

Palestinians responded that they had no issue with ending all forms of violence. For me, this includes not just individual or group violence but also state violence, such as settlement issues. Of course, the environment and circumstances must be considered. Various discussions ensued. Previously, Arabs met in Khartoum, Sudan, rejecting these three conditions as negotiable, thus refusing the peace process. Despite this, in 1974, the PLO declared it would establish its independent status and governance anywhere within the land offered by Israel. This opened the door to negotiations while warning that if Israel refused, Palestinians might resort to armed struggle for freedom. From the beginning of the peace process in 1974 to 1995, many events transpired, including the Lebanon War, widespread military attacks, and human rights abuses. In 1982, Israel decided to legalize East Jerusalem as the eternal and united capital of Israel, incorporating it into Israel and proclaiming Jerusalem as their unified eternal capital, leaving no place for Palestinians. Yet, Palestinians became irrational rationalists, believing in the need for ongoing negotiations and dialogue. This is how the peace process began.

Palestinians want mediators in the Middle East discussions, such as the European Union, Russia, the UN, and the US government, collectively known as the Quartet. Palestinians have strived for permanent residency in the West Bank, while Israel allowed Palestinians to first gain autonomy in Jericho and Gaza under the Jericho-Gaza Agreement. Israel continuously withdrew from cities, dividing Palestinian territories into Areas A, B, and C. I have lived in Areas A, B, and C. Israel's policy was to delay and prolong any solution. They annexed more land, attacked holy sites, and justified land occupation under the pretext of security. Israel worships a new golden calf in the name of security, justifying any actions with security reasons.

For instance, I married in 1990 at the age of 33. My wife had no right to live with me, only receiving a tourist visa. If questioned, the authorities would cite security concerns. Thus, all actions and land confiscations are justified by security or public use, which essentially means for Jews only. Israel continued to occupy land and build more settlements, disregarding Palestinian rights, including civil, political, economic, and social rights, and national authority. This situation persisted until 2001, leading to another uprising demanding Israel's withdrawal from Palestinian lands, causing significant sacrifices and hardships for Palestinians. Homes were reduced to skeletons, helicopters and tanks were deployed, and reoccupation of city centers caused sanitation issues.

Consequently, the two-state solution became more elusive and unattainable. While Palestinians continue to express a mission to achieve the two-state solution, increasingly, groups within Palestine express disbelief in this solution, advocating instead for a single democratic secular state where Jews and Palestinians live together as equals. The current situation shows Palestinian land being gradually absorbed, as indicated in maps.

In 1993, there were tens of thousands of settlers, but now there are over a million in the occupied territories. The right-wing Israeli government plans to move another 500,000 to the south. Israel appears to neither want to coexist with nor separate from Palestinians, seeking to manage them through three means: as an internal market, cheap labor, and waste disposal. They want us as laborers in vulnerable conditions. Despite attempts to bring in workers from around the world, Palestinians, estimated at around 300,000, commute daily to work in Israel. They are treated with double standards, lacking rights and proper treatment. Israel's two-state solution involves including the West Bank within Israel. Despite not discussing Gaza events, the unilateral withdrawal left 8,000 Israeli settlers and nearly 20 settlements there, creating a power vacuum and chaos. Gaza made no agreements with Israel, worsening the situation. Israel slowly annexes the West Bank, seeking to divide the Temple Mount in Jerusalem and building bridges and settlements in East Jerusalem, demolishing homes and seizing more land.

Palestinians in East Jerusalem lack legal rights. This policy applies equally to the nearly two million Arabs within Israel, including Druze communities, whose homes are demolished despite some serving in the Israeli military. Returning home after service, they find their homes warned of demolition due to lack of legal authority. This highlights the issues with the two-state solution. International organizations and the US government continue to advocate for it, but it seems unrealistic as Israel continues to seize land.

3. The Internal and External Situation of Palestine

Discussing the Palestinian government structure, when the PLO was established, it comprised over 13 political parties, mostly secular, pan-Arab, and leftist. These groups still exist, with Islamic groups gaining strength after the 1979 Iranian revolution, notably Hamas and Jihad, which have significant influence in Gaza. However, recent resistance against Hamas and Gaza's government arises due to inadequate provision of electricity, water, security, safety, and democracy. The quality of life has significantly deteriorated, causing major dissatisfaction. Criticism stems from the PLO and PA being seen as cooperative with Israel, failing to meet their demands. Israel, controlling development, requires city agreements to build roads, turning the West Bank into islands with restricted movement.

The PA controls only Area A, raising questions about its authority. Israel controls 70% of the West Bank, requiring passage through Israeli-controlled roads to travel from Bethlehem to Ramallah, completely separating Jerusalem from Palestinians for the first time since 2000. Bethlehem, traditionally a twin city with Jerusalem, was separated, confining Palestinians to small islands. This creates a situation resembling small prisons, with the West Bank as a large prison and Gaza as a concentration camp, posing severe challenges.

Palestine strives for UN membership and observer state status, recognized by over 120 countries but hindered by the UN Security Council's veto power, particularly by the US. Despite individual recognition, collective acknowledgment remains elusive, leaving Palestine without official statehood. Attempts to resolve occupation through UN resolutions include comparing Zionism to racism. Palestinians do not heavily focus on these resolutions, prioritizing freedom and equal living standards with other Middle Eastern nations. The realization of this dream seems distant, raising concerns about the two-state solution's fading prospects and its future implications.

Israel seeks to control both objectives, preventing international assistance to Palestinians. Despite European efforts to improve

Palestinian infrastructure post-Oslo, conditions deteriorated after 2001, stripping opportunities for airports and Gaza ports. The current situation is dire, making future predictions challenging. Equal numbers of Palestinians and Jews in the holy land highlight demographic concerns for Israel.

The new Israeli government's policies drive many Israelis to emigrate, particularly the educated middle and progressive classes, leading to potential poverty and right-wing dominance in both societies, perpetuating violence cycles. Current extremist right-wing Israeli government complicates matters.

4. The Path to Peace and Justice

Addressing Palestine's peace policy, I dislike the term peace in its raw form, always associating it with justice. Justice is the backbone of every peace process, essential for achieving peace in heart and mind. Therefore, focusing on justice is crucial.

In discussing Palestine's peace policy, we must consider various issues of peace and justice. As Palestinians, our struggle has always been for negotiation, not rejection. Discussing peace processes involves proactive actions and the PLO leading with peace initiatives. However, the reality is a lack of both peace and process, making us prey on the negotiation table. This does not mean abandoning our struggle or peace ideals, as peace is vital for our well-being and plans. Yet, many regional and international entities hinder peace. The PLO, with European, American, and international support, has engaged in dialogue and negotiations with Israel, yielding minimal positive outcomes. In 1993, about 100,000 Israeli settlers were in occupied territories; now, there are nearly a million, with recent right-wing Israeli governments determined to settle 1.5 million more in Bethlehem's south and Hebron. Thus, our peace discussions must be based on restorative justice, correcting wrongs rather than creating new peace frameworks.

Let's discuss some idealistic and hopeful thoughts. In the past, we envisioned a secular, democratic state in historical Palestine, including present-day Israel, Gaza, and East Jerusalem in 1948. However, the international community pushed for a two-state solution, which we accepted as negotiators prioritizing negotiation over rejection. We need a just solution for refugees, wanting to manage our resources, water, and land, and establish our borders. We want Jerusalem as our capital and a vibrant state interacting with other nations. We do not seek isolation; discussing justice is not about "just us." It is about justice for all, enjoying life rather than death. Settlements must be dismantled and return to Palestinian territories, opening doors for refugees expelled in 1948. Over 600 villages were destroyed, creating more than 7.5 million refugees. With 14 million Palestinians, half are refugees, including 60 camps in the West Bank and Gaza, and camps in East Jerusalem, Jordan,

Lebanon, and Syria. Additionally, refugees in diaspora areas outside camps. Thus, we fight for the right to return and compensation for refugees.

Jerusalem must be addressed as a religious and political capital for Muslims, Christians, and Jews, being shared and enjoyed by all. Free access to churches, mosques, and sacred places without Israeli military restrictions is vital for Middle Eastern and global peace. However, current attempts by right-wing Jews to build the Third Temple threaten this coexistence, potentially leading to religious wars, not peace or justice. I oppose this, preferring to enjoy life with others of different values. This mutual enjoyment of Jerusalem is challenging, but international responsibility for peace and justice requires stopping Israel's annexation policies and demolitions of settlements and sacred sites. Jerusalem is crucial for the peace process, requiring equal standing, shoulder-to-shoulder efforts, and Middle Eastern and global coexistence.

Water supply is another issue, with Palestine sharing resources peacefully. We have less than 10% of our required water, sometimes lasting three weeks or three months, causing health problems like kidney stones. Water scarcity affects agriculture, drying trees and plants. Visiting Israeli settlements in the West Bank reveals 24-hour water supply with green areas and swimming pools, luxury we lack. We must recycle water for household use, collect water for cleaning, and if uncontaminated, use it for plants. We pay two to three times more for water than our neighbors, despite sourcing from our land. Thus, managing and fairly using our resources is essential. We lack drilling rights for aquifers, all controlled by Israel, extending control over land, sky, underground, rivers, and seas.

Land control is another issue, with Israel controlling 87% of the land, leaving Palestinians with disconnected 13%. Surrounding our lands are Israeli settlements; 25 around Bethlehem and over 20 outposts with nearly 200,000 settlers. Israel seeks more geographical territory and aims to reduce or eliminate the Palestinian population. Thus, we seek to manage our land. Israel occupies 22.7% of the West Bank, currently controlling 60%, constructing settlements, bypass roads, and security zones. This approach is not conducive to justice, coexistence, or reconciliation communities. Despite this, Palestinian leaders choose the thorny path of peace agreements and cooperation, continuing negotiations despite Israel's dominance.

Israel may want indefinite negotiations, but they won't offer anything substantial. Despite this, we persist in pursuing justice and peace, discussing unmanageable land and borders, with over 600 checkpoints around Palestinian areas. Traveling from Bethle -hem to Jerusalem is harder than a night in Korea. Discussing water, land, refugees, and Jerusalem, none are subjects of negotiation. We cannot live as families, denied the right for 33 years despite marrying an American in 1990. Israel's Law of Return welcomes anyone claiming Jewish ancestry but denies us the right to live together, despite deeper roots tracing to Jebusites and Canaanites. This situation incurs significant financial, psychological, mental, and social costs.

Many Palestinians face similar family separation due to lack of freedom to live together, whether in Israel, the West Bank, or Gaza. This situation divides land, people, and destroys our dignity and future. These are some current hardships. Despite this, we trust in peace and justice, rejecting violence and pursuing non-violent resistance on three fronts:

1. Palestinians must lead non-violent movements to end occupation.

2. Israeli peace factions must adopt preventive non-violent approaches to end their government's occupation.

3. International peace groups like yours must empower the weak beyond immediate needs, focusing on mental strength.

We seek restorative justice, countering the narrative that Israeli society has become too right-wing for peace. Israel's founding included diverse groups, but now, it leans heavily right, seemingly eliminating peace possibilities. However, I disagree, seeing hope in small Israeli peace groups contributing to coexistence, reconciliation, and peace efforts, forming one of three key entities.

Israel may act unilaterally with its power, but absolute power corrupts. Lack of power also creates issues, as equality and dignity-based relationships require power. We seek liberation from oppression, desolation, and depression, engaging as equals.

Discussing the two-state solution, Palestinians have been negotiators, not rejectionists. We envisioned the peace process as a quantum leap, establishing a state on the occupied lands in 1967, including East Jerusalem, with fair territorial swaps, refugee solutions, and open, shared Jerusalem as the capital. Palestinians have rights to Jerusalem, as do all religions and global citizens. We aim to unify and sustain a viable state, or if rejecting the two-state solution, consider a secular, democratic bi-national state with equal rights for Palestinians and Jews. With 8 million Palestinians and 8 million Israeli Jews, coexistence in a federated model could be possible, fulfilling our ambition for equal citizenship irrespective of religion, nationality, skin color, or gender. Many unresolved issues require discussion and resolution, but this is our current aspiration.

We desire freedom, dignity, and human rights for our children, devoid of hatred. Addressing the history of hate, we must reform religious leaders to prevent religion from being a source of conflict and hate. Religion should foster peaceful coexistence, embodying light rather than darkness. Our organization, the Palestine Conflict

Transformation Center (Wi'am), aims to kindle this light, working with children, youth, and families based on non-violence, civic consciousness, and equality, advocating for the family protection law.

Facing localized violence and anger within an oppressive environment, resembling living in a pressure cooker, the West Bank is a large prison, with Bethlehem as a smaller prison. If Dr. Martin Luther King Jr. were alive, he would write letters seeking freedom from these prisons, not glorifying death. We collaborate with women in refugee camps, cities, and villages, following UN Security Council Resolution 1325 on Women, Peace, and Security, striving to eliminate all forms of discrimination against women.

Working with youth is crucial, as 70% are under 30, and 50% are under 15. We need them to feel respected and fairly treated, preventing them from becoming instruments of resistance. Engaging responsibly with them, providing warm homes and respect, avoiding maltreatment and humiliation at checkpoints, helps them grow as peace workers. Since 1967, one-third of Palestinian men and 20,000 women have been imprisoned, causing various traumas.

Addressing these traumas, we use performance, dance, storytelling, writing, singing, and sports to create a supportive community. Men, often exposed to violence in occupied territories, may vent anger on women, children, or neighbors. Breaking this violence cycle requires transformation, shared responsibility, and restorative justice, the only way to end it.

Justice and peace are like a game with rules: no hatred, no enmity, no killing, no revenge. As humans with self-determination and speech rights, we deserve dignity and respect, the only means to achieve justice. Intercultural and interfaith dialogue is essential, fostering a nation with international and local values, accepting others as they are.

Our organization operates a civil diplomacy program, forming diverse small groups to visit holy lands and meet living stones (people) and rolling stones (socioeconomic and political situations). We want people to learn directly, not be victims of biased media. Our work aims for life, not death.

Believing in social gospel, Jesus' teachings inspire us, respecting all religions and embracing interfaith dialogue. Our focus is not just on superficial engagement but on truth and justice, walking humbly with God and fostering peace with others. Enemies are future friends, and others are brothers and sisters, forming an international human community, embracing differences joyfully.

Our community-based organization supports food provision, healthcare for children, and job creation, respecting people and rejecting Islamophobia. We seek new methods for better living, inspired by Dr. Martin Luther King Jr.'s vision. We dream of living together in peace, justice, and reconciliation, enjoying life amid challenges.

집필진 프로필

■ 은희곤 (Director)

학력
- 감리교신학대학교(BA in Theology)
- 연세대학교연합신학대학원(MA in Theology)
- 감리교신학대학교박사원(Dr. in Ministry)

주요 경력
- 기독교대한감리회 미주자치연회 감독
- 사단법인 평화드림포럼 & 미등록아동지원센터 대표
- 코오롱인더스트리 사외이사
- 서울가정법원 조정위원
- 감리교신학대학교 겸임교수
- 미틴 루터 킹 인권상 수상

저서
- 카무카무 우에 1 "하나하나가 모여 다발을 이룬다"
- 카무카무 우에 2 "오직 한 곳만 바라보라"
- 알기 쉽게 풀어쓴 한반도 평화와 하나님 나라

■ 왕대일

학력
- 감리교신학대학교 졸업
- 감리교신하대학교 대하원 졸업
- 미국, Claremont Graduate University (M.A.)
- 미국, Claremont Graduate University (Ph.D.)

주요 경력
- 감리교신학대학교 교수
- 한국기독교학회 회장

- 한국신학교육연구원 원장
- 드바림 아카데미 원장
- 평화드림포럼 아카데미 원장

저서
- 『구약신학』, 『구약과 웨슬리』, 『새롭게 읽는 구약성경』, 『구약성경의 종말론』 외 다수

■ David Mitchell

학력
- Ulster University (BA in History and Philosophy)
- Ulster University (MA in Peace and Conflict Studies)
- Ulster University (PhD in Politics)

주요 경력
- Lecturer, Ulster University
- Assistant Professor, School of Religion, Trinity College Dublin (current)

연구논문
- David Mitchell, Rescuing reconciliation: finding its role in peace research and practice, Third World Quarterly, 2023.
- David Mitchell, The international significance of the Northern Ireland peace process: Revisiting the lessons twenty-five years after the Good Friday Agreement , Politics, 2023.
- Dong Jin Kim and David Mitchell, "You realise we're not the only ones stuck living like this": comparative learning, international partnerships, and civil society peace education in conflict-affected societies, Alternatives, 2023.

■ Chris Rice

학력
- B.A. History, Belhaven College, Jackson, Mississippi
- Master of Divinity, Duke University Divinity School
- Doctor of Ministry, Duke University Divinity School

주요 경력
- Director, Mennonite Central Committee United Nations Office, 2019-current.
- Co-Representative for Northeast Asia, Mennonite Central Committee, 2014-2019.

- Co-Founding Director, Duke Divinity School Center for Reconciliation, 2005-2014.

저서
- From Pandemic to Renewal: Practices for a World Shaken by Crisis, 2023, InterVarsity Press.
- Reconciling All Things: A Christian Vision for Justice, Peace, and Healing, 2009, InterVarsity Press (translated into Chinese, Japanese, Korean, Korean, Portuguese). Coauthored with Emmanuel Katongole.
- Grace Matters: A True Story of Race, Friendship, and Faith in the Heart of the South, 2002, Jossey-Bass.
- More Than Equals: Racial Healing for the Sake of the Gospel, 1993, InterVarsity Press. Coauthored with Spencer Perkins. Part of the InterVarsity Press Signature Collection Series.

■ 권기창

학력
- 연세대학교 상경대학 응용통계학과 (학사)
- University of California(San Diego) 국제관계대학원 연수

주요 경력
- (전) 주콩고민주공화국 대사
- (전) 주우크라이나 대사
- (현) 한국수입협회 상근부회장

■ 하충엽

학력
- 장로회신학대학교 신학대학원 (M.Div)
- 장로회신학대학교 대학원 선교신학 (Th.M 수료)
- 영국 에딘버러대학교 신학석사 (M.Th., 북한선교학)
- 영국 에딘버러대학교 철학박사 (Ph.D., 통일신학)

주요 경력
- (전) 장로회신학대학교 교수 (북한선교학)
- (현) 숭실대학교 일반대학원 기독교통일지도자학 석·박사 학위과정 주임교수
- (현) 숭실대학교 평화통일연구원 기독교통일지도자훈련센터장

저서

- 「제도와 신학」숭실대학교 지식정보처 중앙도서관, 2020(공저).
- "신구이주민들: 영락교회에서 보편적 공동체를 창출하기 위한 다양성의 수용", 『선교와 신학』, 32:248-271, 2013.

▦ Bin Jou Liao

학력

- National Taipei University (BA. in Public Administration and Policy)
- National Chengchi University (MA. in Political Science,)
- National Taiwan University (Ph. D. in Candidate, Department of Political Science)

주요 경력

- Director, Department of Policy Development and Research, Taiwanese Civil Aid to HKers, 2020-current.
- Lecturer, The Humanities and Social Sciences Class in Senior High Schools in Northern Taiwan, 2012-2020.
- Visiting Fellows, European Research Center of Contemporary Taiwan (ERCCT), Tübingen University, 2012-2012.

연구논문

- "Discourse on the Rule of Law in Contemporary China: An Exploration of Two Perspectives," Paper presented at the Conference on Chinese Characteristics: Cultural Relativism and Chinese Thinking, Institute of Political Science, National Sun Yat-sen University on November 22, 2018.
- "John Stuart Mill's Idea of Empire," Paper presented at the 12th Annual Research Postgraduate Conference in the Faculty of Social Sciences, Hong Kong University on June 2, 2012.
- "The Role of Taiwanese Nationalism in the Process of Democratization in Taiwan," in Local and Regional Governance Electronic Periodical 5: 37-52.

▦ 최경희

학력

- 청진경제전문대학 공업경영학과 (전문학사)
- 한양대학교 인문대학 중어중문학과 (학사)
- 도쿄대학교 학제정보학관 국제관계학 (석사)
- 동경대학교 종합문화연구과 정치학 (박사)

- 동경대학교 정치학 (박사)

주요 경력
- (전) 통일부 정책자문위원
- (전) 민주평통 상임위원
- (현) 한국기독교통일포럼 운영이사
- (현) (사)샌드연구소 대표

■ Zoughbi Alzoughbi

학력
- Notre Dame University (MA. in Conflict Resolution)

주요 경력
- The founder and director of the Palestinian Conflict Transformation Center, "Wi'am"
- City council member in Bethlehem
- The president of the International Fellowship of Reconciliation

저서
- Mediation and Conflict Resolution Manuals
- Sulha(화해)
- Your Stories are My Stories: A Palestinian Oral History Project